高等职业教育会计类专业规划教材

基础会计

（第2版）

主　编　王淑萍

哈尔滨工程大学出版社
Harbin Engineering University Press

内容简介

“基础会计”是财经商贸类专业的基础课程，也是会计专业的入门课程，在会计系列课程中占有重要地位。

本教材主要介绍了会计概述、会计要素和会计等式、会计科目与账户、会计记账方法、借贷记账法下主要经济业务的账务处理、会计凭证、会计账簿、账务处理程序、财产清查、财务报表等内容。

本教材还配有《基础会计实训教程（第2版）》，将“基础会计”的基础理论学习和实际操作结合起来，有利于提高学生的学习兴趣和学习效果，为实际会计操作奠定基础。

本教材可作为高职高专院校会计专业、相关经济管理类专业学生学习会计的基础教材，也可作为从事会计及其他经济管理工作人员自学用书，或供会计从业人员学习、培训参考使用。

图书在版编目（CIP）数据

基础会计 / 王淑萍主编. —2版. —哈尔滨：哈尔滨工程大学出版社，2021.5
ISBN 978-7-5661-2982-6

Ⅰ. ①基… Ⅱ. ①王… Ⅲ. ①会计学-高等职业教育-教材 Ⅳ. ①F230

中国版本图书馆CIP数据核字（2021）第010482号

选题策划 马佳佳
责任编辑 宗盼盼
封面设计 李海波

出版发行 哈尔滨工程大学出版社
社　　址 哈尔滨市南岗区南通大街145号
邮政编码 150001
发行电话 0451-82519328
传　　真 0451-82519699
经　　销 新华书店
印　　刷 哈尔滨市石桥印务有限公司
开　　本 787 mm×1 092 mm　1/16
印　　张 19.5
字　　数 508千字
版　　次 2021年5月第2版
印　　次 2021年5月第1次印刷
定　　价 45.00元
http://www.hrbeupress.com
E-mail:heupress@hrbeu.edu.cn

前　言

“基础会计”是财经商贸类专业的基础课程，也是会计专业的入门课程，在会计系列课程中占有重要地位。

“基础会计”既是统领上述各专业课程的基础性课程，也是从事会计职业的入门课，具有很强的实践性和应用性。开设本课程的目的是以突出职业能力的培养为目标，以会计的基本理论为指导，以实际操作为重点，由浅入深、循序渐进地使学生掌握会计工作的流程。为了体现会计课程教学的实践性及“理实一体”的需要，本教材依据财政部发布的新《企业会计准则》和国家颁布的其他相关法规和规章制度编写而成。

本教材按照会计职业认知规律和会计核算工作过程设计教学内容，遵循学生的学习规律，着重体现“夯实会计理论基础、规范实务工作过程、培养会计职业能力”的高职教育理念，突出会计岗位职业技能与实践操作能力训练，实现教学过程的职业性、开放性和实践性。

本教材将会计的基本方法贯穿于整个会计工作过程，循序渐进地引导学生逐渐认识会计对象，学会各种会计核算方法与技能。本教材较为全面地介绍了会计核算的基本方法，力求从初学者的角度，将会计理论融于实践。同时，力求从会计实践教学出发，结合“基础会计”课程的教学要求，对会计基本方法进行阐述，保证会计基础理论知识的完整性。

本教材还配有《基础会计实训教程（第 2 版）》进行同步实训，以建设“理实一体”的基础会计教学体系。

本教材由甘肃工业职业技术学院王淑萍任主编，负责拟定大纲并总撰审稿。具体编写分工为：第一章、第二章、第四章、第五章、第六章、第十章由甘肃工业职业技术学院王淑萍编写，第七章、第九章由甘肃工业职业技术学院孙敏编写，第三章、第八章由甘肃工业职业技术学院陈星编写。

本教材在编写过程中得到了其他教师及合作企业高级会计师的大力支持，在此一并表示感谢！

由于编者水平有限，书中难免存在疏漏之处，敬请读者批评指正，以便今后修改和完善。

编　者

2020 年 12 月

目　　录

第一章　会计概述

【基本要求】

1. 了解会计的概念
2. 了解会计对象
3. 了解会计目标
4. 了解会计准则体系
5. 了解会计的核算方法
6. 了解收付实现制
7. 熟悉会计的基本特征
8. 熟悉会计的基本职能
9. 掌握会计基本假设
10. 掌握权责发生制
11. 掌握会计信息质量要求

第一节　会计概念和目标

一、会计概念及特征

(一)会计概念

会计是以货币作为主要计量单位,通过运用一系列专门方法和程序,对特定主体的经济活动进行连续、系统、综合、全面的核算和监督,并向有关方面提供会计信息的一种经济管理活动。

(二)会计的基本特征

据以上对会计定义的表述,会计的特征可归纳如下。

1. 会计是一种经济管理活动

会计所提供的会计信息能够反映各会计主体在特定日期的财务状况和一定时期的经营成果,以及现金流量变动结果与变动情况。会计是在取得和利用会计信息的基础上进行的一项价值计量管理,通过会计管理活动,促使企业加强经济管理,提高经济效益。

2. 会计是一个经济信息系统

会计是一个旨在提高企业和各单位活动的经济效益,加强经济管理而建立的以提供财务信息为主的经济信息系统。

会计生成信息的系统同其他系统一样,基本的功能是信息输入、信息交换和信息输出。

随着电子计算机的普及和信息时代的来临,会计信息涵盖的范围也在扩大,从单纯的财务信息系统扩大为一个更能适应具体社会环境要求的经济信息系统。会计作为一个信息系统,通过客观而科学的信息,为管理提供各种数据资料和咨询服务。

3. 会计以货币作为主要计量单位

任何单位的经济活动,如资金的取得、劳动的耗费、产品的生产和销售,都可以从数量方面进行确认、计量、记录和报告,求得一定的数量指标,以便在一定程度上说明经济活动的效果。在现实经济活动中,常用的计量方式主要有实物计量、劳动计量和货币计量。在商品货币经济不发达的环境下,会计主要采用实物计量和劳动计量的方式对经营活动和财务收支进行记录,这两种计量方式具有具体、直观的优点,但缺乏综合性和可比性。随着社会化生产的日益发展,要求会计能对再生产过程进行全面的记录、计算、分析和比较,把各种性质的经济业务活动加以综合,求得各种综合指标,以反映经济业务的发生和结果。而上面三种计量方式中只有货币计量具有这种综合性,它可以把各种性质相同或不同的经济活动进行综合和汇总,求得各种综合的价值指标。由于货币是特殊的商品,具有价值尺度的功能,以货币方式提供的信息具有可比性,有利于企业外部关系人进行经济决策时使用。因此,现代会计以货币作为主要计量单位,但是现代会计并不排斥其他两种计量方式,而是将其作为货币计量方式的补充。在会计核算过程中辅以实物计量和劳动计量,提供详细、具体的会计信息,有利于企业内部的经济管理。

4. 会计具有核算和监督的基本职能

会计的职能是指会计在经济管理过程中所具有的功能。

会计的基本职能是会计核算和会计监督。会计核算是对特定主体的经济活动进行记账、算账和报账,提供会计信息。会计核算是会计监督的基础。

5. 会计可采用一系列专门的方法——会计方法

会计方法是用来反映和监督会计对象、实现会计目标的手段。会计方法包括会计核算方法,会计分析方法,会计检查方法,会计控制方法和会计预测、决策方法。其中会计核算方法是对会计对象的内容进行确认、计量 、记录和报告的方法体系,是为经济管理提供必要的信息所应用的方法,它是整个会计方法体系的基础,是最基本的方法。会计分析方法、会计检查方法等主要是在会计核算方法的基础上,利用提供的会计资料进行分析和检查所使用的方法。这些方法相互依存、相辅相成,形成了一个完整的方法体系。会计核算方法主要包括填制和审核会计凭证、设置会计科目及账户、复式记账、登记账簿、成本计算、财产清查、编制会计报表等。

(三)会计的发展历程

会计是社会环境的产物,是为适应人类社会生产实践和经营管理需要而产生的。任何有经济活动的地方,人们必然会按照一定的目的,用一定的形式来管理自己的经济活动。物质资料的生产是人类社会赖以生存和发展的基础,也是会计产生的根本前提。因此,人们对经济活动的管理,首先是对物质资料的生产和耗费的管理。任何生产者,总希望以尽可能少的劳动时间创造出尽可能多的物质财富,力求达到节约劳动耗费、提高经济效益的目的。因此,就需要对生产耗费和生产成果进行记录、计算、对比和分析,借以反映和控制生产过程中的所耗与所得。

在人类社会的发展历史上,很早就产生了会计。在原始社会,人们为了具体掌握生产成果和安排生活需要,逐步产生了计数和计算的需求。从最早的"结绳记事""刻石记数",或是凭头脑的记忆来进行活动,都标志着会计萌芽的产生。有了成熟的文字以后,人们对物质资料的生产与耗费开始有了专门的记载。这种以数字和文字结合的专门记载,就是最初形态的会计,但由于当时社会生产力十分低下,物质资料非常匮乏,生产的规模相对狭小,因此所计算出的生产和耗费也是极为简单与粗糙的,它只是生产者从事生产活动中的一项附带工作。当时的会计虽然只是一种极其粗略的计算和记录,但是从它的目的和作用来看,已经是生产者反映和控制生产与耗费的一种管理手段了。因此,会计从它产生的时候起就是作为一种管理活动而存在的。

随着社会生产力的发展,生产规模不断扩大,社会产品逐渐增多,经济管理日趋复杂,会计的重要性也就越来越明显。早在原始社会末期,随着生产力的发展,剩余产品出现了,劳动过程中需要计量和记录的内容多起来了,生产者忙于生产,无暇兼顾会计工作。随着人们对经济管理的要求越来越高,作为经济管理活动的会计工作,已经不是生产者所能胜任的一项附带工作。于是,会计"从生产职能中分离出来,成为特殊的、专门委托的当事人的独立的职能"。根据马克思在《资本论》中的考证,"在远古的印度公社中,已经有一个农业记账员,在那里,簿记已经独立作为一个公社官员的专职,这个官员的职责就是登记农业账目,登记和记录与此有关的一切事项"。这样的职责实质上就是一种管理活动。商品货币经济的不断发展,不仅使生产过程变得更加复杂,还使各个经济单位和社会成员之间的经济联系愈加紧密。人们为了追求更大的经济利益,就需要更加精细地计算和比较生产耗费与生产成果,更加严密地管理和控制各种经济活动。这就对会计提出了更高的要求。它不仅要登记生产与耗费的结果和财物的收支,而且要连续、系统地反映生产、耗费的全过程;不仅要反映和控制生产过程中人与物之间的关系,而且要反映和控制生产过程中人与人之间的经济往来。经济的发展推动了会计的发展和进步,而会计的发展和进步又加强了经济的管理,从而为经济的发展提供了重要条件,会计在经济管理中的作用也就越来越突出,人们越来越认识到经济管理是离不开会计的。一方面,由于商品货币经济的发展,个体生产者之间的商品交换,都要以货币作为媒介,会计对于各种经济往来的反映和控制也同样要以货币形式来进行;另一方面,为了查明经济活动的最终成果,需要对生产成果与生产耗费进行综合计算与比较,究竟是生产成果大于生产耗费,还是生产成果小于生产耗费,这就需要用一种统一的、综合的价值尺度来反映。基于这样的要求,会计也就发展为以货币作为统一计量尺度,连续、系统、全面、综合地反映和控制生产过程,并衡量生产经营成果的活动。

现代科学技术的迅猛发展和物质生产的高度社会化,使整个社会生产的分工更加精细,协作关系更加复杂和严密,各个企业、单位和社会人员之间形成了千丝万缕的经济关系,这种经济关系又大多是经过市场来建立和形成的。各个企业都要从市场购买其所需要的各种生产资料,并通过市场来销售产品;同时,为了在激烈的竞争中求得生存和发展,各企业必须充分掌握瞬息万变的市场行情,以便根据市场的需要和变化,结合自身的具体情况来做出正确的经营决策,力求避免决策的失误。由于现代社会的经济结构越来越复杂,经济情况的变化越来越迅速,小生产力式的经验决策已经被科学决策所代替。因此,要实行科学决策,必须以科学预测为基础。科学预测的前提之一就是要掌握详尽的经济信息,这些经济信息既有来自企业外部的,也有来自企业内部的。其中来自企业内部的经济信息很大部分要由会计来提供,于是会计也就担负起了参与经济预测和决策的任务,进一步扩大了它的管理职能。同时,企业为了提高自己在市场竞争中的地位,需要不断地加强内部管理,努力使经济管理科学化,使企业的全部经济活动都能按照正确的决策和最优的方案来进行,以保证实现原定的经济目标,获得预期的经济效益。因此,会计对于经济活动的监督,不再是仅仅侧重于对财产物资和财务收支的监督,而是要深入到经济活动的每一个具体环节,实行全面的监督,借以控制整个经济活动。经济越是发展,管理越是加强,会计的这种发展趋势越是明显。会计的这种发展和变化,使它和整个经济活动紧密结合,成为经济管理不可缺少的重要组成部分。

可见,会计是人类社会生产发展到一定历史阶段的产物,是为了适应生产活动发展需要而产生的。随着社会生产的日益发展和生产规模的不断扩大,生产、分配、交换和消费日益频繁,使会计经历了由简单到复杂、由低级到高级不断完善的过程。从时间及会计的发展特点来看,整个会计发展的历史可分为古代会计、近代会计和现代会计三个大的阶段。

1. 古代会计阶段

会计产生较早,且有着悠久的历史,一般将会计的产生到复式簿记的应用这一阶段称为古代会计阶段。古代会计经历了漫长的岁月,其时间跨度标志是旧石器时代的中晚期至封建社会末期。这一阶段会计使用的主要技术方法包括原始计量记录法、单式簿记法和初创形态的复式记账法等。

在人类社会的最初阶段,会计只是生产职能的附带部分,劳动者对生产过程的管理只是凭借头脑记忆,以后才逐步发展到"结绳记事""刻石记数"等原始的计算与记录方法来记录生产过程的所得与所费。

原始社会末期,生产力得到了发展,剩余产品出现,生产活动中需要计量和记录的内容逐渐增多,于是出现了从生产活动中分离出来、专门从事记录工作的记账人员,这标志着会计的产生。

在我国,"会计"一词最早的文字记载出现在西周。《周礼》一书中多处提到会计。如《周礼》中有"会计,以参互考日成,以月要考月成,以岁会考岁成。""日成"为十日成事之文书,相当于旬报。"月要"为一月成事之文书,相当于月报。"岁会"则是一年成事之文书,相当于年报。当时, 西周为保护王朝财产,还设置会计专职"司会",掌管王朝的钱粮赋税和财务收支,定期对王朝的收入和支出实行"月要""岁会",并实施会计监督。

唐朝出现了"四柱结算法",所谓"四柱",即"旧管"(相当于上期结存)、"新收"(相当于本期收入或增加)、"开除"(相当于本期支出或减少)和"实在"(相当于本期结存)。四柱之间体现出数量上的平衡关系,公式为"旧管 + 新收 = 开除 + 实在"。按照这种平衡关系编制的报告就称为"四柱清册"。宋朝同样把财产收支分为四部分,分别为"元管""新收""已支"和"现在",并存在"元管 + 新收 = 已支 + 现在"的数量平衡关系。唐末的"四柱结算法"使我国会计技术提高到一个新的水平,并逐渐由官方传入民间。

明末清初,商业和手工业有了较大规模的发展。为适应生产管理的需要,出现了以四柱为基础的"龙门账"和"四脚账",其中已显现复式簿记的雏形。"龙门账"把全部经济活动反映的账项划分为"进、缴、存、该"四大类。所谓"进"是指全部收入,"缴"是指全部支出,"存"是指全部资产,"该"是指全部负债。四者之间的关系为"进 - 缴 = 存 - 该"。运用这一公式计算盈亏,分别编制"进缴表"(相当于利润表)、"存该表"(相当于资产负债表),两个表上计算的盈亏数应当相等,就是"合龙门"。"四脚账"又称"天地和",这种账要求对日常发生的一切账项,既要登记它的来账,又要登记它的去账,借以全面反映同一账项的来龙去脉。这表明中国的会计已由单式记账法向复式记账法过渡。

2. 近代会计阶段

近代会计阶段从时间上看,一般认为应从 1494 年意大利数学家卢卡·帕乔利(Luca Pacioli)所著《算术、几何、比及比例概要》一书的公开出版开始,直至20 世纪 40 年代末。

中世纪地中海沿岸的一些城市，是资本主义经济的发源地。其中，意大利的佛罗伦萨、热那亚、威尼斯等城的商业和金融业比较繁荣。日益发展的商业和金融业要求不断改进并提高其记账方法。《算术、几何、比及比例概要》中“计算与记录要论”部分系统地介绍了“威尼斯簿记法”，并结合数学原理从理论上加以概括，被公认为是复式簿记最早的文字记载。书中以商业会计核算为例，就复式记账法的核算目的、核算程序、财产盘存制度、计价标准、序时记录和分类记录等，做了比较系统的介绍。该书的出版是复式借贷记账法产生的标志，是会计发展史上的一个重要里程碑，标志着近代会计的最终形成。随后，借贷复式记账法相继传至世界各国，并在实践中不断发展和完善，对后世会计理论和实务产生了重大而深远的影响。

18 世纪 60 年代，在西欧开始的产业革命，使社会生产力大大提高，对经济管理工作的客观要求也越来越高。19 世纪上半叶，工厂制度逐渐取代家庭手工业，出现了大生产方式。企业主出于对利润的关心，对生产过程中的费用、支出和成本倍加重视，成为成本会计产生和发展的重要条件。这一时期，会计不但在技术方面，而且在理论方面也极大地丰富起来，从而使会计由一门应用技术发展为一门学科。1890 年，大陆式会计理论奠基人雪尔的《簿记理论》，以及 1900 年前后英国皮克斯利的《会计学》和狄克西的《高级会计学》等著作，都标志着会计理论的重大发展。18 世纪末 19 世纪初，美国的生产组织和经营形式发生了重大变革，资本所有权和经营权相分离的适应社会化大生产经营形式的股份公司应运而生，这对会计工作也提出了更高的要求。由于股份公司的所有权和经营权相分离，公司的股东一般不直接参与或控制企业的生产经营活动，而是推选董事会作为代表，由董事会聘请经理人员来管理企业。这样，企业的经营者就有责任向股东、债权人、证券交易机构、政府管理机构、潜在投资人提供真实、准确的财务会计报告（又称财务报告），反映公司经营状况，公开说明自身的经济实力。为了让外界阅读人能够看懂财务报表，报表的编制原则、所应用的会计术语和会计方法就必须是社会通行的、为一般人所接受的，传统会计中那种各行其是的做法已无法适应新需要了。这样就产生了专门审核经营者履行职责、维护股东集团和债权人利益的代理人——独立职业会计师，进行查账和公证业务。为了迎合这种需要，1854 年，英国成立了第一个特许会计师协会——爱丁堡会计师协会，它的成立是近代会计发展史上的另一个里程碑，具有划时代的意义，也标志着会计的服务对象、核算内容得到了扩展。伴随着“科学管理之父”泰勒的专著《科学管理原理》的发表以及“泰勒制”管理在企业中的推行，与其相联系的一系列管理方法、技术被引入会计领域，标准成本和预算控制等方法也在这一时期产生，由此构成了成本会计的主要内容。同一时期，各国税法、商法、公司法等法律的陆续颁布和不断完善，也促进了会计的发展，使成本会计、会计报表分析、审计等内容相继出现。

进入 20 世纪，特别是第一次世界大战后，美国经济迅速发展，世界的经济和科学技术、管理理论和会计理论中心也随之从欧洲转至美国。在美国，随着工业的发展，劳伦斯的《成本会计》和陀尔的《成本会计》相继出版。会计理论研究也从原来的以商业为重点变成以工业为重点。第二次世界大战后，资本主义国家生产社会化程度大大提高，股份公司兴旺发达，跨国公司发展迅速，现代西方会计职能、作用、范围日趋扩大。为了规范会计工作，提高会计报告的真实性和可比性，以美国为首的一些国家的会计师协会开始制定“公认会计原则”。20 世纪 30 年代以后，美国等西方国家先后拟定和颁布了《会计准则》，使会计核算工作更加规范化，会计的理论和方法达到了新的水平。综上所述，在近代会计发展阶段实现了一个基本的转变,那就是由单式簿记向复式簿记的转变。

这个阶段在会计的方法与内容上有了重要发展。一是复式记账法的完善和推广。卢卡·帕乔利在其论著《算术、几何、比及比例概要》中较为详细地论述了当时流行于意大利的"威尼斯簿记法",以此确立了复式记账法的地位,并使其得以在欧洲的其他国家传播并普遍应用。二是成本会计的产生和迅速发展,使其逐步成为会计学中管理会计分支的重要基础。

3. 现代会计阶段

现代会计阶段是指从20世纪50年代至今。

20世纪50年代至今,一方面,科学技术日益进步,生产力得到巨大发展,企业规模不断扩大,出现了很多跨国公司;另一方面,市场竞争也更加激烈。在这种情况下,为了提高经济效益,加强对经济活动过程的控制,企业管理者对会计提出了更高的要求,不仅要求会计对经济业务进行核算和监督,更重要的是要求会计对经济业务进行事前预测、决策、成本计算和分析,从而实现对经营过程的全面控制。这时,会计分化为两个领域,即财务会计和管理会计。1952年,世界会计学会年会正式通过了"管理会计"这一名词。管理会计的形成与发展丰富了会计的内容,使会计发展进入一个高级阶段,这是现代会计开端的重要标志。

20世纪40年代,电子计算机的出现迎来了会计领域应用电子计算机的新时代。电子计算机在会计领域的应用,使会计由传统的手工操作,逐渐发展为电子数据处理,提高了会计工作的及时性和准确性,为充分发挥会计的作用创造了有利条件。电子计算机在会计领域的普遍应用,是会计发展史上的又一个飞跃。

19世纪中叶,"西式会计"随着资本主义经济传入我国,改革了以单式记账为主的"中式簿记"。中华人民共和国成立后,我国的社会制度发生了根本的变化,因此为了适应社会主义建设的需要,国家先后制定了一系列会计制度,对国民经济的恢复和发展起到了积极的作用。

1978年12月,我国开始实行改革开放政策,国民经济得到了飞速发展,现代会计的新理论与新方法也被引进和利用。1981年我国建立了注册会计师制度。1985年颁布和实施了《中华人民共和国会计法》(简称《会计法》),标志着我国会计工作进入法制化的新时期。为适应我国市场经济的需要,1992年我国颁布了《企业会计准则——基本准则》和《企业财务通则》,并于1993年7月1日开始实施,这是我国会计制度与国际惯例接轨的重大举措,标志着我国会计工作正逐步走向国际化。1997年以来,我国加快了会计法制建设的步伐,相继颁布和实施了《企业财务会计报告条例》《企业会计制度》等一系列会计法律法规,先后两次修订和完善《会计法》。2006年2月15日,财政部颁布了新的《企业会计准则》(含一项基本准则和三十八项具体准则),并于2007年1月1日率先在上市公司中实施,国有企业从2008年开始实施,同时鼓励其他企业执行。该《企业会计准则》的颁布实施,标志着我国会计准则实现了国际趋同。会计法规和制度建设对规范会计行为、提高会计信息质量、发挥会计作用都有十分重要的意义,标志着我国社会主义事业正式进入一个崭新的发展阶段。

这一时期会计方法、技术和内容的发展有两个重要标志:一是在会计核算手段方面产生了质的飞跃,即利用现代电子计算机技术与会计融合形成的"会计电算化";二是会计伴随着生产和管理科学的发展分化为财务会计和管理会计两大分支。

由上述会计产生和发展的历史过程我们可以得出如下结论:第一,会计是随着社会生产的发展和管理经济的需要而产生的；第二，会计的发展以社会生产的发展为背景，以当时的科学技术水平为条件；第三，会计的发展对社会生产的发展具有明显的反馈作用，即社会生产越发展，会计就越重要。会计产生于社会生产管理实践中，又在社会生产管理实践中得到发展。随着社会生产的发展、科学技术的进步，会计技术方法也向更加科学、更加现代化的方向发展。会计技术方法的发展，使会计与经济管理更加紧密地结合起来，成为经济管理中不可或缺的重要组成部分。

二、会计的对象与目标

（一）会计对象

会计对象是指会计核算和监督的内容，具体是指社会再生产过程中能以货币表现的经济活动，即资金运动或价值运动。因此，会计核算和监督的内容（即会计对象）就是资金运动。

资金是指一个单位所拥有的各项财产物资的货币表现。资金运动是资金的形态变化和位置移动，资金运动是客观的。资金运动的客观性体现在任何单位的资金都要经过资金的投入、资金的循环与周转（即运用）和资金退出这样一个运动过程，这个过程不因单位所处的国家或地区的不同而不同。也正因为资金运动的客观性，才使会计成为一种国际性的“商业语言”。

资金运动过程对任何单位来说都是一样的，但具体运动不完全相同。

以工业企业为例，具体的资金运动程序可分为资金的投入、资金的循环与周转、资金的退出三个基本环节。

1. 资金的投入

资金投入包括企业所有者投入的资金和债权人投入的资金两部分，前者属于企业所有者权益，后者属于企业债权人权益，即负债。资金的投入是单位取得资金的过程，是资金运动的起点。

按照相关法律的要求，成立任何单位都需要资金的投入，即来自所有者投入的资本，通常表现为货币资金（现金或银行存款），但有时也表现为存货、固定资产、无形资产等非货币性资产。单位成立后，特别是企业成立后出于经营或扩大规模需要，在资金不足或为解决临时资金需要时，还可以通过其他筹资活动从单位外部取得一定的资金。

2. 资金的循环与周转

企业将资金运用于生产经营过程就开始了资金的循环与周转。企业的生产经营活动通常包括供应过程、生产过程和销售过程三个阶段。

企业获得投入的资金后，便可进入供应过程，企业需要购买各种材料，因此在采购材料过程中发生的运输费、装卸费等也计入该过程。生产过程中，企业制造产品需要消耗原材料，发生工资费用、固定资产折旧费用等；企业将产品在销售过程中卖出，转化为货币资金。资金形态依次由货币资金转化为储备资金、生产资金和成品资金，随着产品的出售又转化为货币资金，这个过程称为资金循环。资金的不断循环，则称为资金周转。这就是资金的循环与周转。

3. 资金的退出

资金的退出是指资金离开本单位、退出本单位的循环周转。资金的退出是资金运动的终点，主要包括偿还各项债务、依法缴纳各种税费，以及向所有者分配利润等。

企业资金运动过程如图1－1所示。

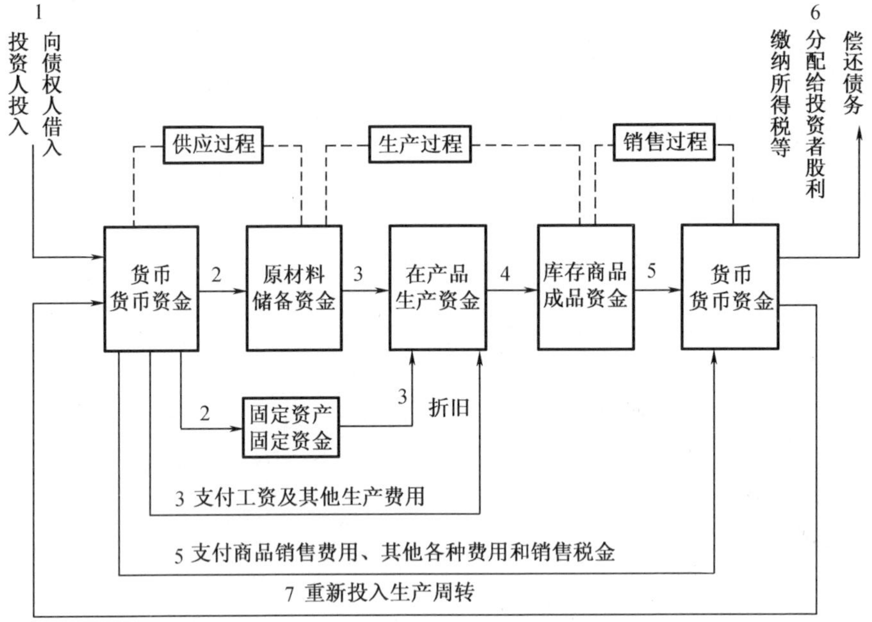

图1－1　企业资金运动过程示意图

(二)会计目标

会计目标也称会计目的,是要求会计工作完成的任务或达到的标准,即向财务会计报告使用者提供与企业财务状况、经营成果和现金流量等有关的会计信息,反映企业管理层受托责任的履行情况,有助于财务会计报告使用者做出经济决策。会计目标主要包括以下两方面的内容。

1. 向财务会计报告使用者提供有助于决策的信息

企业编制财务会计报告的主要目的是满足财务会计报告使用者的信息需要,有助于财务会计报告使用者做出经济决策。因此,向财务会计报告使用者提供有助于决策的信息是财务会计报告的基本目标。如果企业在财务会计报告中提供的会计信息与使用者的决策无关,没有使用价值,那么财务会计报告就失去其编制的意义。

2. 反映企业管理层受托责任的履行情况

在现代公司制下,企业所有权和经营权分离,企业管理层受委托人之托经营管理企业及其各项资产,负有受托责任,即企业管理层所经营管理的企业各项资产基本上均为投资者投入的资本(或者留存收益作为再投资或向债权人借入的资金),企业管理层有责任妥善保管并合理、有效地运用这些资产。尤其是企业投资者和债权人等,需要及时了解企业管理层保管、使用资产的情况,以便于评价企业管理层受托责任的履行情况和业绩情况,并做出经济决策。

第二节 会计的职能与核算方法

一、会计的职能

会计的职能是指会计在经济管理过程中所具有的功能。作为“过程的控制和观念的总结”的会计具有会计核算和会计监督两项基本职能,还有预测经济前景、参与经济决策、评价经营业绩等拓展职能(其他职能)。会计职能的构成如图1-2所示。

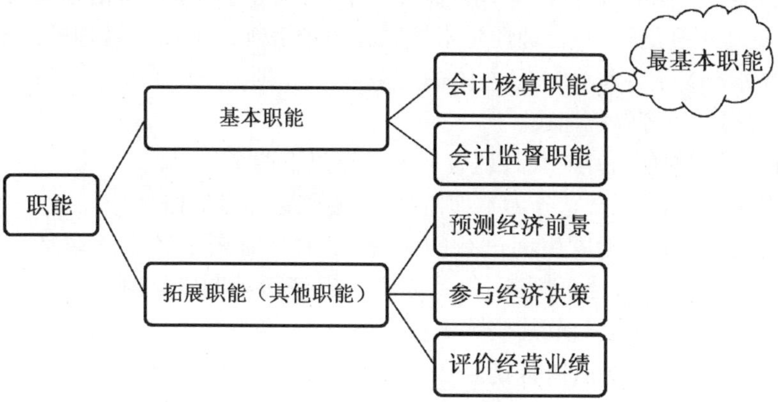

图1-2 会计职能的构成图

(一)基本职能

会计的基本职能是指进行会计工作所发挥的基本功能,《会计法》明确规定:“会计机构、会计人员依照本法规定进行会计核算,实行会计监督。”

可见,在我国已将核算和监督作为法律赋予会计的基本职能。

1. 会计核算职能

(1)会计核算职能的概念 会计核算职能又称会计反映职能,是指会计以货币为主要计量单位,对特定主体的经济活动进行确认、计量和报告。它要求各单位必须根据实际发生的经济业务事项进行会计核算。

(2)会计核算职能的特点 会计核算职能具有以下三个特点:

①会计核算主要是从价值量上反映各经济主体的经济活动状况。会计核算是对各单位的一切经济业务,以货币计量为主,进行记录、计算,以保证会计记录和反映的完整性。

②会计核算具有完整性、连续性和系统性。各单位必须对客观发生的所有经济业务,即涉及资金运动或资金增减变化的事项,采用系统的核算方法体系,按时间顺序,无一遗漏地进行确认、计量、记录和报告。

会计核算的完整性,是指会计核算对所有的会计对象都应无一遗漏地进行确认、计量、记录和报告;会计核算的连续性,是指会计核算对发生的经济业务事项的确认、计量、记录和报告要连续进行,不得有任何中断;会计核算的系统性,是指对发生的经济业务事项要采用科学的核算方法,分门别类地进行确认、计量、记录和报告,提供系统的会计信息。会计核算的完整性、连续性和系统性,是会计信息资料完整性、连续性和系统性的保证。

③会计核算主要是对已经发生的经济活动进行事中、事后的核算。会计核算通过记录、计算、分析提供会计信息,反映单位经济活动的现时情况和历史状态,同时还可以分析和预测经济前景,为经营管理决策提供信息,满足会计信息使用者的需要,更好地发挥会计管理的功能和作用。

2. 会计监督职能

(1)会计监督职能的概念　会计监督职能又称会计控制职能,是指对特定主体经济活动和相关会计核算的真实性、合法性和合理性进行监督检查。

真实性是指检查各项会计核算是否根据实际发生的经济业务进行;合法性是指以国家颁布的法律法规等为标准监督经济活动,保证企事业单位的各项经济活动符合国家的有关法律法规,杜绝违法乱纪行为;合理性是指依照客观经济规律及经济管理的要求进行监督,如检查各项财务收支是否符合特定主体的财务收支计划,是否有违背内部控制制度现象等,其目的是为提高经济效益把关。

(2)会计监督职能的特点　会计监督职能具有以下两个特点:

①会计监督是一个过程,它分为事前监督、事中监督和事后监督。

事前监督是在经济活动发生前进行的监督,主要是对未来经济活动是否符合法律法规、在经济上是否可行进行分析判断,以及为未来经济活动制定定额、编制预算等;事中监督是指对正在发生的经济活动及其核算资料进行审查,并纠正经济活动过程中的偏差和失误,使其按预定计划进行;事后监督是对已经发生的经济活动及其核算资料进行审查。

②会计核算主要是通过货币计量,提供一系列综合反映企业经济活动的价值量指标。而会计监督主要是利用会计核算职能提供的价值量指标来进行货币监督工作。由于基层单位进行的经济活动同时伴随着价值运动,表现为价值量的增减和价值形态的转化,因此会计通过价值指标可以全面、及时、有效地控制各个单位的经济活动。

3. 会计核算职能与会计监督职能的关系

会计的核算职能与会计监督职能是相辅相成、辩证统一的关系。会计核算是会计监督的基础,会计监督是会计核算的质量保证。没有核算提供的各种信息,监督就失去了依据;没有监督提供的质量保障,核算就难以做到真实、可靠。因此,会计核算与会计监督共同贯穿于经济活动的全过程,在事前、事中、事后都发挥着管理作用,以保证正确、及时、完整地反映经济活动状态。

【知识拓展】

《会计法》确立了单位内部监督、社会监督、政府监督三位一体的会计监督关系,为会计监督的具体内涵及其实现方式赋予了新的内容。单位内部监督、社会监督和政府监督是按照监督主体的不同进行区分的。本教材中会计监督职能的内容,仅限于以会计机构和会计人员为监督主体,对单位经济活动进行的内部监督。

(二) 拓展职能(其他职能)

会计职能是一个发展变化的概念。随着经济的不断发展,经济关系的复杂化和管理水平的不断提高,会计职能除了会计核算、会计监督这两大基本职能外,还具有预测经济前景、参与经济决策、评价经营业绩的职能。

1. 预测经济前景

预测经济前景是指根据现有的会计信息和其他信息资料，对客观经济过程及其发展趋势做出的估计、判断和测算。

2. 参与经济决策

参与经济决策是指在预测经济前景的基础上，在未来一定时期经济活动可能采取的各种备选方案中，选择最优方案，以供管理者进行决策。

3. 评价经营业绩

评价经营业绩是以会计核算提供的信息资料为主要依据，结合计划、统计和其他资料，对经济活动过程和财务成果进行比较、分析和评价，从而总结经验、发现问题、找出原因、挖掘潜力和改进工作的过程。

二、会计核算方法

会计核算是会计的基本环节，因此会计核算方法是会计的基本方法。

会计核算方法是指对会计对象进行连续、系统、全面、综合的确认、计量和报告所采用的各种方法。

（一）会计核算方法体系

会计核算方法体系由填制和审核会计凭证、设置会计科目及账户、复式记账、登记账簿、成本计算、财产清查、编制会计报表等专门方法构成。它们相互联系、紧密结合，确保会计工作有序进行。

1. 填制和审核会计凭证

各单位发生的任何会计事项都必须取得原始凭证，证明其经济业务的发生或完成。原始凭证要送交会计机构或会计人员进行审核，审核其填制内容是否完备、手续是否齐全、业务的发生是否合理合法等，经审核无误后，才能编制记账凭证。记账凭证是记账的依据，原始凭证和记账凭证统称为会计凭证。审核和填制会计凭证是会计核算的一种专门方法，它能保证会计记录的完整、可靠，提高会计核算质量。

2. 设置会计科目及账户

设置会计科目及账户，是对会计对象具体内容进行的分类反映和监督方法。会计对象包含的内容纷繁复杂，设置会计科目及账户就是根据会计对象具体内容的不同特点和经济管理的不同要求，选择一定的标准进行分类，并事先规定分类核算项目，在账簿中开设相应的账户，以取得所需要的核算指标。正确、科学地设置会计科目及账户，细化会计对象，提供会计核算的具体内容，是满足经营管理需要，完成会计核算任务的基础。

3. 复式记账

复式记账一方面能全面系统地反映经济业务引起资金运动增减变化的来龙去脉；另一方面能通过账户之间的一种平衡关系，检查会计记录的正确性。例如，用银行存款 6 000 元购买材料，采用复式记账法就要同时在“原材料”账户和“银行存款”账户分别反映原材料增加了 6 000 元，银行存款减少了 6 000 元。这样就能在账户中全面核算并监督会计对象。

4. 登记账簿

账簿是具有一定格式，用来记账的簿籍。登记账簿就是根据会计凭证，采用复式记账法，把经济业务分门别类、内容连续地在有关账簿中进行登记的方法。借助于账簿，就能将分散的经济业务进行分类汇总，系统地提供每一类经济活动的完整资料，了解一类或全部经济活动发展变化的全过程,更加适应经济管理的需要。账簿记录的各种数据资料,也是编制财务报表的重要依据。所以,登记账簿是会计核算的主要方法。

5. 成本计算

成本计算是指按照一定对象,采用一定标准来归集和分配生产经营过程中发生的各种费用,以便确定各对象的总成本和单位成本的一种专门方法。例如,工业企业要计算生产产品的成本,就要把企业进行生产活动所耗用的材料、支付的工资以及发生的其他费用加以归集,并计算产品的总成本和单位成本。产品成本是综合反映企业生产经营活动的一项重要指标。正确地进行成本计算,可以考核生产经营过程的费用支出水平,同时又是确定企业盈亏和制定产品价格的基础,为企业进行经营决策提供重要数据。

6. 财产清查

财产清查就是通过对各项财产物资、货币资金进行实物盘点,对往来款项进行核对,以查明实存数同账存数是否相符的一种专门方法。在财产清查中发现有财产、资金账面数额与实存数额不符的情况,应该及时调整账簿记录,使账存数与实存数一致,并查明账实不符的原因,明确责任。通过财产清查,可以查明各项财产物资、货币资金、债权债务等情况,可以促进企业加强物资管理,保证财产的完整,并能为编制会计报表提供真实、准确的资料。

7. 编制会计报表

编制会计报表是根据账簿记录的数据资料,采用一定的表格形式,概括、综合地反映各单位在一定时期内经济活动过程和结果的一种方法。编制会计报表是对日常核算工作的总结,是在账簿记录基础上对会计核算资料的进一步加工整理。会计报表提供的资料是进行会计分析、会计检查的重要依据。

上述会计核算的方法之间相互联系、密切配合,构成了一个完整的核算方法体系。这些方法相互配合运用的程序是:①经济业务发生后,填制和审核会计凭证;②按会计科目对经济业务进行分类核算,并运用复式记账法在有关会计账簿中进行登记;③对生产经营过程中各种费用进行成本计算;④对账簿记录通过财产清查加以核实,保证账实相符;⑤期末,根据账簿记录资料和其他资料,实行必要的加工计算,编制会计报表。会计核算方法之间的联系如图1-3所示。

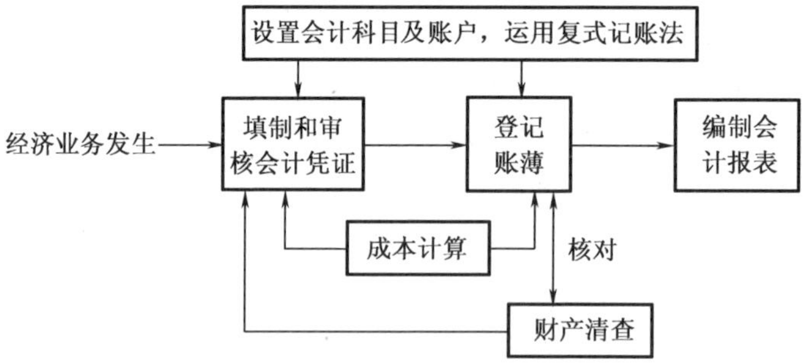

图1-3 会计核算方法之间的联系示意图

(二)会计循环

会计循环是指按照一定的步骤反复运行的会计程序。

1. 从会计工作流程看,会计循环由确认、计量、报告等环节组成

确认是指运用特定的会计方法,以文字和金额同时描述某一交易或事项,使其金额反映特定会计主体财务报表中的会计程序。

计量是指确定会计确认中用以描述某一交易或事项金额的会计程序。

报告是指在确认和计量的基础上,将特定主体的财务状况、经营成果和现金流量信息以财务报表等形式向有关各方报告。

2. 从会计核算的具体内容看,会计循环由填制和审核会计凭证、设置会计科目及账户、复式记账、登记账簿、成本计算、财产清查和编制会计报表等组成

填制和审核会计凭证是会计核算的起点,登记账簿是会计核算的中心环节,编制会计报表是会计核算的最终环节,它们周而复始,循环不息。

企业在一个会计期间内,其会计工作必须经历填制和审核会计凭证、设置会计科目及账户、复式记账、登记账簿、成本计算、财产清查和编制会计报表等一系列对经济业务进行确认、计量和报告的会计程序。这些会计程序从一个会计期间的期初开始至会计期末结束,并在各个会计期间循环往复,周而复始,故被称为会计循环。

第三节　会计基本假设与会计基础

一、会计基本假设

会计核算的基本前提又称会计假设,是企业确认、计量和报告的前提,是对会计核算所处的时间、空间环境所做的合理设定。会计核算的基本前提,是为了保证会计工作的正常进行和会计信息的质量。对会计核算的范围、内容、基本程序和方法所做的假定,是会计人员对会计核算所处的变化不定的社会经济环境做的合理推断,是会计核算的前提条件。如会计为谁核算,会计核算的资金运动能否持续不断地经营下去,会计应该在什么时候记账、算账和报账,会计核算过程中应当采用什么计量手段等都是会计核算工作的前提条件。2006 年颁布的《企业会计准则——基本准则》中规定的会计核算的基本前提包括会计主体、持续经营、会计分期、货币计量四个方面,分别从空间、时间和计量单位上对会计信息的生成活动进行了限制。

(一)会计主体

会计主体是指会计信息所反映的特定单位,一个会计主体是一个独立的经济实体,企业作为一个会计主体,应当对其本身发生的交易或事项进行确认、计量和报告。会计主体能独立地记录和核算企业本身各项生产经营活动,不能核算、反映企业投资者或者其他经济主体的经济活动。

会计主体作为会计工作的基本前提之一,为日常的会计处理提供了空间依据。第一,明确会计主体,才能划定会计所要处理的经济业务事项的范围和立场。第二,明确会计主体,将会计主体的经济活动与会计主体所有者或其他经济主体的经济活动区分开来。

会计主体不同于法律主体。一般来说,法律主体往往是一个会计主体,例如一个企业作为一个法律主体,应当建立会计核算体系,独立反映其财务状况、经营成果和现金流量。但是,会计主体不一定是法律主体。例如,在企业集团里,一个母公司拥有若干个子公司,在企业集团母公司的统一领导下开展经营活动。为了全面反映这个企业集团的财务状况、

经营成果和现金流量,就有必要将这个企业集团的财务状况、经营成果和现金流量予以综合反映。有时,为了内部管理需要,也对企业内部的部门单独加以核算,并编制出内部会计报表,企业内部划出的核算单位也可以视为一个会计主体,但它不是一个法律主体。

(二)持续经营

持续经营是指会计主体的生产经营活动将无限期延续下去,在可以预见的将来,企业不会面临清算、解散、倒闭而不复存在的可能。

持续经营假设是对会计核算时间无限性的规定。企业是否持续经营对会计政策的选择,正确确定和计量财产计价、收益影响很大。一般情况下,应当假定企业会按当前的规模和状态持续经营下去,不会停业,也不会大规模地削减业务。明确了这个基本前提,会计人员就可以在此基础上选择会计原则和会计方法。例如,企业的固定资产通常可以在一个较长的时期发挥作用,如果可以判定企业会持续经营下去,那么就可以假定企业的固定资产会在持续进行的生产经营过程中长期发挥作用,并服务于生产经营过程,固定资产就可以按照历史成本进行记录,并按一定折旧方法,将历史成本分摊到各个会计期间或相关产品成本中;如果判断企业不会持续经营下去,那么固定资产就不应采用历史成本进行记录并按期计提折旧了。

由于持续经营是根据企业发展的一般情况所做的设定,企业在生产经营过程中缩减经营规模乃至停业的可能性总是存在的。因此,往往要求定期对企业持续经营这一前提做出分析和判断。一旦判定企业不符合持续经营的前提,就应当改变会计核算的方法。

(三)会计分期

会计分期这一前提是从持续经营基本前提引申出来的,可以说是持续经营的客观要求。会计分期是指将一个企业持续经营的生产经营活动划分为连续、相等的期间,又称会计期间,以便分期结算账目和编制财务会计报告。

会计分期的目的是,将持续经营的生产活动划分为连续、相等的期间,据以结算盈亏,按期编报财务会计报告,从而及时地向有关各方提供有关企业财务状况、经营成果和现金流量信息。

会计分期对会计原则和会计政策的选择有着重要影响。由于会计分期,产生了当期与其他期间的差别,从而出现权责发生制和收付实现制的区别,进而出现了应收、应付、折旧、摊销等会计处理方法。

会计分期假设是对会计工作时间范围的划分,分为年度和中期。在我国,会计期间是按公历起讫日期确定的。我国会计以日历年度作为会计年度,即自每年1月1日起至12月31日止为一个会计年度;中期是指短于一个完整的会计年度的报告期间,通常包括半年度、季度和月度。

会计分期假设可以与前两条假设结合,会计要为特定的会计主体在不会面临破产清算的情况下分期进行核算。

(四)货币计量

货币计量是指会计主体在会计确认、计量和报告时以货币作为计量尺度,反映会计主体的经济活动。

货币是商品的一般等价物,可作为衡量一般商品价值的共同尺度,具有价值尺度、流通手段、储藏手段和支付手段等特点。其他的计量单位如台和件等,只能从一个侧面反映生产经营情况,无法从量上进行汇总和比较,不便于会计计量和经营管理。只有选择货币这一共同尺度进行计量,才能全面反映企业生产经营情况,所以会计确认、计量和报告选择货币作为计量单位,是由货币的本身属性决定的。

在有些情况下,统一采用货币计量也有缺陷。某些影响企业财务状况和经营成果的因素,往往难以用货币计量,但这些信息对于使用者决策而言也很重要。为此,企业可以在财务会计报告中补充披露有关非财务信息来弥补上述缺陷。

在我国《企业会计准则》中规定"企业应当以人民币计量",我国企业会计核算以人民币为记账本位币。业务收支以人民币以外的货币为主的单位,也可以选定其中一种货币作为记账本位币,但编制的会计报表应当折算为人民币来反映。在境外设立的中国企业向国内报送的财务报表,也应当折算为人民币来反映。

二、会计基础

会计基础是指会计确认、计量和报告的基础,包括权责发生制和收付实现制。

会计人员应当根据会计准则规定的会计核算基础,选择一个恰当的时间来确认、计量和报告收入与费用。其目的是更加真实、公允地反映企业单位某一特定日期的财务状况和某一特定期间的经营成果。企业在一定会计期间,为进行生产经营活动而发生的费用,可能在本期已付出货币资金,也可能在本期尚未付出货币资金;所形成的收入,可能在本期已经收到货币资金,也可能在本期尚未收到货币资金。处理此类问题,必须以所采用的会计基础为依据。

(一)权责发生制

权责发生制,也称应计制,是指收入、费用的确认应当以收入和费用的实际发生而非实际收到或支付货币作为确认的标准,合理确认当期损益的一种会计基础。在日常生产经营活动中,货币收支的时间有时与收入费用确认的时间并不完全一致。例如,款项已经收到,但销售并未实现而不能确认为收入;或者款项已经支付,但与本期的生产经营活动无关而不确认为本期的费用。为了更加真实、公允地反映特定会计期间的财务状况和经营成果,《企业会计准则——基本准则》明确规定,企业应当以权责发生制为基础进行会计确认、计量和报告。

按权责发生制,凡是当期已经实现的收入和已经发生或负担的费用,不论款项是否收付,都应当作为当期的收入和费用处理;凡是不属于当期的收入和费用,即使款项已经在当期收付,也不应作为当期的收入和费用。

【例1-1】 ①甲企业于2020年10月10日销售商品一批,货款8 000元,存入银行,应作为2020年10月份的收入入账。

②甲企业于2020年10月10日收到购货单位上月购买商品的一笔货款60 000元,存入银行,该款项不能作为2020年10月份的收入记账,而应在上月作为收入记账。

③甲企业在2020年10月份销售了商品,货款120 000元于11月份收到,该企业应当将2020年10月份实现销售收入计入2020年10月份的收入中,而不能延续到2020年11月份来反映。

④甲企业于2020年10月份预收购货单位货款一笔,计12 000元,存入银行,但按合同规定2020年12月份交付商品,应作为2020年12月份的收入记账。

⑤甲企业于2020年12月30日支付水电费5 000元,应作为2020年12月份的费用记账。

⑥甲企业于2020年12月份购入办公用品一批,价款为30 000元,但款项在第二年3月份支付,应作为2020年12月份的费用记账。

⑦甲企业于2020年12月份预付第二年全年保险费36 000元,应作为第二年的费用记账。

在权责发生制核算前提下,会计产生了一些特殊概念,即应收、应付、预提和待摊等。

在我国,企业会计核算采用权责发生制。

(二)收付实现制

收付实现制也称现金制,是指收入、费用的确认以实际收到或支付货币作为确认收入和费用的标准,是与权责发生制相对应的一种会计基础。

在收付实现制下,凡是本期实际收到款项的收入和付出款项的费用,不论其是否属于本期,都作为本期的收入和费用处理;凡是本期没有实际收到款项的收入和付出款项的费用,均不作为本期的收入和费用处理。

事业单位会计核算一般采用收付实现制;事业单位部分经济业务或者事项,以及部分行业事业单位会计核算采用权责发生制,由财政部在相关会计制度中规定。

【例1-2】 ①甲单位于2020年10月份销售了产品,货款9 000元于2020年12月份收到,但该单位应当将销售收到的款项计入2020年12月份的收入中来反映。

②甲单位2020年10月份收到2019年应收销货款60 000元,存入银行,尽管该项收入不是2020年10月份取得的,但因该款项是2020年10月份收到的,应作为2020年10月份的收入记账。

③甲单位于2020年12月份购入办公用品一批,价款为30 000元,但款项在第二年3月份支付,应作为第二年3月份的费用记账。

这种处理方法的好处在于计算方法比较简单,也符合人们的生活习惯,但按照这种方法计算的盈亏不合理也不准确。

【例1-3】 华伟公司2020年11月份发生如下经济业务:

①6日销售商品一批,货款5 000元已收并存入银行。

②12日销售商品一批,货款10 000元尚未收到。

③13日收到对方购货单位一笔预付款8 000元存入银行,定于下月交货。

④15日预付本季度保险费3 000元。

⑤20日购买办公用品一批580元,以现金支付。

⑥28日以银行存款支付上月水电费3 500元。

表1-1列出了根据上述业务分别采用权责发生制和收付实现制计算2020年11月份的收入和费用。

表1-1 权责发生制和收付实现制的比较

单位:元

业务序号	权责发生制		收付实现制	
	收入	费用	收入	费用
①	5 000		5 000	
②	10 000			
③			8 000	
④		1 000		3 000
⑤		580		580
⑥				3 500
合计	15 000	1 580	13 000	7 080

第四节　会计信息的使用者及质量要求

一、会计信息的使用者

会计作为加工、生产会计信息的系统，其所提供的“产品”只有一种，即会计信息。

会计信息是指会计单位通过财务报表、财务会计报告或附注等形式向投资者、债权人、政府及其相关部门、企业管理者或社会公众等信息使用者揭示单位财务状况和经营成果的信息。

会计必须是在考虑会计信息使用者需求的情况下尽可能地提供“物美（高质量）价廉（成本低）”的会计信息。会计信息使用者，即会计信息提供的对象，其在现代社会是多元化的，有些信息使用者是现有的，有些是潜在的。在越来越复杂的社会经济活动中，存在着众多的信息使用者。

正是由于会计信息使用者是多元化的，因此不同会计信息使用者对会计信息的有用性必然有不同的要求，甚至有时即使是同一个会计信息使用者，在不同时期出于对不同利益的追求，对会计信息的有用性也会有不同的要求。从会计的历史发展过程来看，会计信息需求的范围在不断扩大。

会计信息的使用者主要包括投资者、债权人、政府及其有关部门、企业管理者、社会公众等。

（一）投资者

企业投资者通常关心企业的盈利能力和发展能力，他们需要借助会计信息等相关信息来决定是否调整投资、更换管理层和加强企业的内部控制等。

（二）债权人

企业贷款人、供应商等债权人通常关心企业的偿债能力和财务风险，他们需要借助会计信息等相关信息来判断企业能否按约支付所欠货款、偿还贷款本金和支付利息等。

（三）政府及其有关部门

政府及其有关部门作为经济管理和经济监管部门，通常关心经济资源分配的公平、合理，市场经济秩序的公正、有序，宏观决策所依据信息的真实可靠等，他们需要会计信息来监管企业有关活动（尤其是经济活动）、制定税收政策、进行税收征管和国民经济统计等。

（四）企业管理者

企业管理者是会计信息的重要使用者，他们需要根据会计信息等相关信息来管理企业、对企业进行控制、做出财务决策。

（五）社会公众

社会公众也关心企业的生产经营活动，包括企业对其所在地经济发展的贡献，如增加就业、刺激消费和提供社区服务等。

上述所列的会计信息使用者，他们在使用会计报表时，持有不同的立场和动机，其决策的重点和所需信息并不完全相同，甚至存在较大差异。会计报表必须同时满足不同使用者的需要，会计人员不能为了某一特定类别的使用者单独设计会计报表。若按不同的需求分别提供财务会计报告，成本较高，且无法满足及时性要求。所以会计部门主要提供对各类使用者都有用的信息，即通用会计报表，无论是哪一类型的使用者，均应通过通用会计报表获得充分的会计信息,对企业现在和未来的财务状况和获利能力做出评价,从而做出有关经济决策。

二、会计信息质量要求

会计信息质量要求是对企业财务会计报告中所提供会计信息质量的基本要求,是使财务会计报告所提供的会计信息对投资者(或股东)等会计信息使用者做出决策所应具备的基本特征,是进行会计核算时必须遵循的基本规则。我国《企业会计准则——基本准则》对会计信息质量提出了八项要求,具体包括可靠性、相关性、可理解性、可比性、实质重于形式、重要性、谨慎性和及时性。

(一)可靠性

可靠性要求企业应当以实际发生的交易或者事项为依据进行确认、计量和报告,如实反映符合确认和计量要求的各项会计要素及其他相关信息,保证会计信息真实可靠、内容完整。

会计信息要有用,必须以可靠为基础,如果财务会计报告所提供的会计信息是不可靠的,那么就会给投资者(或股东)等会计信息使用者的决策带来误导,甚至造成损失。为了贯彻可靠性要求,企业应当做到:

(1)客观性　企业以实际发生的交易或者事项为依据进行确认、计量和报告。如果企业以虚拟的交易或者事项作为依据,进行会计信息的确认、计量和报告,则属于违法行为,这样会使信息变质,误导会计信息使用者,进而干扰资本市场,造成经济秩序混乱。

(2)完整性　企业应当在符合重要性和成本效益原则的前提下,保证会计信息的完整性,这就要求企业编报的财务报表及其附注内容都要完整,不得随意遗漏或者减少应予披露的信息,与使用者决策相关的有用信息都应当充分披露。

(3)中立性　在财务报告中所列示的会计信息应当是客观中立的、无偏向的。如果企业的财务会计报告是为了达到事先设定的结果和目的而编制的,那么这样的财务会计报告信息就不是中立的。

【例1-4】　某公司于2019年末发现公司销售萎缩,无法实现年初确定的销售收入目标,但考虑到在2020年春节前后,公司销售可能会出现较大幅度的增长,公司为此提前预计库存商品销售,在2019年末制作了若干存货出库凭证,并确认销售收入实现。公司这种处理不是以其实际发生的交易事项为依据,而是虚构的交易事项,违背了会计信息质量要求的可靠性原则,也违背了我国《会计法》的规定。

(二)相关性

相关性要求企业提供的会计信息应当与投资者等财务会计报告使用者的经济决策需要相关,有助于投资者等财务会计报告使用者对企业过去、现在或未来的情况做出评价或者预测。

会计信息是否有用,是否具有价值,关键是看其与使用者的决策需要是否相关,是否有助于决策及提高决策水平。相关的会计信息应能够有助于使用者评价企业过去的决策,证实或者修正过去的有关预测,因而具有反馈价值。相关的会计信息还应具有预测价值,有助于使用者根据财务会计报告提供的会计信息预测企业未来的财务状况、经营成果和现金流量。如区分收入和利得、费用和损失,区分流动资产和非流动资产、流动负债和非流动负债,以及适度引入公允价值等,都可以提高会计信息的预测价值,进而提升会计信息的相关性。

会计信息质量的相关性要求，需要企业在确认、计量和报告会计信息的过程中，充分考虑使用者的决策模式和信息需要。但是，相关性是以可靠性为基础的，两者之间并不矛盾，不应将两者对立起来。也就是说，会计信息在可靠性前提下，尽可能地做到相关性，以满足投资者等财务会计报告使用者的决策需要。

（三）可理解性

可理解性（清晰性）要求企业提供的会计信息应当清晰明了，便于投资者等财务会计报告使用者理解和使用。

企业编制财务会计报告、提供会计信息的目的在于使用，若要使用者有效使用会计信息，应使其了解会计信息的内涵，弄懂会计信息的内容，这就要求财务会计报告所提供的会计信息清晰明了，易于理解。只有这样，才能提高会计信息的有用性，实现财务会计报告的目标，满足向投资者等财务会计报告使用者提供有用的决策信息的要求。在会计核算中坚持可理解性，就是要求会计记录应当准确、清晰地填制会计凭证、登记会计账簿，必须做到合法、账户对应关系清楚、文字摘要完整；在编制会计报表时，项目勾稽关系清楚、项目完整、数字准确。

（四）可比性

可比性要求企业提供的会计信息应当相互可比。这主要包括两层含义，既包括纵向可比，也包括横向可比。

1. 同一企业不同时期可比（纵向可比）

为了便于投资者等财务会计报告使用者了解企业财务状况、经营成果和现金流量的变化趋势，比较企业在不同时期的财务会计报告信息，全面、客观地评价过去、预测未来，从而做出决策，会计信息质量的可比性要求同一企业不同时期发生的相同或者相似的交易或事项，应当采用一致的会计政策，不得随意变更。但是，满足会计信息可比性要求，并非表明企业不得变更其会计政策，如果按照规定或者在会计政策变更后可以提供更可靠、更相关的会计信息，则可以变更会计政策。有关会计政策变更的情况，应当在附注中予以说明。

2. 不同企业相同会计期间可比（横向可比）

为了便于投资者等财务会计报告使用者评价不同企业的财务状况、经营成果和现金流量及其变动情况，会计信息质量的可比性要求不同企业同一会计期间发生的相同或者相似的交易或者事项，应当采用规定的会计政策，确保会计信息口径一致、相互可比，以使不同企业按照一致的确认、计量和报告要求提供有关会计信息。

（五）实质重于形式

实质重于形式要求企业应当按照交易或者事项的经济实质进行会计确认、计量和报告，不仅仅以交易或者事项的法律形式为依据。

企业发生的交易或事项在多数情况下其经济实质和法律形式是一致的。但在有些情况下，会出现不一致的情况，按照实质重于形式的原则要求，当交易或事项的经济实质与其法律形式或外在表现形式不一致时，会计人员应当做出恰当的专业判断，注重经济实质进行会计核算，以保证会计信息的有用性。例如，以融资租赁方式租入的固定资产，虽然从法律形式来讲企业并不拥有其所有权，但是由于租赁合同中规定的租赁期相当长，接近于该固定资产的使用寿命；租赁期结束时承租企业有优先购买该固定资产的选择权；在租赁期内承租企业有权支配固定资产并从中受益等。因此，从其经济实质来看，企业能够控制融资租入固定资产所创造的未来经济利益,在会计确认、计量和报告上就应当将以融资租赁方式租入的固定资产视为企业的资产,列入企业的资产负债表。

又如,企业按照销售合同销售商品但又签订了售后回购协议,虽然从法律形式上实现了收入,但如果企业没有将商品所有权中的主要风险和报酬转移给购货方,没有满足收入确认的各项条件,即使签订了商品销售合同或者已将商品交付给购货方,也不应当确认销售收入。

(六)重要性

如果在合理预期下,财务报表某项目的省略或错报会影响使用者据此做出经济决策,那么就说明该项目具有重要性。

在会计核算过程中对经济业务或会计事项应区别其重要程度,采用不同的会计处理方法和程序。对资产、负债、损益等有较大影响,并进而影响财务会计报告使用者据以做出合理判断的重要会计事项,必须按照规定的会计方法和程序进行处理,并在财务会计报告中予以充分准确地披露。对于非重要的会计事项,在不影响会计信息真实性和不误导财务会计报告使用者做出正确判断的前提下,可适当简化处理,从而在不影响会计信息质量的前提下,降低其获取成本。某类会计事项的重要性,在很大程度上取决于会计人员的职业判断。重要性应当根据企业所处的具体环境,从项目的性质和金额两方面予以判断,且对各项目重要性的判断标准一经确定,不得随意变更。判断项目性质的重要性,应当考虑该项目在性质上是否属于企业日常活动,是否显著影响企业的财务状况、经营成果和现金流量等因素;判断项目金额大小的重要性,应当考虑该项目金额占资产总额、负债总额、所有者权益总额、营业收入总额、营业成本总额、净利润以及综合收益总额等直接相关项目金额的比重或所属报表单列项目金额的比重。

(七)谨慎性

谨慎性要求企业对交易或者事项进行会计确认、计量和报告时保持应有的谨慎,不应高估资产或者收益,低估负债或者费用。

在市场经济环境下,企业的生产经营活动面临着许多风险和不确定性,如应收款项的可收回性、固定资产的使用寿命、无形资产的使用寿命、售出存货可能发生的退货或者返修等。会计信息质量的谨慎性要求企业在面临不确定性因素的情况下做出职业判断时,保持应有的谨慎,充分估计到各种风险和损失,既不高估资产或者收益,也不低估负债或者费用。例如,要求企业对可能发生的资产减值损失进行计提资产减值准备等,就体现了会计信息质量的谨慎性。

在我国具体的会计准则中谨慎性原则的应用较多。如固定资产折旧采用加速折旧法、提取应收账款的坏账准备、提取存货跌价准备、提取固定资产减值准备等。

(八)及时性

及时性要求企业对已经发生的交易或者事项,应当及时进行确认、计量和报告,不得提前或延后。

会计信息的价值在于帮助所有者或者其他使用者做出经济决策,具有时效性。即使是可靠、相关的会计信息,如果不及时提供,就失去了时效性,对于使用者的效用就大大降低甚至不再具有实际意义。在会计确认、计量和报告过程中贯彻及时性,一是要求及时收集会计信息,即在经济交易或者事项发生后,及时收集整理各种原始单据或者凭证;二是要求及时处理会计信息,即按照会计准则的规定,及时对经济交易或者事项进行确认或者计量,并编制出财务会计报告；三是要求及时传递会计信息，即按照国家规定的有关时限，及时将编制的财务会计报告传递给使用者，便于其及时使用和决策。

复习思考题

1. 什么是会计，会计的基本特征有哪些？
2. 简述会计的核算和监督职能以及两者之间的关系。
3. 会计基本假设分别界定了什么且共同构成怎样一个体系？
4. 采用不同的会计基础应如何确认收入和费用？
5. 会计信息质量要求包括哪些，在会计实务中如何体现？
6. 什么是会计对象，为什么说会计对象是再生产过程中的资金运动？
7. 什么是资金循环与周转？举例说明工业生产企业的资金循环和周转过程。
8. 会计核算有哪些专门方法？

第二章　会计要素和会计等式

【基本要求】

1. 熟悉会计要素的含义与特征
2. 掌握会计要素的确认条件与构成
3. 掌握常用的会计计量属性
4. 掌握会计等式的表现形式
5. 掌握基本经济业务的类型及其对会计等式的影响

第一节　会 计 要 素

一、会计要素的含义与分类

（一）会计要素的含义

会计核算对象是会计主体的资金运动，但会计主体的资金运动内容繁多，涉及面很广。为了便于分类记录和核算，必须将资金运动的具体内容进行科学分类。会计要素就是将资金运动的具体内容按其性质进行的分类，可以说会计要素是会计对象的具体化。

（二）会计要素的分类

会计要素是会计报表的基本构成单位，因此会计要素也可以称之为会计报表要素。

根据我国《企业会计准则》的规定，会计要素分为资产、负债、所有者权益、收入、费用和利润六类。其中资产、负债、所有者权益是组成资产负债表的会计要素，也称资产负债表要素，反映企业某一特定日期的财务状况，属于静态要素，是构成资产负债表的基本框架；而收入、费用和利润是组成利润表的会计要素，也称利润表要素，反映企业一定期间内的经营成果，属于动态要素，是构成利润表的基本框架。会计要素组成如图 2－1 所示。

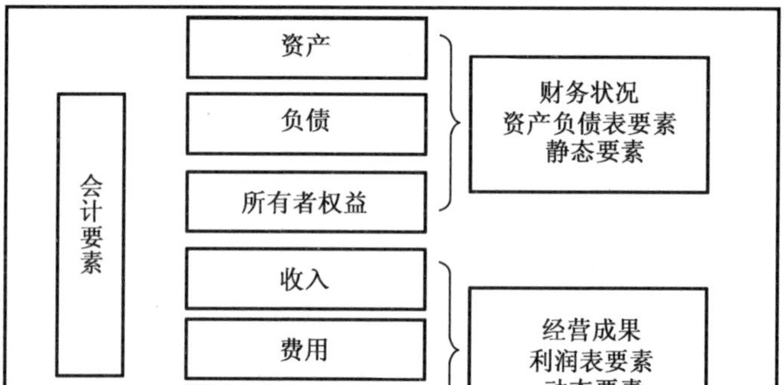

图 2－1　会计要素构成框图

二、会计要素的确认

（一）资产

1. 资产的含义和特征

资产是指企业过去的交易或者事项形成的、由企业拥有或者控制的、预期会给企业带来经济利益的资源。根据资产的定义，资产具有如下特征：

（1）资产是在企业过去发生的经济活动中形成的　也就是说，资产是过去已经发生的交易产生的结果。只有已经发生的经济事项，才可能形成企业的资产。未来将要发生的交易或事项不能形成企业的资产，例如企业与供应商签订了一份购买 50 000 元材料的合同，但合同尚未履行，该合同表明企业将要购买材料，但购买行为尚未发生，因此该批材料不符合企业资产的定义，不应作为企业的资产。

（2）资产是企业拥有的，或者是企业控制的　若企业不能拥有或控制，则不能称为本企业的资产。比如，经营租入的固定资产，由于企业不能控制它，因此不能将其作为本企业的资产；而融资租入的固定资产，虽然企业不拥有其所有权，但能够控制它，并能够从该资产的使用中获取经济利益，因而应将其作为企业的资产。所有权或控制权的存在，对于判断某项资源是否是本企业的资产至关重要。

（3）资产预期会给企业带来经济利益　资产预期会给企业带来经济利益是指资产具有直接或者间接导致现金和现金等价物流入企业的潜力。不能带来经济利益的，就不能确认为企业的资产。例如，仓库库存中霉烂变质的材料，已经无法耗用和出售，不能给企业带来经济利益，就不应确认为资产，而应确认为一项资产损失。

2. 资产的确认条件

将一项资源确认为资产，不仅需要符合资产的定义，还应同时满足以下两个条件：

（1）与该资源有关的经济利益很可能流入企业　从资产的定义来看，能否带来经济利益是资产的一个特征，但在现实生活中，由于经济环境瞬息万变，与资源有关的经济利益能否流入企业或者能够流入多少实际上带有不确定性，因此资产的确认还应与经济利益流入的不确定性程度的判断结合起来。如果根据编制财务报表时所取得的证据，与资源有关的经济利益很可能流入企业，那么就应当将其作为资产予以确认；反之，不能确认为资产。

（2）该资源的成本或者价值能够可靠计量　财务会计系统是一个确认、计量和报告的系统，其中计量起着枢纽的作用，可计量性是所有会计要素确认的重要前提，资产的确认也是如此，只有当有关资源的成本或者价值能够可靠计量时，资产才能予以确认。在实务中，企业取得的许多资产都是发生了实际成本的。例如，企业购买或者生产的存货，企业购置的厂房或者设备等，对于这些资产，只要实际发生的购买成本或者生产成本能够可靠计量，就视为符合资产确认的可计量条件。在某些情况下，企业取得的资产没有发生实际成本或者发生实际成本很小。例如，企业持有的某些衍生金融工具形成的资产，对于这些资产，尽管它们没有实际成本或者发生的实际成本很小，但是如果其公允价值能够可靠计量的话，也被认为符合资产可计量性的确认条件。

3. 资产要素的组成内容

资产按其流动性，即按资产变换为现金的能力进行分类，可分为流动资产和非流动资产。

（1）流动资产　流动资产是指预计在一个正常营业周期中变现、出售或耗用的，或者主要为交易目的而持有的,或者预计在资产负债表日起一年内(含一年)变现的资产,以及自资产负债表日起一年内交换其他资产或清偿负债的能力不受限制的现金或现金等价物。流动资产按其变现能力的大小,可分为货币资金、交易性金融资产、应收及预付款项、存货等。

货币资金是指企业在生产经营过程中处于货币形态的那部分资金,它可立即作为支付手段,因而具有流动性。货币资金一般包括企业的库存现金、银行结算户存款、外埠存款和银行汇票等。

交易性金融资产是指企业为了近期内出售而持有的金融资产,主要包括股票、债券和基金等。

应收及预付款项是指企业因经济活动应向其他单位或个人收取的款项,以及因经济活动向其他单位和个人预付的款项。

存货是指企业在正常生产经营过程中持有的以备出售的产成品或商品,或者为了出售仍然处在生产过程中的在产品,或者将在生产过程或提供劳务过程中耗用的材料、物料等。

(2)非流动资产　非流动资产是指除了流动资产以外的其他资产,包括长期投资、固定资产、在建工程、工程物资、无形资产、长期待摊费用等。

长期投资一般是指企业不准备在一年内变现的、准备长期持有的投资,包括股票投资、债券投资和其他投资。

固定资产是指企业使用年限较长、单位价值较高,并且在使用过程中保持原有实物形态的资产,包括房屋、建筑物和机器设备等。

在建工程是指企业正在进行中的固定资产建造、技术改造,以及固定资产发生的修理、更新改造等。

工程物资是指企业为建筑工程、安装设备等专门购入的各种物资,包括为工程准备的材料、尚未安装的设备等。

无形资产是指企业为生产商品、提供劳务、出租给他人或为管理目的而拥有或控制的,没有实物形态的非货币性资产,包括专利权、非专利技术和商标权等。

长期待摊费用是指企业已经发生,但应由本期和以后各期负担的分摊期在一年以上的各项费用,例如以经营租赁方式租入的固定资产发生的改良支出等。

按流动性对资产进行分类,有助于掌握企业资产的变现能力,从而进一步分析企业的偿债能力和支付能力。一般来说,流动资产所占比重越大,说明企业资产的变现能力越强。

(二)负债

1. 负债的含义和特征

负债是指企业过去的交易或者事项形成的、预期会导致经济利益流出企业的现时义务。根据负债的定义,负债具有以下特征:

(1)负债是由企业过去的交易或者事项形成的　负债是由企业过去的交易或者事项形成的即只有过去发生的交易或者事项才形成负债,对于企业预计或计划将要发生的交易或事项,则不能形成负债。例如,某企业已经向银行借入款项5 000万元,企业同时还与银行达成了2个月后再借入3 000万元的借款意向。已经借入的5 000万元属于过去的交易或者事项所形成的负债,企业有偿还的义务。而和银行达成的借款意向还未执行,不属于过去的交易或者事项,不形成企业负债。

(2)负债是企业承担的现时义务　负债是企业承担的现时义务,这是负债的一个基本特征。其中,现时义务是指企业在现行条件下已经承担的义务。未来发生的交易或事项形成的义务,不属于现时义务,不应当确认为负债。这里所指的义务可以是法定义务,也可以是推定义务。法定义务是指具有约束力的合同或者法律规定的义务,通常必须依法执行。例如,企业购买原材料形成应付账款,企业向银行借入款项形成借款,企业按照税法规定应当缴纳的税款等,均属于企业承担的法定义务,需要依法予以偿还。推定义务是指根据企业多年来的习惯做法、公开承诺或者公开宣布的经营政策而导致企业将承担的责任,这些责任也使有关各方形成了企业将履行义务、承担责任的合理预期。

(3)负债的清偿预期会导致经济利益流出企业 负债的清偿预期会导致经济利益流出企业是指为了偿还债务,通常要用现金、商品等资产或提供劳务等来清偿,但无论采取什么方式,都会导致经济利益流出企业。预期会导致经济利益流出企业也是负债的一个本质特征,只有企业在履行义务时导致经济利益流出企业的,才符合负债的定义,如果不会导致企业经济利益流出企业就不符合负债的定义。在履行现时义务清偿负债时,导致经济利益流出企业的形式多种多样。例如,用现金偿还负债或以实物资产形式偿还负债,以提供劳务形式偿还负债,以部分转移资产、部分提供劳务形式偿还负债等。

2. 负债的确认条件

将一项现时义务确认为负债,不仅需要符合负债的定义,还应当同时满足以下两个条件:

(1)与该义务有关的经济利益很可能流出企业 在实务中,履行义务所需流出的经济利益带有不确定性,尤其是与推定义务相关的经济利益通常需要依赖于大量的估计。因此,负债的确认应当与经济利益流出的不确定性程度的判断结合起来。如果有确凿证据表明,与现时义务有关的经济利益很可能流出企业,就应当将其作为负债予以确认;反之,如果企业承担了现时义务,但是导致经济利益流出企业的可能性已不复存在,就不符合负债的确认条件,不应将其作为负债予以确认。

(2)未来流出的经济利益的金额能够可靠计量 负债的确认在考虑经济利益流出企业的同时,对于未来流出的经济利益的金额应当能够可靠计量。对于与法定义务有关的经济利益流出金额,通常可以根据合同或者法律规定的金额予以确定,考虑到经济利益流出的金额通常在未来期间,有时未来期间较长,有关金额的计量需要考虑货币时间价值等因素的影响。对于与推定义务有关的经济利益流出金额,企业应当根据履行相关义务所需支出的最佳估计数进行估计,并综合考虑有关货币时间价值、风险等因素的影响。

3. 负债要素的组成内容

企业的负债按偿还期限长短分为流动负债和非流动负债。

(1)流动负债 流动负债是指在一个正常营业周期内清偿的,或者主要为交易目的而持有的,或者自资产负债表日起一年内(含一年)到期应予以清偿,或者企业无权自主地将清偿推迟至资产负债表日后一年以上的负债,包括短期借款、应付及预收款项、应付职工薪酬、应交税费、应付股利和其他应付款等。

短期借款是指企业向银行或其他金融机构等借入的、还款期限在一年或一年以内的各种借款,包括经营周转借款、临时借款等。

应付及预收款项是指企业在经济活动中应向其他单位和个人支付的款项,以及因经济活动向其他单位或个人预收的款项,包括应付账款、应付票据、其他应付款和预收账款等。

应付职工薪酬是指企业根据有关规定计算的应付给职工的各种薪酬,包括职工工资、奖金、津贴、补贴和职工福利等。

应交税费是指企业按照税法等规定计算的应向国家缴纳的各种税费,包括增值税、消费税、所得税、资源税、土地增值税、房产税、土地使用税、车船税、城市维护建设税和教育费附加等。

应付股利是指企业应付给投资者的现金股利或利润。

其他应付款是指企业除了明确的应付应交项目以外的其他各种应付款项。

(2)非流动负债　非流动负债是指流动负债以外的负债,包括长期借款、应付债券和长期应付款等。

长期借款是指企业向银行或其他金融机构等借入的还款期限在一年以上(不含一年)的各项借款。

应付债券是指企业为筹集长期资金而实际发行的债券及应付的利息。

长期应付款是指企业除长期借款和应付债券以外的各种长期应付款项,如应付融资租入固定资产的租赁费等。

(三)所有者权益

1. 所有者权益的含义和特征

所有者权益是指企业资产扣除负债后,由所有者享有的剩余权益,又称净资产。对于股份有限公司而言,所有者权益又称股东权益。所有者权益表明了企业的产权关系,即企业归谁所有,所有者权益有如下特征:

①除非发生减资、清算或分派现金股利,企业不需要偿还所有者权益;

②企业清算时,只有在清偿所有的负债后,所有者权益才返还给所有者;

③所有者凭借所有者权益能够参与企业利润的分配。

2. 所有者权益的确认条件

所有者权益的确认、计量主要依赖于其他会计要素,尤其是资产要素和负债要素的确认。所有者权益在金额的确定上也主要取决于资产和负债的计量,数量上等于企业资产总额扣除债权人权益后的净额,即企业的净资产,反映所有者在企业资产中享有的经济利益。例如,企业接受投资者投入的资产,在该资产符合企业资产确认条件时,就相应地符合了企业所有者权益确认的条件;当该资产的价值能够可靠计量时,所有者权益的金额也就可以确定。

3. 所有者权益要素的组成内容

所有者权益通常来源于所有者投入的资本、直接计入所有者权益的利得和损失及留存收益。

(1)所有者投入的资本　所有者投入的资本是指所有者投入企业的资本部分,包括按照企业章程,或合同、协议的约定实际投入企业的注册资本或股本部分金额——实收资本(或股本);投入资本超过注册资本或股本部分的金额,即资本(或股本)溢价——资本公积。非股份公司初次投入资本时,出资者认缴的全部出资额属于实收资本,而公司再次进行筹资时,为了维护原有投资者的利益,新加入的投资者的出资额往往高于原投资者拥有同样比例权益的出资额。超过的部分(资本溢价)便构成了资本公积的主要部分。

【例 2-1】　江南公司由甲、乙两个股东各自出资 50 万元组建而成,经过两年多的经营,目前公司蒸蒸日上,较同类企业有较高的投资回报率,2020 年,丙投资者有意加入该公司,经三方协商由丙投资者出资 65 万元购买该公司 1/3 的股份。则

$$该公司的实收资本 = 500\ 000 \times 2 + 500\ 000 = 1\ 500\ 000(元)$$

$$该公司的资本公积 = 650\ 000 - 500\ 000 = 150\ 000(元)$$

所以,资本公积是指由投资者投入超出注册资本(或股本)中所占份额的部分,以及直接计入所有者权益的利得和损失。

(2)直接计入所有者权益的利得和损失　直接计入所有者权益的利得和损失是指不应计入当期损益,导致所有者权益发生增减变动的、与所有者投入资本或向所有者分配利润无关的利得和损失。

(3)留存收益　留存收益是指企业历年实现的净利润留存于企业的部分。主要包括:盈余公积——企业从税后利润中提取的留存于企业的部分,包括法定盈余公积和任意盈余公积,盈余公积按规定可用于弥补企业亏损,也可以按法定程序转增资本金;未分配利润——企业留待以后年度进行分配的结存利润。

所有者权益中实收资本和资本公积属于投入资本,盈余公积和未分配利润属于留存收益。

【知识拓展】

负债与所有者权益的区别

负债和所有者权益统称为权益,权益就是对资产的要求权,因为投资者和债权人都是企业资产的提供者,他们对企业资产都有相应的要求权。其中负债又称债权人权益。负债和所有者权益虽然都是企业资产的来源,但二者又有区别。

①负债一般都有规定的偿还期限,必须在规定的期限内偿还。所有者权益不像负债那样需要偿还,除非发生减资、清算。

②债权人对企业资产的要求权优先于所有者权益。当企业清算时,资产在支付了破产、清算费用后将优先用于偿还负债。在偿还负债后,若还有剩余资产,才能返还给投资者。所以,所有者权益是企业投资者对企业总资产扣除负债后的剩余资产的要求权。

③所有者以其出资额参与企业的经营管理,参与企业利润的分配,同时也以其出资额承担企业的经营风险。而债权人无权参与企业的经营管理,无权参与利润的分配,只享有收回债权本金和利息的权利。

(四)收入

1. 收入的含义与特征

收入是指企业在日常活动中形成的、会导致所有者权益增加的、与所有者投入资本无关的经济利益的总流入。收入包括销售商品收入、劳务收入和租金收入等,收入具有以下特征:

(1)收入从企业的日常活动中产生　如工业企业制造并销售商品、出售多余的材料、出租固定资产、无形资产等,均属于企业的日常活动。明确界定企业的日常活动是为了将企业收入和利得相区分,日常活动是确认收入的重要判断标准,凡是日常活动所形成的经济利益流入都应确认为收入;反之,非日常活动所形成的经济利益的流入不能确认为收入,而应当计入利得。如接受捐赠、固定资产、无形资产等长期资产的处置净收益(转让所有权)、非货币性资产交换利得、债务重组利得、罚没利得等,均属于非日常活动,其流入的经济利益是利得,而不是收入。

(2)收入能导致企业所有者权益的增加　与收入有关的经济利益的流入,既可能表现为企业资产(如银行存款、应收账款等)的增加,也可能表现为负债(如预收账款、应付账款等)的减少,或两者兼而有之。由于所有者权益是企业资产扣除负债后的余额,因此与收入有关的经济利益的流入,最终会导致所有者权益增加。

(3)收入是与所有者投入资本无关的经济利益的总流入　收入会导致经济利益的流入,从而导致资产的增加。例如,企业销售商品,应当收到现金或者在未来有权收到现金,才表明该交易符合收入的定义。但是,经济利益的流入有时是由于所有者投入资本的增加导致的,所有者投入资本的增加不应当确认为收入,应当将其直接确认为所有者权益(或股东权益)。

2.收入的确认条件

《财政部关于修订印发＜企业会计准则第14号——收入＞的通知》(财会〔2017〕22号)有以下规定。

企业应当在履行了合同中的履约义务,即在客户取得相关商品控制权时确认收入。

取得相关商品控制权,是指能够主导该商品的使用并从中获得几乎全部的经济利益。

当企业与客户之间的合同同时满足下列条件时,企业应当在客户取得相关商品控制权时确认收入:

合同各方已批准该合同并承诺将履行各自义务;

该合同明确了合同各方与所转让商品或提供劳务(以下简称"转让商品")相关的权利和义务;

该合同有明确的与所转让商品相关的支付条款;

该合同具有商业实质,即履行该合同将改变企业未来现金流量的风险、时间分布或金额;

企业因向客户转让商品而有权取得的对价很可能收回。

【知识拓展】

《财政部关于修订印发＜企业会计准则第14号——收入＞的通知》明确指出,在境内外同时上市的企业以及在境外上市并采用国际财务报告准则或企业会计准则编制财务报表的企业,自2018年1月1日起施行;其他境内上市企业,自2020年1月1日起施行;执行企业会计准则的非上市企业,自2021年1月1日起施行。同时,允许企业提前执行。

3.收入要素的组成内容

收入有狭义和广义之分。狭义的收入是指企业在销售商品、提供劳务及让渡资产使用权等日常活动中产生的经济利益的流入。其主要包括主营业务收入、其他业务收入、投资收益、公允价值变动收益和资产处置收益等。主营业务收入和其他业务收入统称为营业收入。广义的收入还包括非日常活动产生的非经常性经济利益的流入,如营业外收入,也称利得。

①主营业务收入是指由企业日常经营活动中的经常性活动所产生的收入,如工商企业的商品销售收入、服务业的劳务收入等。

②其他业务收入是指由企业日常经营中的与之相关的其他经营活动所产生的收入,如工业企业销售原材料、出租包装物、出租厂房、出租设备等取得的收入。

③投资收益是指企业对外投资所取得的收益减去发生的投资损失后的净额,属于让渡资产使用权而给企业带来的经济利益流入,如从被投资企业分得的利润等。

④公允价值变动收益反映交易性金融资产公允价值变动,应计入当期损益的利得。

⑤资产处置收益反映企业出售固定资产、在建工程、生产性生物资产及无形资产而产生的处置利得。

⑥营业外收入通常是指企业从偶发的交易或事项中获得的经济利益流入。其主要包括债务重组利得、与企业日常活动无关的政府补助、盘盈利得、捐赠利得等。

(五)费用

1. 费用的含义与特征

费用是指企业在日常活动中发生的、会导致所有者权益减少的、与向所有者分配利润无关的经济利益的总流出。费用具有以下特征:

(1)费用是企业在日常活动中发生的　费用必须是企业在日常活动中发生的,这些日常活动的界定与收入定义中涉及的日常活动的界定相一致。企业的费用主要包括主营业务成本、其他业务成本、税金及附加、销售费用、管理费用和财务费用等。将费用界定为日常活动所形成的,目的是将其与损失相区分。企业因非日常活动中所形成的经济利益的流出不能确认为费用,应计入损失。企业有些偶尔发生的交易或事项也使企业经济利益流出,如支付罚款支出、公益性捐赠支出、固定资产净损失等。

(2)费用是与向所有者分配利润无关的经济利益的总流出　费用的发生会导致经济利益的流出,从而导致资产的减少或者负债的增加(最终也会导致资产的减少)。其表现形式包括现金或者现金等价物的流出,存货、固定资产和无形资产等的流出或者消耗。鉴于企业向所有者分配利润也会导致经济利益的流出,而该经济利益的流出显然属于所有者权益的递减项目,不应确认为费用,应当将其排除在费用的定义之外。

(3)费用会导致所有者权益减少　与费用相关的经济利益的流出应当会导致所有者权益的减少,不会导致所有者权益减少的经济利益的流出不符合费用的定义,不应确认为费用。一般而言,费用增加会使利润减少,从而减少所有者权益。

2. 费用的确认条件

费用的确认除了应符合定义外,还应满足严格的确认条件,即费用只有在经济利益很可能流出而导致企业资产减少或负债增加,经济利益流出额能够可靠计量时才能予以确认。因此,费用的确认至少应符合以下条件:

①与费用相关的经济利益很可能流出企业;

②经济利益流出企业的结果会导致资产的减少或者负债的增加;

③经济利益的流出额能够可靠计量。

3. 费用要素的组成内容

费用有狭义和广义之分。狭义的费用是指取得营业收入提供商品或劳务发生的耗费,即只有与提供商品或劳务相关联的耗费才作为费用。具体而言,狭义的费用包括主营业务成本、其他业务成本、税金及附加、期间费用(管理费用、销售费用、财务费用)、信用减值损失、资产减值损失、公允价值变动损失、资产处置损失等。广义的费用,除上述内容外,还包括营业外支出、所得税费用。

①主营业务成本是指企业销售商品、产品、提供劳务或让渡资产使用权等日常活动而发生的成本。

②其他业务成本是指企业确认的除主营业务活动以外的其他经营活动所发生的成本,包括销售材料的成本、出租固定资产的折旧额、出租无形资产的摊销额、出租包装物的成本

或摊销额等。

主营业务成本和其他业务成本统称为营业成本。

③税金及附加是指企业经营活动发生的消费税、资源税、城市维护建设税、教育费附加和“四小税”(房产税、土地使用税、车船使用税、印花税)等相关税费。

④期间费用是指直接计入当期损益的费用,包括管理费用、销售费用和财务费用。

管理费用是企业行政管理部门为组织和管理生产经营活动而发生的各项费用,包括公司经费(包括行政管理部门职工薪酬、物料消耗、低值易耗品摊销、办公费和差旅费等)、工会经费、董事会会费、聘请中介机构费用、咨询费、差旅费、诉讼费、业务招待费、技术转让费、矿产资源补偿费、研究费用、排污费用等,以及企业生产车间(部门)和行政管理部门等发生的固定修理费用等后续支出。

销售费用是企业在销售商品、自制半成品、提供劳务等经营活动中发生的各项费用和专设销售机构的各项费用,包括保险费、包装费、展览费、广告费、商品维修费、预计产品质量保证损失、运输费、装卸费,以及为销售企业商品而专设的销售机构的职工薪酬、业务费、折旧费等经营费用。

财务费用是企业筹集生产经营资金等活动而发生的各项费用。这些费用发生时,不能直接或间接地计入营业成本,而是计入当期损益,包括企业生产经营期间发生的利息支出(减利息收入)、汇兑损益及金融机构手续费等。

⑤信用减值损失是指企业计提的各种金融工具减值准备所形成的预期信用损失。

⑥资产减值损失是指企业计提除各项金融工具以外的各项资产减值准备所形成的损失。

⑦公允价值变动损失是指因公允价值变动而导致的损失,如企业交易性金融资产等因公允价值变动形成的应计入当期损益的损失。

⑧资产处置损失是指企业出售的固定资产、在建工程、生产性生物资产及无形资产而产生的处置损失。

⑨营业外支出是指企业发生的与其生产经营活动无直接关系的一些偶发事项产生的支出,主要包括债务重组损失、公益性捐赠支出、非常损失、盘亏损失、非流动资产毁损报废损失等。

⑩所得税费用是指企业根据实现的应税所得额,按照规定的税率计算确定的税金。缴纳企业所得税会引起经济利益流出企业。

(六)利润

1. 利润的含义与特征

利润是指企业在一定会计期间的经营成果。利润包括收入减去费用后的净额、直接计入当期利润的利得和损失等。利润具有以下特征:

①利润主要来自企业的生产经营活动。

②利润与所有者权益具有密切的联系。通常情况下,如果企业在经营中获得利润,所有者权益随之增加,业绩得到提升;如果发生亏损,所有者权益将减少,业绩下滑。利润是评价企业管理层业绩的指标之一,也是投资者等会计报表使用者进行决策时的重要参考依据。

2. 利润的确认条件

利润反映收入减去费用、直接计入当期利润的利得减去损失后的净额。利润的确认主要依赖于收入和费用,以及直接计入当期利润的利得和损失的确认,其金额的确定也主要取决于收入、费用、利得及损失金额的计量。

3. 利润要素组成内容

利润包括收入减去费用后的净额、直接计入当期利润的利得减去损失后的净额。其中收入减去费用后的净额反映企业日常活动的经营业绩；直接计入当期利润的利得减去损失后的净额反映企业非日常活动的经营业绩。

直接计入当期利润的利得减去损失后的净额，是指应当计入当期损益、最终会引起所有者权益发生增减变动、与所有者投入资本或向所有者分配利润无关的利得或损失。企业应当严格区分收入和利得、费用和损失，以便全面反映企业的经营业绩。

利润按其来源和列报程序，可以分为营业利润、利润总额和净利润。

(1)营业利润　营业利润是指营业收入减去营业成本、税金及附加、销售费用、管理费用、财务费用、信用减值损失、资产减值损失，加上公允价值变动收益、资产处置收益、其他收益、投资收益后的金额。

(2)利润总额　利润总额是指营业利润加上营业外收入，减去营业外支出后的金额。

(3)净利润　净利润是指利润总额减去所得税费用后的金额。

营业利润、利润总额、净利润的计算公式如下：

营业利润 = 营业收入 − 营业成本 − 税金及附加 − 销售费用 − 管理费用 − 财务费用 − 信用减值损失 − 资产减值损失 + 公允价值变动收益 + 资产处置收益 + 其他收益 + 投资收益

利润总额 = 营业利润 + 营业外收入 − 营业外支出

净利润 = 利润总额 − 所得税费用

【知识拓展】

利得和损失

利得是指由企业非日常活动所形成的、会导致所有者权益增加的、与所有者投入资本无关的经济利益的流入。损失是指由企业非日常活动所发生的、会导致所有者权益减少的、与所有者分配利润无关的经济利益的流出。

利得与收入、损失和费用的定义非常相似，其差异主要是：

①利得、损失强调的是非日常活动，而收入、费用则产生于日常活动。

②利得、损失强调的是“净流入”“净流出”的概念，收入、费用强调的是“总流入”“总流出”的概念。

此外，由于行业性质的差异，不同企业的日常活动也不相同。通常的工业性企业，其日常活动多为采购、生产、销售。投资也属于企业的日常活动。对于企业的非日常活动，较为典型的是固定资产的处置、捐赠收支和债务重组等。

三、会计要素的计量

会计要素的计量是为了将符合确认条件的会计要素登记入账并列报于财务报表而确定其金额的过程，包括计量尺度、计量单位、计量对象和计量属性。企业应当按照规定的会计计量属性进行计量，确定相关金额。

(一)会计计量属性及其构成

会计计量属性是指会计要素的数量特征或外在表现形式，反映了会计要素金额的确定基础,主要包括历史成本、重置成本、可变现净值、现值和公允价值等。

1. 历史成本

历史成本又称实际成本,是指为取得或制造某项财产物资实际支付的现金或其他等价物。

在历史成本计量下,资产按照购置时支付的现金或者现金等价物的金额,或者按照购置资产时所付的对价的公允计量。负债按照因承担现时义务而实际收到的款项或者资产的金额,或者承担现时义务的合同金额,或者按照日常活动中为偿还负债预期需要支付的现金或现金等价物的金额计量。

2. 重置成本

重置成本又称现行成本,是指按照当前市场条件,重新取得同样一项资产所需要支付的现金或者现金等价物金额。

在重置成本计量下,资产按照现在购买相同或者相似资产所需支付的现金或者现金等价物的金额计量。负债按照现在偿付该项债务所需支付的现金或者现金等价物的金额计量。在实务中,重置成本多用于盘盈固定资产的计量等。例如,在年末财产清查中甲公司发现一台全新的未入账的设备(即资产盘盈),其同类设备的市场价格为5万元。该设备按重置成本计价,金额为5万元。

3. 可变现净值

可变现净值是指在正常的生产经营过程中,以预计售价减去进一步加工成本和预计销售费用以及相关税费后的净值。

在可变现净值计量下,资产按照其正常对外销售所能收到现金或者现金等价物的金额扣减该资产至完工时估计将要发生的成本、估计的销售费用以及相关税费后的金额计量。可变现净值通常应用于存货资产减值情况下的后续计量。例如,甲公司期末A库存商品的账面价值为100万元,同期市场售价为80万元。估计销售该种库存商品需要发生销售费用等相关税费10万元。该种库存商品按可变现净值计价金额为70万元。

4. 现值

现值是指对未来现金流量以恰当的折现率进行折现后的价值,是考虑货币时间价值的一种计量属性。

在现值计量下,资产按照预计从其持续使用和最终处置中所产生的未来净现金流入量的折现金额计量。负债按照预计期限内需要偿还的未来净现金流出量的折现金额计量。现值通常用于非流动资产可收回金额和以摊余成本计量的金融资产价值的确定等。例如,甲公司一项固定资产原值10万元,累计折旧2万元,预计未来现金流量的现值为5万元,该固定资产按现值计价,金额为5万元。

5. 公允价值

公允价值是指市场参与者在计量日发生的有序交易中,出售一项资产所能收到或者转移一项负债所需支付的价格。

在公允价值计量下,资产和负债按照市场参与者在计量日发生的有序交易中,出售资产所能收到或者转移负债所需支付的价格计量。

有序交易,是指在计量日前一段时期内相关资产或负债具有惯常市场活动交易。

公允价值主要适用于交易性金融资产、交易性金融负债、可供出售金融资产、采用公允价值计量的投资性房地产等的计量。例如,2020年8月10日,A公司从二级市场购入B公司股票5万股作为交易性金融资产，2020年12月31日，该股票的收盘价为每股4元。该项资产在2020年12月31日按公允价值计价，金额为20万元。

（二）计量属性的运用原则

企业在对会计要素进行计量时，一般应当采用历史成本。采用重置成本、可变现净值、现值、公允价值计量的，应当保证所确定的会计要素金额能够持续取得并可靠计量。

在企业会计准则体系建设中适度、谨慎地引入公允价值这一计量属性，是因为随着我国资本市场的发展，股权分置改革的基本完成，越来越多的股票、债券、基金等金融产品在交易所挂牌上市，使得这类交易已经形成了较为活跃的市场，因此我国已经具备了引入公允价值的条件。在这种情况下，引入公允价值，更能反映企业的实际情况，对投资者等财务会计报告使用者的决策更加有用，而且也正因如此，我国会计准则才实现了与我国财务报告准则趋同。

在引入公允价值过程中，我国充分考虑了国际财务准则中公允价值应用的三个级次，第一，资产或负债等存在活跃市场的，活跃市场中的报价应当用于确定其公允价值；第二，资产或负债等不存在活跃市场的，参考熟悉情况并自愿交易的各方最近进行的市场交易中使用的价格，或参照实质上相同或相似的其他资产或负债等的市场价格确定其公允价值；第三，不存在活跃市场，且不满足上述两个条件的，应当采用估值技术等确定公允价值。

我国引入公允价值是适度、谨慎和有条件的，原因是考虑到我国尚属新兴的市场经济国家，如果不加限制地引入公允价值，有可能出现公允价值计量不可靠，甚至借机人为操纵利润的现象。因此，在投资性房地产和生物资产等具体准则中规定，只有在存在活跃市场、公允价值能够取得并可靠计量的情况下，才能采用公允价值计量。

第二节　会 计 等 式

会计等式又称会计恒等式、会计方程式或会计平衡公式，它是表明会计要素之间基本关系的等式。

一、会计等式的表现形式

（一）财务状况等式

财务状况等式又称基本会计等式和静态会计等式，是用以反映企业某一特定时点资产、负债和所有者权益三者之间平衡关系的会计等式。

会计主体进行生产经营活动所拥有的资产必有其特定来源，或来源于投资者的投入资本，形成企业的所有者权益；或来源于债权人的借入资金，形成企业的负债。因此，一个企业拥有的资产与负债、所有者权益是同一个资金的两个不同方面，即分别表示资金的占用形式和资金的来源渠道。而且，从数量上看，有一定数额的资产，就必定有一定数额的权益；反之，有一定数额的权益，也就必定有一定数额的资产。也就是说，一个企业的资产总额与权益总额必然相等，从任何一个时点看，二者之间都必然保持数量上的平衡关系。资产与权益之间的这种平衡关系，用公式表示为

$$资产=权益 \qquad (2-1)$$

这里的权益包括两部分，一是债权人权益，即企业的债权人对企业资产的要求权，也称为企业的负债。二是所有者权益，即企业投资人对企业净资产享有的剩余权益。等式（2－1）又可以表示为

$$资产=负债+所有者权益 \tag{2-2}$$

等式(2-2)是会计的基本等式,它属于静态会计等式,反映的是企业在某一时点的资产、负债和所有者权益三者之间存在的恒等关系,它是设置账户、复式记账和编制资产负债表的理论依据。

(二)经营成果等式

经营成果等式又称动态会计等式,是用以反映企业一定时期收入、费用和利润之间恒等关系的会计等式。

企业通过各种渠道取得资金,其最终目的是获得利润。资金在投入运营之后,会取得一定的收入,同时发生相关的费用。在一定的会计期间内,收入大于费用的差额形成利润,反之为亏损。经营成果用公式表示为

$$收入-费用=利润 \tag{2-3}$$

等式(2-3)是动态会计等式,反映了企业在一定时期内经营成果的形成过程,它是编制利润表的依据。

(三)扩展会计等式(会计等式之间的勾稽关系)

企业开展生产经营的目的是获得利润,而投资人对企业进行投资的目的也是享有剩余权益。企业的利润最终表现为企业净资产中的一部分,归投资人所有,是投资的回报,是资本的增值,是所有者权益的组成内容。这样,在会计期间内的任一时点上,即未结账之前,将利润所引起的所有者权益的增加(或减少)单独反映,用等式表示为

$$资产=负债+所有者权益+(收入-费用) \tag{2-4}$$

调整该等式,得到会计的另一个等式为

$$资产+费用=负债+所有者权益+收入 \tag{2-5}$$

等式(2-4)和等式(2-5)均是动静结合的会计等式,是对五个会计要素之间内在经济关系所做的全面综合表示,表达了企业在经营过程中资金增值的情况。收入是所有者权益的增加因素,费用是所有者权益的抵减因素。会计期末,企业将收入与费用相抵,计算出利润(或亏损),并进行利润分配(或弥补亏损),转入所有者权益中。会计期末结账之后,会计等式又恢复成为“资产=负债+所有者权益”。

由此可知,会计等式揭示了会计要素之间的联系,它是设置账户、复式记账、试算平衡和编制会计报表的理论依据。

【知识拓展】

会计的基本等式不是简单的数学等式,它反映的资产、负债和所有者权益三者关系具有经济含义,“资产=负债+所有者权益”,可以表示为“资产-负债=所有者权益”,但不表示为“资产=所有者权益+负债”或“资产-所有者权益=负债”。

二、经济业务对会计等式的影响

经济业务又称会计事项,是指在经济活动中使会计要素发生增减变动的交易或者事项。比如,向投资者筹集资金、向供货方购货、向银行归还借款及向购货方销货等。

企业在生产经营过程中,每天都会发生各种各样、错综复杂的经济业务,从而引起各会计要素的增减变动,但不管如何发生增减变动,都不会影响资产与权益的恒等关系。

1. 对会计等式(2－1)的影响

经济业务的发生引起会计等式(2－1)两边会计要素变动的方式有以下四种类型:

①资产与权益同时增加,总额增加;

②资产与权益同时减少,总额减少;

③资产内部有增有减,总额不变;

④权益内部有增有减,总额不变。

江南公司经济业务对会计等式(2－1)的影响如【例2－2】所示。

【例2－2】 2020年1月,江南公司发生的经济业务如下:

①资产与权益同时增加(表2－1)。

表2－1　资产负债表(一)(简表)

2020年1月5日　　单位:元

资产	金额	权益	金额
银行存款	320 000	短期借款	200 000
应收账款	150 000	应付账款	100 000＋40 000＝140 000
存货	300 000＋40 000＝340 000	实收资本	700 000
固定资产	500 000	资本公积	270 000
合计	1 270 000＋40 000＝1 310 000	合计	1 270 000＋40 000＝1 310 000

②资产与权益同时减少(表2－2)。

表2－2　资产负债表(二)(简表)

2020年1月15日　　单位:元

资产	金额	权益	金额
银行存款	320 000－60 000＝260 000	短期借款	200 000
应收账款	150 000	应付账款	140 000－60 000＝80 000
存货	340 000	实收资本	700 000
固定资产	500 000	资本公积	270 000
合计	1 310 000－60 000＝1 250 000	合计	1 310 000－60 000＝1 250 000

③资产内部有增有减(表2－3)。

表2－3　资产负债表(三)(简表)

2020年1月20日　　单位:元

资产	金额	权益	金额
银行存款	260 000＋40 000＝300 000	短期借款	200 000
应收账款	150 000－40 000＝110 000	应付账款	80 000
存货	340 000	实收资本	700 000
固定资产	500 000	资本公积	270 000
合计	1 250 000＋40 000－40 000＝1 250 000	合计	1 250 000

④权益内部有增有减(表2-4)。

表2-4　资产负债表(四)(简表)

2020年1月25日　　单位:元

资产	金额	权益	金额
银行存款	260 000	短期借款	200 000 + 20 000 = 220 000
应收账款	150 000	应付账款	80 000 - 20 000 = 60 000
存货	340 000	实收资本	700 000
固定资产	500 000	资本公积	270 000
合计	1 250 000	合计	1 250 000 + 20 000 - 20 000 = 1 250 000

从上述四项经济业务可以看出,无论哪一项经济业务的发生,均不会破坏资产和负债及所有者权益的总额的平衡关系。企业在任何时点所有的资产总额总是等于负债和所有者权益总额。

2. 对会计等式(2-2)的影响

如果把权益分为负债和所有者权益两个会计要素,我们不难看出经济业务对会计等式(2-2)的影响,会扩展为九种情况(表2-5)。

表2-5　经济业务对会计等式(2-2)影响的九种情况

经济业务	资产	负债	所有者权益
第一种情况	增加	增加	—
第二种情况	减少	减少	—
第三种情况	增加	—	增加
第四种情况	减少	—	减少
第五种情况	增加、减少	—	—
第六种情况	—	增加、减少	—
第七种情况	—	—	增加、减少
第八种情况	—	增加	减少
第九种情况	—	减少	增加

①一项资产增加,一项负债增加,增加金额相等。

例如,A公司购入一批原材料,货款50 000元未付。

购入原材料属于资产增加,未付货款属于负债增加,该经济业务引起会计等式(2-2)两边同时增加50 000元,不影响会计等式(2-2)的平衡。

②一项资产减少,一项负债减少,减少金额相等。

例如,A公司以银行存款40 000元支付应付账款。

支付存款属于资产减少,已付货款属于负债减少,该经济业务引起会计等式(2-2)两边同时减少40 000元,不影响会计等式(2-2)的平衡。

③一项资产增加，一项所有者权益增加，增加金额相等。

例如，A 公司收到 B 公司投入资本 300 000 元，存入银行存款账户。

款项存入银行，属于企业资产增加，收到投入资本属于所有者权益增加，该经济业务引起会计等式(2－2)两边同时增加 300 000 元，不影响会计等式(2－2)的平衡。

④一项资产减少，一项所有者权益减少，减少金额相等。

例如，A 公司按法定程序减少投资，以银行存款返还投资人的资本金 100 000 元。

支付存款属于资产减少，返还资本金属于所有者权益减少，该经济业务引起会计等式(2－2)两边同时减少 100 000 元，不影响会计等式(2－2)的平衡。

⑤一项资产增加，另一项资产减少，增减金额相等。

例如，A 公司到银行提取现金 8 000 元备用。

提取现金属于资产增加，从银行取款属于资产减少，该经济业务引起会计等式(2－2)左边一增一减，增减的金额都是 8 000 元，不影响会计等式(2－2)的平衡。

⑥一项负债增加，另一项负债减少，增减金额相等。

例如，A 公司的短期负债 260 000 元转变为长期负债。

长期负债增加，短期负债减少，该经济业务引起会计等式(2－2)右边一增一减，增减的金额都是 260 000 元，不影响会计等式(2－2)的平衡。

⑦一项所有者权益增加，另一项所有者权益减少，增减金额相等。

例如，A 公司将资本公积 178 000 元转增资本。

增加资本属于所有者权益增加，使用资本公积属于所有者权益减少，该经济业务引起会计等式(2－2)右边一增一减，增减的金额都是 178 000 元，不影响会计等式(2－2)的平衡。

⑧一项负债增加，一项所有者权益减少，增减金额相等。

例如，A 公司已决定向投资者分配利润 90 000 元，但利润尚未支付。未支付利润属于负债增加，分配利润属于所有者权益减少，该经济业务引起会计等式(2－2)右边一增一减，增减的金额都是 90 000 元，不影响会计等式(2－2)的平衡。

⑨一项负债减少，一项所有者权益增加，增减金额相等。

例如，经协商，A 公司将所欠 B 公司的货款 150 000 元转作对本公司的投资。

将应付账款转作投资属于负债减少，增加投资属于所有者权益增加，该经济业务引起会计等式(2－2)右边一增一减，增减的金额都是 150 000 元，不影响会计等式(2－2)的平衡。

综上所述，九种经济业务的发生均不影响会计等式(2－2)的平衡关系。九种经济业务具体分为三种情形：其一，经济业务⑤～⑨使会计等式(2－2)左右两边金额保持不变；其二，经济业务①和③使会计等式(2－2)左右两边金额等额增加；其三，经济业务②和④使会计等式(2－2)左右两边金额等额减少。

通过以上分析，可以得出如下结论：

①一项经济业务的发生，可能会涉及资产与权益中一方，也可能涉及双方，但无论如何，结果一定是会计等式的恒等关系保持不变。

②一项经济业务的发生，如果仅涉及资产与权益中的一方，则既不会影响双方的恒等关系，也不会使双方资金总额发生变动；一项经济业务的发生，如果涉及资产与权益中的双方，虽然不会影响双方的恒等关系，但会使双方的资金总额发生同增或同减变动。

复习思考题

1. 试述会计要素的含义及内容。
2. 会计要素如何分类？每类会计要素的内容、特征和确认条件分别是什么？
3. 试述会计要素增减变动的四种类型及九种情况。
4. 常用的会计计量属性有哪些？
5. 会计等式是如何组成的？描述不同经济业务对会计等式的影响。

第三章　会计科目与账户

【基本要求】

1. 了解会计科目与账户的概念
2. 了解会计科目与账户的分类
3. 熟悉会计科目设置的原则
4. 熟悉常用的会计科目
5. 掌握账户的结构
6. 掌握账户与会计科目的关系

第一节　会 计 科 目

一、会计科目的概念和分类

（一）会计科目的概念

会计要素是对会计对象的基本分类。单位发生的交易或事项，必然引起各个会计要素具体内容发生数量、金额的增减变化。即使只涉及同一会计要素，其具体内容也往往不同。例如，单位用银行存款购买材料，银行存款减少的同时导致材料的增加，虽然银行存款和材料都属于资产要素，但它们无论是经济实质还是实物形态都有所不同，是资产要素下不同的具体内容，从而使资产要素的具体构成发生变化。单位发生的交易或事项的纷繁复杂性，决定了各个会计要素内部构成以及各个会计要素之间增减变化的错综复杂性和形式多样性。为了全面、系统、详细地对各项会计要素的具体内容及其增减变化情况进行核算和监督，为经济管理提供更加具体的分类的数量指标，需要对会计要素按其经济内容进一步分类，这就有必要设置会计科目。

会计科目，简称科目，是对会计要素的具体内容进行分类核算的项目，是进行会计核算和提供会计信息的基础。会计对象、会计要素和会计科目之间的关系如图 3－1 所示。

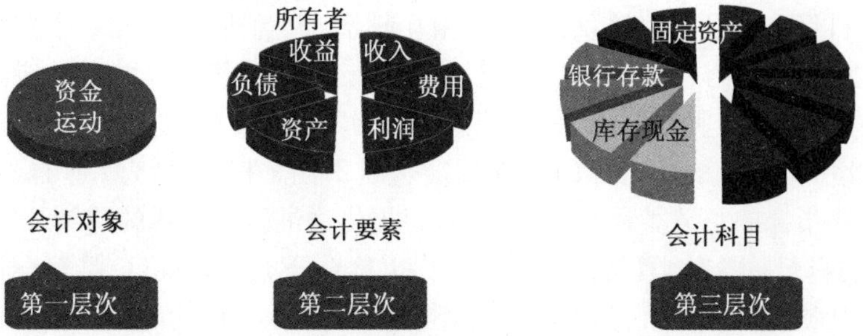

图 3－1　会计对象、会计要素和会计科目之间的关系图

(二)会计科目的分类

会计科目可按其反映的经济内容(即所属会计要素)、所提供信息的详细程度及其统驭关系进行分类。

1. 按其反映的经济内容分类

会计科目按其反映的经济内容,可分为资产类科目、负债类科目、共同类科目、所有者权益类科目、成本类科目和损益类科目。

(1)资产类科目　资产类科目是对资产要素的具体内容进行分类核算的项目,按资产的流动性分为反映流动资产的科目和反映非流动资产的科目。反映流动资产的科目,如"库存现金""原材料""应收账款"等;反映非流动资产的科目,如"固定资产""无形资产"等。

(2)负债类科目　负债类科目是对负债要素的具体内容进行分类核算的项目,按负债的偿还期限分为反映流动负债的科目和反映非流动负债的科目。反映流动负债的科目,如"短期借款""应付账款"等;反映非流动负债的科目,如"长期借款""应付债券"等。

(3)共同类科目　共同类科目多为金融、保险、投资、基金等公司使用,是既有资产性质又有负债性质的科目,主要有"清算资金往来""外汇买卖""衍生工具""套期工具""被套期项目"等。

(4)所有者权益类科目　所有者权益类科目是对所有者权益要素的具体内容进行分类核算的项目,按所有者权益的形成和性质可分为反映投入资本的科目和反映留存收益的科目。反映投入资本的科目,如"实收资本""资本公积"等;反映留存收益的科目,如"盈余公积""利润分配"等。

(5)成本类科目　成本类科目是对可归属于产品生产成本、劳务成本等的具体内容进行分类核算的项目,按成本的内容和性质的不同可分为反映制造成本的科目和反映劳务成本的科目等。反映制造成本的科目,如"生产成本""制造费用"等;反映劳务成本的科目,如"劳务成本"等。

(6)损益类科目　损益类科目是对收入、费用等的具体内容进行分类核算的项目。按利润的形成来源或者构成情况,将其分为反映经营损益的科目、反映期间费用的科目、反映利得和损失的科目。反映经营损益的科目,如"主营业务收入""主营业务成本""其他业务收入""其他业务成本"等;反映期间费用的科目,如"管理费用""销售费用""财务费用"等;反映利得和损失的科目,如"营业外收入""营业外支出"等。

2. 按其所提供信息的详细程度及其统驭关系分类

各个会计科目并不是彼此孤立的,而是相互联系、相互补充,组成一个完整的会计科目体系。通过这些会计科目,可以全面、系统、分类地反映和监督会计要素的增减变动情况及其结果,为经营管理提供所需要的一系列核算指标。在生产经营过程中,由于经济管理的要求不同,因此所需要的核算指标的详细程度也就不同。根据经济管理的要求,既需要设置提供总括核算指标的总分类科目,又需要设置提供详细核算资料的明细分类科目。

(1)总分类科目　总分类科目即一级科目,也称总分类会计科目,是对会计要素的具体内容进行总括分类的会计科目,是进行总分类核算的依据。为了满足会计信息使用者对信息质量的要求,总分类科目是由《企业会计准则——应用指南》统一规定的。如"原材料""应收账款""应付账款""实收资本"等科目。

(2)明细分类科目　明细分类科目也称明细分类会计科目、细目,是在总分类科目的基础上,对总分类科目所反映的经济内容进行进一步详细分类的会计科目,以提供更详细、更具体的会计信息的科目。明细分类科目的设置,除了要符合《企业会计准则——应用指南》统一规定外,一般根据经营管理需要,由企业自行设置。对于明细分类科目较多的科目,可以在总分类科目下设置二级明细分类科目,在二级明细分类科目下设置三级明细分类科目。二级明细分类科目是对总分类科目进一步分类的科目,三级明细分类科目是对二级明细分类科目进一步分类的科目。例如,生产成本总分类科目和各级明细分类科目之间的设置方法如表 3 - 1 所示。

表 3 - 1　生产成本总分类科目和各级明细分类科目之间的设置方法

总分类科目（一级科目）	明细分类科目	
	二级明细分类科目(子目)	三级明细分类科目
生产成本	基本生产车间	A 产品
		B 产品
	辅助生产车间	机修车间
		供电车间

实际工作中,并不是所有的总分类科目都需要设置二级明细分类科目和三级明细分类科目,根据会计信息使用者所需不同信息的详细程度,有些只需设置总分类科目;有些只需设置总分类科目和二级明细分类科目,不需要设置三级明细分类科目等。

(3)总分类科目和明细分类科目的关系　总分类科目对所属的明细分类科目起统驭和控制作用,而明细分类科目是对其归属总分类科目的补充说明。总分类科目及其所属的明细分类科目,共同反映经济业务总括和详细情况。

二、会计科目的设置

(一)会计科目的设置原则

各单位由于经济业务活动的具体内容、规模大小与业务繁简程度等情况不尽相同,会计科目作为反映会计要素的构成情况及其变化情况,是为投资者、债权人、企业管理者等提供会计信息的重要手段,在其设置过程中应努力做到科学、合理、实用。因此,在设计会计科目时应遵循以下原则。

1. 合法性原则

合法性原则是指所设置会计科目要符合国家的会计法规体系的规定。国家的会计法规体系,体现了国家对财务会计工作的要求,因此设计会计科目首先要以此为依据,所设置的会计科目应尽量符合《会计法》以及《企业会计准则》等规定,以保证不同企业对外提供的会计信息的可比性。

2. 相关性原则

相关性原则是指所设置的会计科目要为提供有关各方所需的会计信息服务,满足对外报告与对内管理的要求。根据相关规定,企业财务报告提供的信息必须满足对内对外各方面的需要,而设置会计科目必须服务于会计信息的提供,必须与财务报告的编制相协调、相关联。

3. 实用性原则

实用性原则是指所设置的会计科目应符合单位自身特点,满足单位实际需要。企业的组织形式、所处行业、经营内容及业务种类等不同,在会计科目的设置上亦有区别。会计核算的目的在于客观真实地反映企业经营活动情况,提供会计信息。

合法性、相关性和实用性的内在关系:企业应当在国家规定的会计科目的基础上(即合法性),再考虑会计信息的使用者对本企业会计信息的需要(即相关性)以及本企业的自身特点(即实用性),设置满足企业有关方面对其财务报告的要求、符合企业实际情况的会计科目。

设置会计科目时,除遵循以上三个原则外,还应注意科目要简明、实用,科目名称应与其核算的内容相一致,做到含义准确、通俗易懂。

(二)常用会计科目

企业常用的会计科目如表3-2所示。

表3-2 常用会计科目

编号	名称	编号	名称
	一、资产类	1512	长期股权投资减值准备
1001	库存现金	1521	投资性房地产
1002	银行存款	1531	长期应收款
1012	其他货币资金	1601	固定资产
1101	交易性金融资产	1602	累计折旧
1121	应收票据	1603	固定资产减值准备
1122	应收账款	1604	在建工程
1123	预付账款	1605	工程物资
1131	应收股利	1606	固定资产清理
1132	应收利息	1701	无形资产
1221	其他应收款	1702	累计摊销
1231	坏账准备	1703	无形资产减值准备
1401	材料采购	1711	商誉
1402	在途物资	1801	长期待摊费用
1403	原材料	1811	递延所得税资产
1404	材料成本差异	1901	待处理财产损溢
1405	库存商品		二、负债类
1406	发出商品	2001	短期借款
1407	商品进销差价	2201	应付票据
1408	委托加工物资	2202	应付账款
1471	存货跌价准备	2203	预收账款
1501	持有至到期投资	2211	应付职工薪酬
1502	持有至到期投资减值准备	2221	应交税费
1503	可供出售金融资产	2231	应付利息
1511	长期股权投资	2232	应付股利

表 3-2(续)

编号	名称	编号	名称
2241	其他应付款		六、损益类
2501	长期借款	6001	主营业务收入
2502	应付债券	6051	其他业务收入
2701	长期应付款	6101	公允价值变动损益
2711	专项应付款	6111	投资收益
2801	预计负债	6301	营业外收入
2901	递延所得税负债	6401	主营业务成本
	三、共同类(略)	6402	其他业务成本
	四、所有者权益	6403	税金及附加
4001	实收资本	6601	销售费用
4002	资本公积	6602	管理费用
4101	盈余公积	6603	财务费用
4103	本年利润	6701	资产减值损失
4104	利润分配		信用减值损失
	五、成本类		资产处置损失
5001	生产成本	6711	营业外支出
5101	制造费用	6801	所得税费用
5201	劳务成本	6901	以前年度损益调整
5301	研发支出		

第二节　账　　户

一、账户的概念与分类

(一)账户的概念

账户是根据会计科目设置的,具有一定格式和结构,用于分类反映会计要素增减变动情况及其结果的载体。

会计科目只是对会计对象的具体内容(即会计要素)进行分类的项目账户。为了能够分门别类地对各项经济业务的发生所引起的会计要素的增减变动情况及其结果进行全面、连续、系统、准确的反映和监督,为经营管理提供需要的会计信息,必须设置一种方法或手段,能核算指标的具体数字资料。于是必须根据会计科目开设账户。所谓会计账户,是指具有一定格式,用来分类、连续地记录经济业务,反映会计要素增减变动及其结果的一种核算工具。设置会计科目以后,还要根据规定的会计科目开设一系列反映不同经济内容的账户。每个账户都有一个科学而简明的名称,账户的名称就是会计科目。会计账户是根据会计科目设置的。设置账户是会计核算的一种专门方法,运用账户把各项经济业务的发生情况及由此引起的资产、负债、所有者权益、收入、费用和利润各要素的变化,系统地、分门别类地进行核算,以便提供所需要的各项指标。

(二)账户的分类

账户可按其核算的经济内容、提供信息的详细程度及其统驭关系进行分类。

1. 按其核算的经济内容分类

账户按其核算的经济内容,可分为资产类账户、负债类账户、共同类账户、所有者权益类账户、成本类账户和损益类账户六类。其中,有些资产类账户、负债类账户和所有者权益类账户存在备抵账户。备抵账户又称抵减账户,是指用来抵减被调整账户余额,以确定被调整账户实有数额而设置的独立账户。如"固定资产"的备抵账户是"累计折旧","应收账款"的备抵账户是"坏账准备"等。

2. 按其提供信息的详细程度及其统驭关系分类

账户按其提供信息的详细程度及其统驭关系,可分为总分类账户和明细分类账户。总分类账户和明细分类账户核算的内容相同,只是反映内容的详细程度有所不同,两者相互补充,相互制约,相互核对。总分类账户统驭和控制明细分类账户,明细分类账户从属于总分类账户,对总分类账户起补充说明作用,如表3-3所示。

表3-3　总分类账户与各级明细分类账户之间的设置方法

<table>
<tr><th rowspan="2">总分类账户</th><th colspan="2">明细分类账户</th></tr>
<tr><th>二级明细分类账户</th><th>三级明细分类账户</th></tr>
<tr><td rowspan="6">原材料</td><td rowspan="2">原料及主要材料</td><td>圆钢</td></tr>
<tr><td>生铁</td></tr>
<tr><td rowspan="2">辅助材料</td><td>润滑油</td></tr>
<tr><td>防锈剂</td></tr>
<tr><td rowspan="2">燃料</td><td>汽油</td></tr>
<tr><td>原煤</td></tr>
</table>

二、账户的功能和结构

(一)账户的功能

账户的功能在于连续、系统、完整地提供企业经济活动中各会计要素增减变动及其结果的具体信息。其中,会计要素在特定会计期间增加和减少的金额,分别称为账户的"本期增加发生额"和"本期减少发生额",二者统称为账户的"本期发生额";会计要素在会计期末的增减变动结果,称为账户的"余额",具体表现为期初余额和期末余额,账户上期的期末余额转入本期,即为本期的期初余额;账户本期的期末余额转入下期,即为下期的期初余额。账户的期初余额、期末余额、本期增加发生额和本期减少发生额统称为账户的四个金额要素。对于同一账户而言,它们之间的基本关系为

$$期末余额 = 期初余额 + 本期增加发生额 - 本期减少发生额$$

账户的本期发生额说明特定资金项目在某一会计期间增加或减少的变动状况,反映了该资金项目变动的动态信息。因此,账户的本期发生额属于"动态"经济指标范畴;账户的余额说明特定资金项目在某一时日或某一时刻(如期初、期末)的存在状况,即在"相对静

止”条件下的表现形式。因此,账户的余额属于“静态”经济指标范畴。

【例 3－1】 2020 年 12 月,华伟公司银行存款账户记录内容如表 3－4 所示。

表 3－4　银行存款账户

单位:元

2020 年		凭证		摘要	增加额	减少额	余额
月	日	字	号				
12	1			期初余额			900 000
	1	(略)		将现金存入银行	200 000		1 100 000
	7	(略)		支付设备修理费用		40 000	1 060 000
	10	(略)		购买办公用品		50 000	1 010 000
	11	(略)		归还短期借款		20 000	990 000
	18	(略)		支付环保费用		60 000	930 000
	21	(略)		支付材料款		30 000	900 000
	26	(略)		支付罚款		10 000	890 000
	31	(略)		支付本月水费		10 000	880 000
	31	(略)		支付员工加班津贴		30 000	850 000
	31			本月合计	200 000	250 000	850 000

华伟公司 2020 年 12 月所发生的全部银行存款交易与事项被完整地记录在其银行存款账户中。该银行存款账户提供了“两类四种”银行存款信息指标,即银行存款本月月初余额 900 000 元,银行存款本月共计增加 200 000 元,共计减少 250 000 元,银行存款本月月末余额 850 000 元。银行存款本月月初余额 900 000 元和银行存款本月月末余额 850 000 元,分别说明银行存款在 12 月月初和月末的结存金额,表明银行存款在这两个时点的静态情况。银行存款账户本月共计增加 200 000 元,共计减少 250 000 元,表明银行存款在会计期间内增减变化的动态情况。

(二)账户的结构

账户的结构是指账户的组成部分及其相互关系。

账户是用来记录经济业务的,必须具有一定的结构和内容。作为会计核算的会计对象,随着经济业务的发生在数量上进行增减变化,并相应产生变化结果。因此,用来分类记录经济业务的账户必须确定账户的基本结构:增加的数额记在哪里,减少的数额记在哪里,增减变动后的结果记在哪里。

采用不同记账方法,账户的结构是不同的,即使采用同一种记账方法,不同性质的账户结构也是不同的。但是,不管采用何种记账方法,也不论是何种性质的账户,其基本结构总是相同的。具体归纳如下:

任何账户一般可以划分为左右两方。每一方再根据实际需要分成若干栏次,用来分类登记经济业务及其会计要素的增加与减少,以及增减变动的结果。账户的格式设计一般应包括以下内容:①账户名称,即会计科目;②日期,即所依据记账凭证中注明的日期;③凭证号,即账户记录的来源和依据,是凭证的编号;④摘要,即经济业务的简要说明;⑤增加额和减少额,记录交易或事项引起的该账户的本期增加发生额和本期减少发生额;⑥余额,记录增减变动的结果。我国实际会计工作中采用手工记账时常使用的账户基本格式(三栏式账户基本结构)如表 3－5 所示。

表3-5　账户基本结构

账户名称(会计科目)

年		凭证		摘要	增加额	减少额	余额
月	日	字	号				

从账户名称、记录增加和记录减少的左右两方来看,账户结构在整体上类似于汉字“丁”和大写的英文字母“T”字,因此账户的基本结构在实务中被形象地称为“丁”型账户或者“T”型账户,如图3-2所示。

账户名称(会计科目)

左方	右方
记录增加(或减少)	记录减少(或增加)

图3-2　T型账户

就某个账户而言,该账户可以左方登记增加,右方登记减少,也可以左方登记减少,右方登记增加。至于账户的哪一方登记增加,哪一方登记减少,则取决于企业所采用的记账方法和所记录经济内容的性质。

【例3-2】　承**【例3-1】**中的资料,华伟公司“银行存款”账户用“T”型账户表示,如图3-3所示。

银行存款

左方		右方	
期初余额	900 000		
本期增加额	200 000	本期减少额	40 000
			50 000
			20 000
			60 000
			30 000
			10 000
			10 000
			30 000
本期发生额	200 000	本期发生额	250 000
期末余额	850 000		

图3-3　银行存款T型账户

三、会计科目与账户的关系

会计账户是对会计要素的内容所做的科学再分类。会计科目与账户是两个既有区别，又有联系的不同概念。它们的共同点是:会计科目是设置会计账户的依据,是会计账户的名称,会计账户是会计科目的具体运用,会计科目所反映的经济内容就是会计账户所要登记的内容。它们之间的区别在于:会计科目只是对会计要素具体内容的分类,本身没有结构;会计账户则有相应的结构,并通过其结构反映某项经济内容的增减变动及其余额。

复习思考题

1. 什么是会计科目？什么是会计账户？会计科目与会计账户有什么区别和联系？
2. 如何对会计科目进行分类？每类会计科目所包含的内容有哪些？
3. 为什么要设置总分类账户,又要设置明细分类账户？其相互关系如何？
4. 你能记忆多少常用会计科目？
5. 会计账户的结构如何？

第四章　会计记账方法

【基本要求】

1. 了解复式记账法的概念与种类
2. 熟悉借贷记账法的原理
3. 掌握借贷记账法下的账户结构
4. 了解会计分录的分类
5. 掌握借贷记账法下的试算平衡

第一节　会计记账方法的种类

在会计实务中，企业结合自身业务特点设置会计科目，并按会计科目开设了账户后，就需要采用一定的记账方法将企业发生的经济业务在账户中记录和反映出来。

记账方法，就是账簿登记经济业务的方法，即根据一定的记账原则、记账符号、记账规则，采用一定的计量单位，利用文字和数字把经济业务记录到账簿中去的一种专门方法。记账方法按记录方式，可分为单式记账法和复式记账法。

一、单式记账法

单式记账法是指对发生的每一项经济业务，只在一个账户中加以登记的记账方法。

运用单式记账法，在记账时重点考虑的是现金、银行存款以及债权、债务方面发生的交易或事项。例如，用银行存款购买材料的业务，只在账户中记录银行存款的支付业务，而材料的取得业务却不在账户中记录。再如，企业赊购一台设备，其所增加的固定资产不予登记，只是记录企业应付账款的增加。

单式记账法在运用中虽然手续简便，但存在严重的缺陷，主要表现为：单式记账法不能全面、完整地反映经济活动过程；单式记账法下账户记录的数字之间缺乏必然的联系。单式记账法只能反映经济业务的一个侧面，会计记录之间不存在相互勾稽关系，不能全面、系统地反映经济业务的来龙去脉，也不便于检查账簿记录的正确性和完整性。因此，这种方法只适用于经济业务非常简单的单位，目前很少采用。随着社会经济活动的发展，经济活动越来越复杂，单式记账法已不能适应社会经济的发展需要，逐步被复式记账法所取代。

二、复式记账法

（一）复式记账法的概念

复式记账法是指对每一笔经济业务，都要用相等的金额，在两个或两个以上相互联系的账户中进行全面记录的记账方法。现代会计运用复式记账法。

如“以银行存款 1 000 元购买原材料”，这笔业务在记账时，不仅要记“银行存款”减少 1 000 元，同时还要记“原材料”增加 1 000 元。所以，在复式记账法下，有科学的账户体系，通过对应账户的双重等额记录,能反映经济活动的来龙去脉,并能运用账户体系的平衡关系来检查全部会计记录的正确性。因此,复式记账法作为科学的记账方法一直被广泛运用。目前,我国的企业和行政、事业单位所采用的记账方法,都属于复式记账法。

(二)复式记账法的优点

与单式记账法相比,复式记账法的优点主要有:

(1)能够全面反映经济业务内容和资金运动的来龙去脉　复式记账法对每一项经济业务,都要用相等的金额,在两个或两个以上相互联系的账户中进行记录,不仅可以通过账户记录完整、系统地反映经济活动的过程和结果,而且还能清楚地反映资金运动的来龙去脉。

(2)能够进行试算平衡,便于查账和对账　复式记账法对于每一项经济业务,都要以相等的金额进行对应记录,便于核对和检查账户记录的结果,防止和纠正错误记录。

(三)复式记账法的种类

复式记账法根据记账符号、记账规则等不同,又可分为借贷记账法、增减记账法和收付记账法等。其中,借贷记账法是世界各国普遍采用的一种记账方法,我国颁布的《企业会计准则》规定,中国境内的所有企业都采用借贷记账法记账。采用借贷记账法在相关账户中记录各项经济业务,可以清晰地表明经济业务的来龙去脉,同时也便于试算平衡和检查账户记录的正确性。

第二节　借贷记账法

一、借贷记账法的概念

借贷记账法是以“借”“贷”二字作为记账符号,记录会计要素增减变动情况的一种复式记账法。

记账符号,是会计上用来表示经济业务的发生涉及的金额应该记入有关账户的左方金额栏还是右方金额栏的符号。借贷记账法是建立在“资产 = 负债 + 所有者权益”会计等式的基础上,以“有借必有贷,借贷必相等”为记账规则,反映会计要素的增减变动情况的一种复式记账法。

借贷记账法起源于13世纪的意大利,后经逐步发展和完善,传到欧洲、美洲等地,成为世界通用的记账方法。20世纪初借贷记账法由日本传入我国,目前已成为我国法定的记账方法。

二、借贷记账法下账户的结构

(一)借贷记账法下账户的基本结构

在借贷记账法中,账户的基本结构是:左方为借方,右方为贷方。但哪一方登记增加,哪一方登记减少,则取决于账户的性质与所记录经济内容的性质。借贷记账法下“T”型账户结构如图4-1所示。

账户(会计科目)

借方	贷方
记录增加（或减少）	记录减少（或增加）

图4－1　借贷记账法下T型账户结构

通常而言,资产类、成本类和费用类账户的增加用“借”表示,减少用“贷”表示,负债类、所有者权益类和收入类账户的增加用“贷”表示,减少用“借”表示。借贷记账法下各类账户基本结构如表4－1所示。

表4－1　借贷记账法下各类账户基本结构

会计账户名称	借方	贷方	余额
资产类	增加	减少	借方
负债类	减少	增加	贷方
所有者权益类	减少	增加	贷方
收入类	减少(或冲销)	增加	无余额
费用类	增加	减少(冲销)	无余额
成本类	增加	减少(或转销)	一般无余额(若有借方)

(二)资产类和成本类账户的结构

1. 资产类账户的结构

在资产类账户中,借方登记资产的增加额,贷方登记资产的减少额,期末余额一般在借方。在一个会计期间内,借方登记增加额的合计数称为“本期借方发生额”,贷方登记减少额的合计数称为“本期贷方发生额”。该类账户期末余额的计算公式为

资产类账户期末余额＝期初借方余额＋本期借方发生额－本期贷方发生额

资产类T型账户结构如图4－2所示。

资产类账户

借方	贷方
期初余额 本期增加额	 本期减少额
本期借方发生额 期末余额	本期贷方发生额

图4－2　资产类T型账户结构

2. 成本类账户的结构

成本类账户的结构与资产类账户的结构相同,其借方登记成本的增加额,贷方登记成

本的减少额或转出额,期末若有余额一般在借方,表示期末在产品的成本。该类账户期末余额的计算公式为

成本类账户期末余额 = 期初借方余额 + 本期借方发生额 - 本期贷方发生额

成本类 T 型账户结构如图 4 -3 所示。

成本类账户

借方	贷方
期初余额 本期增加额	本期减少额或转出额
本期借方发生额 期末余额	本期贷方发生额

图 4 -3　成本类 T 型账户结构

(三)负债类和所有者权益类账户的结构

1. 负债类账户的结构

根据会计等式"资产 = 负债 + 所有者权益"的结构,负债类账户的结构与资产类账户的结构相反,此类账户的贷方登记负债的增加额,借方登记负债的减少额,期末余额一般在账户的贷方。该类账户期末余额的计算公式为

负债类账户期末余额 = 期初贷方余额 + 本期贷方发生额 - 本期借方发生额

负债类 T 型账户结构如图 4 -4 所示。

负债类账户

借方	贷方
本期减少额	期初余额 本期增加额
本期借方发生额	本期贷方发生额 期末余额

图 4 -4　负债类 T 型账户结构

2. 所有者权益类账户的结构

所有者权益类账户的结构与负债类账户的结构相同,其贷方登记所有者权益的增加额,借方登记所有者权益的减少额,期末余额一般在账户的贷方。该类账户期末余额的计算公式为

所有者权益类账户期末余额 = 期初贷方余额 + 本期贷方发生额 - 本期借方发生额

所有者权益类 T 型账户结构如图 4 -5 所示。

(四)损益类账户的结构

损益类账户主要包括收入类账户和费用类账户。

所有者权益类账户

借方	贷方
	期初余额
本期减少额	本期增加额
本期借方发生额	本期贷方发生额
	期末余额

图4－5　所有者权益类T型账户结构

1. 收入类账户的结构

在借贷记账法下,收入类账户的借方登记减少额或转出额,贷方登记增加额。本期收入净额在期末转入"本年利润"账户,用以计算当期损益,结转后无余额。

收入类T型账户结构如图4－6所示。

收入类账户

借方	贷方
本期减少额或转出额	本期增加额
本期借方发生额	本期贷方发生额

图4－6　收入类T型账户结构

2. 费用类账户的结构

在借贷记账法下,费用类账户的借方登记增加额,贷方登记减少额或转出额。本期费用净额在期末转入"本年利润"账户,用以计算当期损益,结转后无余额。

费用类T型账户结构如图4－7所示。

费用类账户

借方	贷方
本期增加额	本期减少额或转出额
本期借方发生额	本期贷方发生额

图4－7　费用类T型账户结构

三、借贷记账法的记账规则

记账规则是进行会计记录和检查账簿登记是否正确的依据和规律。不同的记账方法,具有不同的记账规则。借贷记账法的记账规则可以概括为"有借必有贷,借贷必相等"。这一记账规则要求每项经济业务都要以相等的金额、相反的方向,登记在两个或两个以上的账户中。

在企业生产经营过程中，每天发生着大量的经济业务，这些经济业务虽然千差万别、错综复杂，但都不会违背记账规则。我们可以用典型经济业务来说明借贷记账法的记账规则，如表 4－2 所示。

表 4－2　典型经济业务及账户的记账方向

典型经济业务	资产 = 负债 + 所有者权益		
①资产内部一增一减	+ 借/ － 贷		
②负债内部一增一减		+ 贷/ － 借	
③所有者权益内部一增一减			+ 贷/ － 借
④负债增加，所有者权益减少		+ 贷	－ 借
⑤负债减少，所有者权益增加		－ 借	+ 贷
⑥资产和负债同时增加	+ 借	+ 贷	
⑦资产和负债同时减少	－ 贷	－ 借	
⑧资产和所有者权益同时增加	+ 借		+ 贷
⑨资产和所有者权益同时减少	－ 贷		－ 借

由表 4－2 可以看出，任何典型经济业务的发生都会既涉及借方又涉及贷方，而且保持“资产 = 负债 + 所有者权益”的恒等关系，借方金额合计与贷方金额合计必然相等。

表 4－2 的九种典型经济业务的资金运动与记账规则的对应关系如图 4－8 所示。

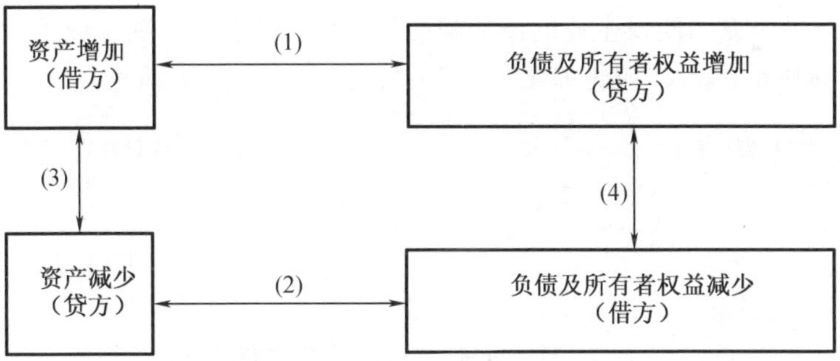

图 4－8　九种典型经济业务的资金运动与记账规则的对应关系框图

下面通过一些业务实例来说明借贷记账法记账规则的运用。

【例 4－1】　2020 年 1 月 2 日，江南公司向银行借款 40 000 元，期限 3 个月，款项已存入银行。

该项经济业务的发生，一方面使企业的存款增加了 40 000 元，另一方面也看到了这笔钱来源于银行借款。所以一方面要反映企业资产要素下的银行存款的增加，记入“银行存款”账户的借方；另一方面要反映企业负债要素下的短期借款的增加，记入“短期借款”账户的贷方，如图 4－9 所示。

银行存款	
借	贷
40 000	

短期借款	
借	贷
	40 000

图4－9　向银行借入短期借款

【例4－2】 2020年1月5日,江南公司购买全新生产设备一台,价值100 000元,款项尚欠。

该项经济业务的发生,一方面使得企业的生产设备增加了一台,另一方面也看到了这台设备的来源,它是赊购而来,形成负债。所以一方面要反映企业资产要素下的固定资产增加了100 000元,记入“固定资产”账户的借方;另一方面要反映企业负债要素下的应付账款增加,记入“应付账款”账户的贷方,如图4－10所示。

固定资产	
借	贷
100 000	

应付账款	
借	贷
	100 000

图4－10　购买固定资产款项未付

【例4－3】 2020年1月10日,江南公司以银行存款10 000元偿还前欠货款。

该项经济业务的发生,一方面使得企业的资产银行存款减少了10 000元,记入“银行存款”账户的贷方;另一方面使得企业的债务减少了10 000元,要反映企业负债要素下的应付账款减少了10 000元,记入“应付账款”账户的借方,如图4－11所示。

银行存款	
借	贷
	10 000

应付账款	
借	贷
10 000	

图4－11　以银行存款偿还前欠货款

【例4－4】 2020年1月18日,江南公司已报经上级批准转产,上级将国家调入的价值200 000元的设备调出调剂给其他单位使用。

该项经济业务的发生,一方面使企业的设备减少了一台,另一方面也意味着国家在本企业的投资减少了。所以一方面要反映企业资产要素下的固定资产减少了200 000元,记入“固定资产”账户的贷方;另一方面要反映企业所有者权益要素下的实收资本减少了200 000元,记入“实收资本”账户的借方,如图4－12所示。

【例4－5】 2020年1月20日,江南公司将现金2 000元存入银行。

该项经济业务的发生,一方面使企业的现金减少了2 000元,另一方面也意味着企业在银行的存款增加了2 000元。所以一方面要反映企业的资产要素的现金减少了2 000元,记入“库存现金”账户的贷方;另一方面要反映企业资产要素下的银行存款增加了2 000元,记入“银行存款”账户的借方，如图 4－13 所示。

固定资产

借	贷
	200 000

实收资本

借	贷
200 000	

图 4－12　上级将国家调入的设备调剂给其他单位

库存现金

借	贷
	2 000

银行存款

借	贷
2 000	

图 4－13　将现金存入银行

【例 4－6】　2020 年 1 月 21 日，江南公司向银行借款 50 000 元，期限 6 个月，直接归还前欠光明公司货款。

该项经济业务的发生，一方面使企业的借款增加了 50 000 元，另一方面使企业所欠货款减少了 50 000 元。所以一方面要反映企业负债要素下的短期借款增加了 50 000 元，记入“短期借款”账户的贷方；另一方面要反映企业负债要素下的应付账款减少了 50 000 元，记入“应付账款”账户的借方，如图 4－14 所示。

短期借款

借	贷
	50 000

应付账款

借	贷
50 000	

图 4－14　用银行借款偿还前欠外单位的货款

【例 4－7】　2020 年 1 月 31 日，江南公司按照规定用盈余公积 20 000 元转增资本。

该项经济业务的发生，一方面使企业的盈余公积减少了 20 000 元，另一方面使企业的实收资本增加了 20 000 元。所以一方面要反映企业所有者权益要素下的盈余公积减少了 20 000 元，记入“盈余公积”账户的借方；另一方面要反映企业所有者权益要素下的实收资本增加了 20 000 元，记入“实收资本”账户贷方，如图 4－15 所示。

【例 4－8】　2020 年 1 月 31 日，江南公司进行利润分配，决定向投资者分红 50 000 元。

该项经济业务的发生，一方面使企业的利润减少了 50 000 元，另一方面意味着企业欠下投资者的红利 50 000 元。所以一方面要反映企业所有者权益要素下的未分配利润减少了 50 000 元，记入“利润分配”账户的借方；另一方面要反映企业负债要素下的应付利润增加了 50 000 元，记入“应付股利”账户的贷方，如图 4－16 所示。

盈余公积	
借	贷
20 000	

实收资本	
借	贷
	20 000

图4－15　用盈余公积转增资本

利润分配	
借	贷
50 000	

应付股利	
借	贷
	50 000

图4－16　向投资者分配利润

【例4－9】　2020年1月31日,江南公司与宏鑫公司协商,双方同意将前欠宏鑫公司100 000元货款转作对江南公司的投资。

该项经济业务的发生,一方面使企业的债务减少了100 000元,另一方面使企业的实收资本增加了100 000元。所以一方面要反映企业负债要素下的应付账款减少了100 000元,记入"应付账款"账户借方;另一方面要反映企业所有者权益要素下实收资本增加了100 000元,记入"实收资本"账户的贷方,如图4－17所示。

应付账款	
借	贷
100 000	

实收资本	
借	贷
	100 000

图4－17　将前欠外单位的货款转作投资

从以上经济业务可以看出,每笔经济业务都至少涉及两个账户,一个账户记在借方,另一个账户记在贷方,同时借方金额与贷方金额相等。这正好符合"有借必有贷,借贷必相等"的记账规则,掌握记账规则是学习借贷记账法的基础。

四、借贷记账法下的账户对应关系与会计分录

(一)账户的对应关系

采用借贷记账法,经济业务的发生都必须在两个或两个以上相互联系的账户中进行等额记录,即要在一个或多个账户的借方登记,或者在多个或一个账户的贷方登记。这样,在这些账户之间就存在着应借、应贷的相互关系,账户之间的这种相互关系称为账户的对应关系。存在对应关系的账户称为对应账户。例如,用现金500元购买原材料,就要在"原材料"账户的借方和"库存现金"账户的贷方进行记录。这样"原材料"与"库存现金"账户就发生了对应关系,两个账户也就成了对应账户。掌握账户的对应关系很重要,通过账户的对应关系可以了解经济业务的内容,检查对经济业务的处理是否合理合法。例如,"应付账款"账户借方100 000元和"银行存款"贷方100 000元,这两个账户的对应关系表明:该项

经济业务是以银行存款偿付应付账款。

（二）会计分录

1. 会计分录的含义

会计分录，简称分录，是对每项经济业务列示出应借、应贷的账户名称及其金额的一种记录。会计分录由应借应贷方向、对应的科目及其金额三个要素构成。在我国，会计分录记载于记账凭证中。

2. 会计分录的分类

按照所涉及账户的多少，会计分录分为简单会计分录和复合会计分录。简单会计分录是指只涉及一个账户借方和另一个账户贷方的会计分录，即一借一贷的会计分录。复合会计分录是指由两个以上（不含两个）对应账户组成的会计分录，即一借多贷、多借一贷或多借多贷的会计分录。

【例4－10】　某公司购买原材料一批，价值98 000元，其中银行存款支付48 000元，其余款项尚未支付。

该项业务涉及资产类账户的“原材料”账户、“银行存款”账户和负债类账户的“应付账款”账户，编制复合会计分录如下：

借：原材料　　98 000

　贷：银行存款　　48 000

　　　应付账款　　50 000

3. 会计分录的书写格式

在借贷记账法下，编制会计分录的格式是：先写借方科目，再写贷方科目。会计分录为上下结构，上借下贷，借贷错开，金额相等。一般“贷”字应对齐借方科目的第一个字，金额也要错开写。编制复合会计分录时，对于多个贷方（或借方）科目，不必重复写“贷”或“借”，只需写第一个会计科目的“贷”或“借”，然后将相同的会计科目对齐即可。

4. 会计分录的编制步骤

编制会计分录，一般应遵循以下三个步骤：

①分析经济业务所涉及的账户，并确定该账户的性质；

②分析会计要素的增减变化确定记账方向；

③登记金额，并判断借贷方金额是否相等。

下面通过一些经济业务实例来说明会计分录的编制。

【例4－11】　2020年1月投资者继续向中信公司投入货币资金200 000元，手续已办妥，款项已转入本公司的存款账户。

借：银行存款　　200 000

　贷：实收资本　　200 000

该项业务的发生说明，中信公司在拥有一定资本金的前提下，继续扩大规模，投入货币资金200 000元。这样对于中信公司来讲，一方面使公司“银行存款”增加，另一方面使公司“实收资本”规模扩大。经进一步分析，“银行存款”属于资产类账户，“实收资本”属于所有者权益类账户。根据借贷记账法下的账户结构，资产的增加通过账户的借方反映，所有者权益的增加通过账户的贷方反映。最后确定，借记银行存款200 000元，贷记实收资本200 000元。该业务属于等式两边（即资产＝负债＋所有者权益，下同）资产与所有者权益等额增加业务。

【例4-12】 中信公司向新乐公司购买所需原材料,但由于资金周转紧张,材料款70 000元尚未支付。

借:原材料　　70 000
　贷:应付账款——新乐公司　　70 000

该项业务的发生说明,购料款未付,一方面使公司“原材料”增加,另一方面使公司欠款“应付账款”增加。经分析,“原材料”属于资产类账户,“应付账款”属于负债类账户。根据借贷记账法下的账户结构,资产的增加通过账户的借方反映,负债的增加通过账户的贷方反映。最后确定,借记原材料70 000元,贷记应付账款70 000元。该业务属于等式两边资产与负债等额增加业务。

【例4-13】 中信公司通过银行转账支付给银行于本月到期的银行借款80 000元。

借:短期借款　　80 000
　贷:银行存款　　80 000

该项业务的发生说明,归还以前的银行贷款,一方面使公司属于资产项目的银行存款减少了80 000元,另一方面使公司属于负债项目的短期借款减少了80 000元。银行存款属于资产类账户,短期借款属于负债类账户。根据借贷记账法下的账户结构,资产的减少通过账户的贷方反映,负债的减少通过账户的借方反映。最后确定,借记短期借款80 000元,贷记银行存款80 000元。该业务属于等式两边的资产与负债同时等额减少业务。

【例4-14】 上级主管部门按法定程序将一台价值100 000元的设备调出,以抽回国家对中信公司的投资。

借:实收资本　　100 000
　贷:固定资产　　100 000

该项业务的发生说明,国家调出设备,抽回投资,一方面使公司的固定资产减少了100 000元,另一方面使公司属于所有者权益项目的实收资本减少了100 000元。固定资产属于资产类账户,实收资本属于所有者权益类账户。根据借贷记账法下的账户结构,资产的减少通过账户的贷方反映,所有者权益的减少通过账户的借方反映。最后确定,借记实收资本100 000元,贷记固定资产100 000元。该业务属于等式两边的资产与所有者权益同时等额减少业务。

【例4-15】 中信公司开出转账支票40 000元,购买1台电子仪器。

借:固定资产　　40 000
　贷:银行存款　　40 000

该项业务的发生说明,购买仪器款已付,一方面使公司新的电子仪器固定资产增加了40 000元,另一方面使公司的银行存款减少了40 000元。固定资产和银行存款都属于资产类账户。根据借贷记账法下的账户结构,资产的增加通过账户的借方反映,资产的减少通过账户的贷方反映。最后确定,借记固定资产40 000元,贷记银行存款40 000元。该业务属于等式左边的资产内一增一减业务。

【例4-16】 中信公司开出一张面值为50 000元的商业汇票,以抵偿原欠新乐公司的料款。

借:应付账款——新乐公司　　50 000
　贷:应付票据——新乐公司　　50 000

该项经济业务的发生说明,商业汇票抵偿原欠料款,一方面使公司的应付票据增加了

50 000 元的金额,另一方面使公司属于企业的债务应付账款减少了 50 000 元。应付票据和应付账款都属于负债类账户。根据借贷记账法下的账户结构,负债的增加通过账户的贷方反映,负债的减少通过账户的借方反映。最后确定,借记应付账款 50 000 元,贷记应付票据 50 000 元。该业务属于等式右边的负债内部一增一减业务。

【例 4-17】 中信公司按法定程序将资本公积 60 000 元转增资本金。

借:资本公积　　60 000

　贷:实收资本　　60 000

该项业务的发生说明,将资本公积 60 000 元转增资本金,一方面使公司的实收资本增加了 60 000 元,另一方面使资本公积减少了 60 000。资本公积和实收资本都属于所有者权益类账户。根据借贷记账法下的账户结构,所有者权益的增加通过账户的贷方反映,所有者权益的减少通过账户的借方反映。最后确定,借记资本公积 60 000 元,贷记实收资本 60 000 元。该业务属于等式右边的所有者权益内部一增一减业务。

【例 4-18】 中信公司按法定程序将应支付给投资者的利润 20 000 元转增资本金。

借:应付股利　　20 000

　贷:实收资本　　20 000

该业务的发生说明,将应付利润转增资本金,一方面使公司实收资本增加了 20 000 元,另一方面使应付股利减少了 20 000 元。实收资本属于所有者权益类账户,应付股利属于负债类账户。根据借贷记账法下的账户结构,所有者权益的增加通过账户的贷方反映,负债的减少通过账户的借方反映。最后确定,借记应付股利 20 000 元,贷记实收资本 20 000 元。该业务属于等式右边的所有者权益增加与债权人权益(即负债)等额减少的业务。

【例 4-19】 中信公司已承诺代甲公司偿还甲公司前欠乙公司的货款 90 000 元,但款项尚未支付。与此同时,办妥相关手续,冲减甲公司在中信公司的投资。

借:实收资本　　90 000

　贷:应付账款——乙公司　　90 000

该项业务的发生说明,一方面中信公司已承诺但未支付一笔欠款,使公司的应付账款增加了 90 000 元,另一方面中信公司代甲公司支付此项欠款的同时减少甲公司在本公司的投资,使本公司的实收资本减少了 90 000 元。实收资本属于所有者权益类账户,应付账款属于负债类账户。根据借贷记账法下的账户结构,负债的增加通过账户的贷方反映,所有者权益的减少通过账户的借方反映。最后确定,借记实收资本 90 000 元,贷记应付账款 90 000 元。该业务属于等式右边的负债及所有者权益有增有减的业务。

五、借贷记账法的试算平衡

(一)试算平衡的含义

企业对日常发生的经济业务都要记入有关账户,内容庞杂,次数繁多,如果记账稍有疏忽,便有可能发生差错。因此,对全部账户的记录必须定期进行试算,借以验证账户记录是否正确。所谓试算平衡是指根据会计等式"资产 = 负债 + 所有者权益"以及借贷记账法的记账规则,通过汇总、检查和验算确定所有账户记录是否正确的过程。它包括发生额试算平衡和余额试算平衡。

(二)试算平衡的分类

1. 发生额试算平衡

发生额平衡包括两方面的内容:一是每笔会计分录的发生额平衡,即每笔会计分录的借方发生额必须等于贷方发生额,这是由借贷记账法的记账规则决定的;二是本期发生额的平衡,即本期所有账户的借方发生额合计必须等于所有账户的贷方发生额合计。因为本期所有账户的借方发生额合计,相当于把复式记账的借方发生额相加;所有账户的贷方发生额合计,相当于把复式记账的贷方发生额相加,二者必然相等。本期发生额试算平衡如表4-3所示。

表4-3 本期发生额试算平衡表

2020年1月31日　　单位:元

科目	本期发生额	
	借方	贷方
原材料	①40 000	
银行存款	③200 000 ⑤40 000	②60 000 ④50 000
应收账款		⑤40 000
应付账款	②60 000 ⑥20 000 ⑨70 000	①40 000
短期借款		⑥20 000
应付股利		⑧90 000
实收资本	④50 000	③200 000 ⑦100 000 ⑨70 000
资本公积	⑦100 000	
利润分配	⑧90 000	
合计	670 000	670 000

2. 余额试算平衡

余额平衡是指所有账户的借方余额之和与所有账户的贷方余额之和相等。余额试算平衡就是根据此恒等关系,来检验本期记录是否正确的方法。这是由"资产 = 负债 + 所有者权益"的恒等关系决定的。在某一时点上,有借方余额的账户应是资产类账户,有贷方余额的账户应是权益类账户,分别合计其金额,即是具有相等关系的资产与权益总额。根据余额的时间不同,余额平衡可分为期初余额平衡和期末余额平衡(图4-18)。本期的期末余额平衡,结转到下一期,就成为下一期的期初余额平衡。这种关系也可用下列公式表示:

全部账户借方期末(初)余额合计 = 全部账户贷方期末(初)余额合计

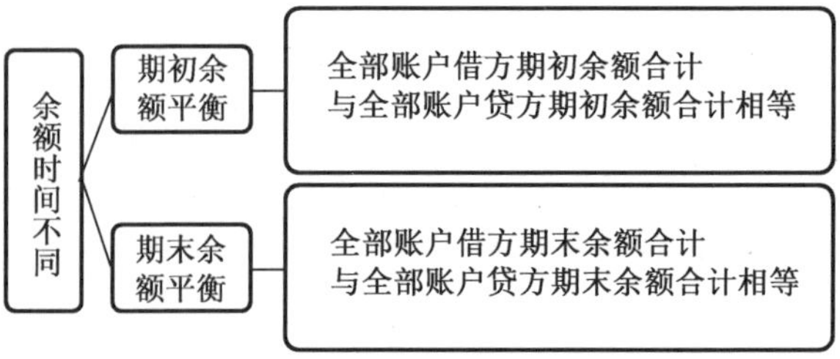

图4-18 余额平衡分类示意图

某公司有关会计科目2020年1月份期初余额及2020年1月份试算平衡表如表4-4、表4-5所示。

表4-4　某公司有关会计科目2020年1月份期初余额表

单位:元

会计科目	期初余额	
	借方	贷方
原材料	100 000	
银行存款	500 000	
应收账款	60 000	
应付账款		160 000
短期借款		
应付股利		
实收资本		300 000
资本公积		100 000
利润分配		100 000
合计	660 000	660 000

表4-5　某公司2020年1月份试算平衡表

2020年1月31日

单位:元

	期初余额		本期发生额		期末余额	
	借方	贷方	借方	贷方	借方	贷方
原材料	100 000		40 000		140 000	
银行存款	500 000		240 000	110 000	630 000	
应收账款	60 000			40 000	20 000	
应付账款		160 000	150 000	40 000		50 000
短期借款				20 000		20 000
应付股利				90 000		90 000
实收资本		300 000	50 000	370 000		620 000
资本公积		100 000	100 000			
利润分配		100 000	90 000			10 000
合计	660 000	660 000	670 000	670 000	790 000	790 000

3.编制试算平衡表的注意事项

应该看到,试算平衡表只通过借贷金额是否平衡来检查账户记录是否正确,而有些错

误并不影响借贷双方的平衡。因此,在编制试算平衡表时应注意以下问题:

①必须保证所有账户的余额均已记入试算平衡表。因为会计等式是对会计要素整体而言的,缺少任何一个账户的余额,都会造成期初或期末借方与贷方余额合计不相等。

②如果借贷不平衡,肯定账户记录有错误,应认真查找,直到实现平衡为止。

③如果借贷平衡,并不能说明账户记录绝对正确,因为有些错误并不影响借贷双方的平衡。例如:

a. 某项经济业务,将使本期借贷双方的发生额减少,借贷仍然平衡;

b. 重记某项经济业务,将使本期借贷双方的发生额发生等额虚增,借贷仍然平衡;

c. 某项经济业务记错有关账户,借贷仍然平衡;

d. 某项经济业务颠倒了记账方向,借贷仍然平衡;

e. 借方或贷方发生额中,偶然一多一少并相互抵销,借贷仍然平衡。

(三)试算平衡表的编制

试算平衡是通过编制试算平衡表进行的。试算平衡表通常是在期末结出各账户的本期发生额合计和期末余额后编制的,试算平衡表中一般应设置"期初余额""本期发生额"和"期末余额"三大栏目,其下分设"借方"和"贷方"两个小栏。各大栏中的借方合计与贷方合计应该平衡,否则,便存在记账错误。为了简化表格,试算平衡表也可只根据各个账户的本期发生额编制,不填列各账户的期初余额和期末余额。

【例4-20】 江南公司2020年11月30日总分类账户余额如表4-6所示。

表4-6 总分类账户余额表

2020年11月30日 单位:元

资产类账户	余额	负债及所有者权益账户	余额
库存现金	5 000	短期借款	230 000
银行存款	200 000	应付账款	190 000
应收账款	150 000	应交税费	15 000
原材料	50 000	实收资本	300 000
生产成本	50 000		
库存商品	100 000		
固定资产	180 000		
合计	735 000	合计	735 000

2020年12月发生如下经济业务:

①以银行存款支付上月未交税费款15 000元。

②从银行提取现金4 000元。

③收回某企业前欠货款10 000元存入银行。

④以银行存款支付前欠某企业货款18 000元。

⑤购进原材料26 000元,货款未付。

⑥员工李刚出差预借差旅费2 000元,出纳员以现金支付。

⑦向银行借入短期借款100 000元存入银行。

⑧银行将短期借款 300 000 元转作对本企业的投资。

⑨生产甲产品领用材料 20 000 元。

⑩甲产品完工入库,结转其实际成本 30 000 元。

要求:根据上述经济业务编制会计分录;建账、登账、结账;编制试算平衡表。

(1)根据经济业务编制会计分录

业务①　这是一项引起资产和负债同时减少的经济业务,使公司的应交税费减少了 15 000 元,应记入"应交税费"账户的借方;同时,银行存款减少了 15 000 元,应记入"银行存款"账户的贷方。会计分录如下:

借:应交税费　　15 000
　贷:银行存款　　15 000

业务②　这是一项引起资产内部一增一减的业务,使公司的库存现金增加了 4 000 元,应记入"库存现金"账户的借方;同时,银行存款减少了 4 000 元,应记入"银行存款"账户的贷方。会计分录如下:

借:库存现金　　4 000
　贷:银行存款　　4 000

业务③　这是一项引起资产内部一增一减的经济业务,使公司的银行存款增加了 10 000 元,应记入"银行存款"账户借方;同时,应收账款减少了 10 000 元,应记入"应收账款"账户的贷方。会计分录如下:

借:银行存款　　10 000
　贷:应收账款　　10 000

业务④　这是一项引起资产和负债同时减少的经济业务,使公司的应付账款减少了 18 000 元,应记入"应付账款"账户的借方;同时,银行存款减少了18 000 元,应记入"银行存款"账户的贷方。会计分录如下:

借:应付账款　　18 000
　贷:银行存款　　18 000

业务⑤　这是一项引起资产和负债同时增加的经济业务,使公司的库存原材料增加了 26 000 元,应记入"原材料"账户的借方;同时,应付账款增加了 26 000 元,应记入"应付账款"账户的贷方。会计分录如下:

借:原材料　　26 000
　贷:应付账款　　26 000

业务⑥　这是一项引起资产内部一增一减的经济业务,使公司的其他应收款增加了 2 000 元,应记入"其他应收款"账户的借方;同时,库存现金减少了 2 000 元,应记入"库存现金"账户的贷方。会计分录如下:

借:其他应收款　　2 000
　贷:库存现金　　2 000

业务⑦　这是一项引起资产和负债同时增加的经济业务,使公司的银行存款增加了 100 000元,应记入"银行存款"账户的借方;同时,短期借款增加了 100 000 元,应记入"短期借款"账户的贷方。会计分录如下:

借:银行存款　　　　100 000
　贷:短期借款　　　　100 000

业务⑧　这是一项引起负债和所有者权益一增一减的经济业务,使公司的短期借款减少了300 000元,应记入“短期借款”账户的借方;同时,实收资本增加了300 000元,应记入“实收资本”账户的贷方。会计分录如下:

借:短期借款　　　　300 000
　贷:实收资本　　　　300 0000

业务⑨　这是一项引起资产内部一增一减的经济业务,使公司的在产品增加了20 000元,应记入“生产成本”账户的借方;同时,原材料减少了20 000元,应记入“原材料”账户的贷方。会计分录如下:

借:生产成本　　　　20 000
　贷:原材料　　　　20 000

业务⑩　这是一项引起资产内部一增一减的经济业务,使公司的完工产品增加30 000元,应记入“库存商品”账户的借方;同时,在产品减少了30 000元,应记入“生产成本”账户的贷方。会计分录如下:

借:库存商品　　　　30 000
　贷:生产成本　　　　30 000

(2)建账、登账、结账

建账、登账、结账即根据月初余额建账,根据会计分录登记T型账户,结账(图4-19至图4-30)。

库存现金

借方		贷方	
期初余额	5 000		
②	4 000	⑥	2 000
本期发生额	4 000	本期发生额	2 000
期末余额	7 000		

图4-19　库存现金T型账户

银行存款

借方		贷方	
期初余额	200 000	①	15 000
③	10 000	②	4 000
⑦	100 000	④	18 000
本期发生额	110 000	本期发生额	37 000
期末余额	273 000		

图4-20　银行存款T型账户

应收账款

借方		贷方	
期初余额	150 000		
		③	10 000
本期发生额		本期发生额	10 000
期末余额	140 000		

图 4－21　应收账款 T 型账户

其他应收款

借方		贷方	
期初余额			
⑥	2 000		
本期发生额	2 000	本期发生额	0
期末余额	2 000		

图 4－22　其他应收款 T 型账户

原材料

借方		贷方	
期初余额	50 000		
⑤	26 000	⑨	20 000
本期发生额	26 000	本期发生额	20 000
期末余额	56 000		

图 4－23　原材料 T 型账户

生产成本

借方		贷方	
期初余额	50 000		
⑨	20 000	⑩	30 000
本期发生额	20 000	本期发生额	30 000
期末余额	40 000		

图 4－24　生产成本 T 型账户

库存商品

借方		贷方	
期初余额	100 000		
⑩	30 000		
本期发生额	30 000	本期发生额	0
期末余额	130 000		

图4－25　库存商品T型账户

固定资产

借方		贷方	
期初余额	180 000		
本期发生额		本期发生额	0
期末余额	180 000		

图4－26　固定资产T型账户

短期借款

借方		贷方	
⑧	300 000	期初余额	230 000
		⑦	100 000
本期发生额	300 000	本期发生额	100 000
		期末余额	30 000

图4－27　短期借款T型账户

应付账款

借方		贷方	
④	18 000	期初余额	190 000
		⑤	26 000
本期发生额	18 000	本期发生额	26 000
		期末余额	198 000

图4－28　应付账款T型账户

应交税费

借方		贷方	
①	15 000	期初余额	15 000
本期发生额	15 000	本期发生额	
		期末余额	0

图 4-29　应交税费 T 型账户

实收资本

借方		贷方	
		期初余额	300 000
		⑧	300 000
本期发生额	0	本期发生额	300 000
		期末余额	600 000

图 4-30　实收资本 T 型账户

(3)编制试算平衡表

根据上述例题所涉及的全部总分类账户本期发生额及余额资料,编制试算平衡表,如表 4-7 所示。

表 4-7　试算平衡表

2020 年 12 月 31 日　　单位:元

账户名称	期初余额		本期发生额		期末余额	
	借方	贷方	借方	贷方	借方	贷方
库存现金	5 000		4 000	2 000	7 000	
银行存款	200 000		110 000	37 000	273 000	
应收账款	150 000			10 000	140 000	
其他应收款			2 000		2 000	
原材料	50 000		26 000	20 000	56 000	
生产成本	50 000		20 000	30 000	40 000	
库存商品	100 000		30 000		130 000	
固定资产	180 000				180 000	
短期借款		230 000	300 000	100 000		30 000
应付账款		190 000	18 000	26 000		198 000
应交税费		15 000	15 000			
实收资本		300 000		300 000		600 000
合计	735 000	735 000	525 000	525 000	828 000	828 000

从表4-7中可以看到,江南公司各账户的期初借、贷方余额合计均为735 000元;本期借、贷方发生额合计均为525 000元;期末借、贷方余额合计均为828 000元,各自保持平衡,表明企业的会计记录没有发生影响平衡关系的错误。

复习思考题

1. 什么是复式记账?我国采用的记账方法是什么?
2. 什么是复式借贷记账法?它的记账规则如何?
3. 发生额试算平衡法和余额试算平衡法的计算公式是什么?
4. 如何编制试算平衡表?编制过程中应注意哪些问题?
5. 什么是会计分录?什么是简单、复合会计分录?

第五章　借贷记账法下主要经济业务的账务处理

【基本要求】

1. 掌握企业资金的循环与周转过程
2. 掌握核算企业主要经济业务的会计科目
3. 掌握企业主要经济业务的账务处理
4. 掌握企业净利润的计算
5. 掌握企业净利润的分配

第一节　企业的主要经济业务

不同企业的经济业务各有特点，其生产经营业务流程也不尽相同，本章主要介绍企业的资金筹集、设备购置、材料采购、产品生产、商品销售和利润分配等经济业务。

以上经济业务就是制造业资金运动过程的具体表现。也可以把以上资金的运动程序分为资金的投入、资金的循环与周转、资金的退出三个基本环节。

1. 资金的投入

资金的投入包括企业所有者投入的资金和债权人投入的资金两部分，前者属于企业所有者权益，后者属于企业债权人权益（即负债）。资金的投入是单位取得资金的过程，是资金运动的起点，也是企业资金筹集的过程。

2. 资金的循环与周转

企业获得投入资金后，便可以进入供应过程，企业需要购建固定资产、购买各种材料，因此发生的运输费、装卸费等材料采购成本也计入该过程。这个过程为生产产品做好物资准备，随后进入生产过程。在生产过程中，企业通过消耗原材料、发生工资费用、固定资产折旧费用等制造出产品。从价值形态看，生产过程中发生的各种耗费形成企业的生产费用，使用厂房、机器设备等劳动资料形成折旧费用等，这些耗费的总和形成了产品的生产成本。销售过程是产品价值的实现过程，在销售过程中，企业通过销售产品，并办理结算等，收回货款或形成债权，各项收入抵偿各项成本、费用之后的差额，形成企业的利润，完成一次资金循环。资金形态依次由货币转化为储备资金、生产资金和产品资金，随着产品的出售又转化为货币资金，这个过程称为资金循环。资金的不断循环，称为资金周转。这就是资金的循环与周转。

3. 资金的退出

利润分配后，一部分资金退出企业，一部分资金以留存收益等形式继续参与企业的资金周转。资金的退出是指资金离开本企业，退出本企业的循环与周转。资金的退出是资金运动的终点，主要包括偿还各项债务、依法缴纳各种税费以及向所有者分配利润等。

针对企业生产经营过程中发生的上述经济业务，账务处理的主要内容有：①资金筹集业务的账务处理；②固定资产业务的账务处理；③材料采购业务的账务处理；④生产业务的账务处理；⑤销售业务的账务处理；⑥期间费用的账务处理；⑦利润形成与分配业务的账务处理。

第二节　资金筹集业务的账务处理

企业的资金筹集业务按其资金来源通常分为所有者权益筹资和负债筹资。所有者权益筹资形成所有者的权益(通常称为权益资本),包括投资者的投资及其增值,这部分资本的所有者既享有企业的经营收益,也承担企业的经营风险;负债筹资形成债权人的权益(通常称为债务资本),主要包括企业向债权人借入的资金和结算形成的负债资金等,这部分资本的所有者享有按约收回本金和利息的权利。

一、所有者权益筹资业务

(一)所有者投入资本的构成

所有者投入资本按照投资主体的不同可以分为国家资本金、法人资本金、个人资本金和外商资本金等。

所有者投入的资本主要包括实收资本(或股本)和资本公积。

实收资本(或股本)是指企业的投资者按照企业章程、合同或协议的约定实际投入企业的资本金以及按照有关规定由资本公积、盈余公积等转增资本的资金。《中华人民共和国公司法》规定,股东可以用货币出资,也可以用实物、知识产权和土地使用权等可以用货币估价并可以依法转让的非货币财产作价出资;但是,法律、行政法规规定不得作为出资的财产除外。

资本公积是企业收到投资者投入的超出其在企业注册资本(或股本)中所占份额的投资,以及直接计入所有者权益的利得和损失等。资本公积作为企业所有者权益的重要组成部分,主要用于转增资本。

(二)账户设置

企业通常设置以下账户对所有者权益筹资业务进行核算。

1."实收资本(或股本)"账户

"实收资本"账户(股份有限公司一般设置股本账户)属于所有者权益类账户,用以核算企业接受投资者投入的实收资本。

该账户贷方登记所有者投入企业资本金的增加额,借方登记所有者投入企业资本金的减少额。期末余额在贷方,反映企业期末实收资本(或股本)的总额。

该账户可按投资者的不同设置明细账户,进行明细核算。

实收资本(或股本)T型账户结构如图5-1所示。

实收资本（或股本）

借方	贷方
注销资本的金额 所有者投入企业资本金的减少额	期初余额 所有者投入企业资本金的增加额
	期末余额　实收资本（或股本）的总额

图5-1　实收资本(或股本)T型账户结构

2.“资本公积”账户

“资本公积”账户属于所有者权益类账户，用以核算企业收到投资者出资额超出其在注册资本或股本中所占份额的部分，以及直接计入所有者权益的利得和损失等。

该账户借方登记资本公积的减少额，贷方登记资本公积的增加额。期末余额在贷方，反映企业期末资本公积的结余数额。

该账户可按资本公积的来源不同，分别按“资本溢价（或股本溢价）”“其他资本公积”进行明细核算。

资本公积T型账户结构如图5－2所示。

资本公积

借方	贷方
资本公积的减少额	期初余额 资本公积的增加额
	期末余额　资本公积的结余数额

图5－2　资本公积T型账户结构

3.“银行存款”账户

“银行存款”账户属于资产类账户，用以核算企业存入银行或其他金融机构的各种款项，但是银行汇票存款、银行本票存款、信用卡存款、信用证保证金存款、存出投资款和外埠存款等，通过“其他货币资金”账户核算。

该账户借方登记存入的款项，贷方登记提取或支出的存款。期末余额在借方，反映银行存款的结存额。

该账户应当按照开户银行、存款种类等分别进行明细核算。

银行存款T型账户结构如图5－3所示。

银行存款

借方	贷方
期初余额 银行存款增加额（存入的款项）	银行存款减少额（提取或支出的存款）
期末余额　银行存款的结存额	

图5－3　银行存款T型账户结构

4.“固定资产”账户

“固定资产”账户属于资产类账户，用以核算企业持有的固定资产原始价值（原价）。

该账户的借方登记增加固定资产的原始价值，贷方登记减少固定资产的原始价值。期末余额在借方，反映企业期末现有固定资产的原始价值。

该账户可按固定资产类别和项目进行明细核算。

固定资产T型账户结构如图5－4所示。

固定资产

借方	贷方
期初余额 增加固定资产的原始价值	减少固定资产的原始价值
期末余额　现有固定资产的原始价值	

图5-4　固定资产T型账户结构

5."无形资产"账户

"无形资产"用来核算企业持有的无形资产成本,包括专利权、非专利技术、商标权、著作权和土地使用权等。本账户是资产类账户,借方登记增加无形资产的实际成本,贷方登记减少无形资产的实际成本。期末余额在借方,表示企业实际持有的无形资产的成本。本账户应按无形资产的项目设置明细账进行明细分类核算。

无形资产T型账户结构如图5-5所示。

无形资产

借方	贷方
期初余额 增加无形资产的实际成本	减少无形资产的实际成本
期末余额　实际持有无形资产的成本	

图5-5　无形资产T型账户结构

6."库存现金"账户

"库存现金"账户属于资产类账户,用来核算企业库存现金的收入、支出和结余情况的账户。本账户的借方登记库存现金的增加额,贷方登记库存现金的减少额。期末余额在借方,表示库存现金的结存数额。该账户按币种分别设置"库存现金日记账"。

库存现金T型账户结构如图5-6所示。

库存现金

借方	贷方
期初余额 库存现金的增加额	库存现金的减少额
期末余额　库存现金的结存数额	

图5-6　库存现金T型账户结构

(三)账务处理

1.接受现金资产投资的账务处理

企业接受投资者以货币性资金投入的资本时,以实际收到的金额作为实收资本入账;借记"银行存款"科目,按投资合同或协议约定登记投资者在企业注册资本或股本中所占份额;贷记“实收资本(或股本)”科目,按实际收到的金额超过投资者在企业注册资本或股本中所占份额的部分,贷记“资本公积——资本溢价(或股本溢价)”科目。

【例5-1】 甲、乙、丙共同投资设立A有限责任公司,注册资本为2 000 000元,甲、乙、丙持股比例分别为55%,25%和20%。按照章程规定,甲、乙、丙投入资本分别为1 100 000元、500 000元和400 000元。A公司已如期收到各投资者一次缴足的款项。

借:银行存款	2 000 000	
贷:实收资本——甲		1 100 000
——乙		500 000
——丙		400 000

该项经济业务的发生,引起公司的银行存款和实收资本同时增加。银行存款属于公司的资产,其增加应记入“银行存款”账户的借方;实收资本属于公司的所有者权益,其增加应记入“实收资本”账户的贷方。

【例5-2】 江南公司为扩大经营规模,经批准,该公司注册资本扩大为6 000 000元,假设丙愿意出资2 200 000元获取三分之一的股份。丙按期投入资金获得相应的股份。

该项经济业务的发生,引起公司的银行存款、实收资本、资本公积同时增加。银行存款属于公司的资产,其增加应记入“银行存款”账户的借方;实收资本属于公司的所有者权益,其增加应记入“实收资本”账户的贷方。收到丙投入资本超过注册资本所占的金额,应记入“资本公积”的贷方。会计分录如下:

借:银行存款	2 200 000	
贷:实收资本——丙		2 000 000
资本公积——资本溢价		200 000

2. 接受非现金资产投资的账务处理

企业接受以固定资产、原材料、无形资产等方式投入的资本,应按照投资合同或协议约定价值确认接受的非现金资产的价值,并确定在注册资本或股本中应该享有的份额。借记“固定资产”“无形资产”“长期股权投资”等科目,按照应享有的份额贷记“实收资本”(或股本)科目,两者之间的差额记入“资本公积——资本溢价(或股本溢价)”科目。

【例5-3】 江南公司收到华天公司投资的甲材料一批,双方确认该批材料的价值为5 000 000元,增值税率为13%。同时,华天公司在江南公司的股本总额中占4 000 000元。

该项经济业务的发生,一方面引起公司的原材料增加,原材料入账价值按双方确认价值5 000 000元,将增值税650 000元单独作为抵扣的进项税额核算,不计入原材料的入账价值,应记入“原材料”和“应交税费”账户的借方;另一方面使得公司的实收资本增加,而收到投资者投入资本超过其注册资本所占金额。实收资本属于公司的所有者权益,其增加应记入“实收资本”账户的贷方。收到投入资本超过注册资本所占的金额(资本溢价),应记入“资本公积”的贷方。会计分录如下:

借:原材料——甲材料	5 000 000	
应交税费——应交增值税(进项税额)	650 000	
贷:实收资本——华天公司		4 000 000
资本公积——资本溢价		1 650 000

【例5-4】 某公司收到投资者投入甲材料一批,价值50 000元;投入机器一台,评估价为20 000元;投入专利技术一项,评估价为70 000元,假定不考虑增值税因素。

该项经济业务的发生,一方面引起公司的原材料、固定资产、无形资产增加,原材料价值50 000元,记入“原材料”借方;投入的机器按评估价20 000元入账,记入“固定资产”账户的借方;投入的专利技术按评估价70 000元入账,记入“无形资产”账户的借方。另一方面使得公司的实收资本增加,实收资本属于公司的所有者权益,其增加应记入“实收资本”账户的贷方。会计分录如下:

借:原材料——甲材料　　50 000
　固定资产　　20 000
　无形资产　　70 000
　贷:实收资本　　140 000

3. 实收资本减少的账务处理

企业减少实收资本的原因有两种:一是资本过剩;二是发生重大亏损需要减少实收资本。实收资本减少应按法定程序报经批准,有限公司和一般企业实收资本减少的处理比较简单。企业在返还投资者资本时,按实际返还金额借记“实收资本”科目,贷记“库存现金”“银行存款”等科目。

【例5-5】 2020年12月31日,江南公司经批准减少实收资本200 000元。

该项经济业务的发生,引起公司的实收资本、银行存款同时减少。实收资本是公司的所有者权益,其减少应记入“实收资本”账户的借方;银行存款是公司的资产,其减少应记入“银行存款”账户的贷方。会计分录如下:

借:实收资本　　200 000
　贷:银行存款　　200 000

二、负债筹资业务

企业生产经营所需的资金并不是全部由投资者投入的,投资者投入的资金构成企业的注册资金;而企业从债权人那里筹集到的资金形成企业的负债。负债表示企业的债权人对企业资产的要求权,即债权人权益。企业在生产经营过程中向银行借款、发行债券,或向其他单位赊购材料、商品等,就形成了同其他经济实体之间的债务关系。

(一)负债筹资的构成

负债筹资主要包括短期借款、长期借款以及结算形成的负债等。

短期借款是指企业为了满足其生产经营对资金的临时性需要而向银行或其他金融机构等借入的偿还期限在一年以内(含一年)的各种借款。

长期借款是指企业向银行或其他金融机构等借入的偿还期限在一年以上(不含一年)的各种借款。

结算形成的负债主要有应付账款、应付职工薪酬和应交税费等。

(二)账户设置

企业通常设置以下账户对负债筹资业务进行会计核算。

1. “短期借款”账户

“短期借款”账户属于负债类账户,用以核算企业的短期借款本金。

该账户贷方登记取得的短期借款增加额(本金),借方登记归还的短期借款减少额(本金)。期末余额在贷方,反映企业期末尚未归还的短期借款本金。

该账户可按借款种类、贷款人和币种进行明细核算。

短期借款 T 型账户结构如图 5 –7 所示。

短期借款

借方	贷方
归还的短期借款减少额（本金）	期初余额 取得的短期借款增加额（本金）
	期末余额　尚未归还的短期借款本金

图 5 –7　短期借款 T 型账户结构

2.“长期借款”账户

“长期借款”账户属于负债类账户，用以核算企业的长期借款。

该账户贷方登记企业取得的长期借款增加额（本金），借方登记归还的长期借款减少额（本金和利息）。期末余额在贷方，反映企业期末尚未归还的长期借款本金。

该账户可按贷款单位和贷款种类，分别按本金、利息调整等进行明细核算。

长期借款 T 型账户结构如图 5 –8 所示。

长期借款

借方	贷方
归还的长期借款减少额（本金和利息）	期初余额 取得的长期借款增加额（本金）
	期末余额　尚未归还的长期借款本金

图 5 –8　长期借款 T 型账户结构

3.“应付利息”账户

“应付利息”账户属于负债类账户，用以核算企业按照合同约定应支付的利息，包括吸收存款、分期付息到期还本的长期借款、企业债券等应支付的利息。

该账户贷方登记企业按合同利率计算确定的应付未付利息，借方登记实际支付的利息。期末余额在贷方，反映企业应付未付的利息。

该账户可按存款人或债权人进行明细核算。

应付利息 T 型账户结构如图 5 –9 所示。

应付利息

借方	贷方
实际支付的利息	期初余额 按合同利率计算确定的应付未付利息
	期末余额　应付未付的利息

图 5 –9　应付利息 T 型账户结构

4.“财务费用”账户

“财务费用”账户属于损益类账户,用以核算企业为筹集生产经营所需资金等而发生的筹资费用,包括利息支出(减利息收入)、汇兑损益以及相关的手续费、企业发生的现金折扣或收到的现金折扣等。为购建或生产满足资本化条件的资产而发生的应予资本化的借款费用,通过“在建工程”“制造费用”等账户核算。

该账户借方登记手续费、利息费用等的增加额,贷方登记应冲减财务费用的利息收入等。期末结转后,该账户无余额。

该账户可按费用项目进行明细核算。

财务费用T型账户结构如图5-10所示。

财务费用

借方	贷方
归集本期发生的财务费用(手续费、利息费用等的增加额)	应冲减财务费用的利息收入 期末转入“本年利润”账户的财务费用

图5-10 财务费用T型账户结构

(三)账务处理

1.短期借款的账务处理

(1)短期借款借入的账务处理 企业借入的各种短期借款,借记“银行存款”科目,贷记“短期借款”科目;归还借款时做相反的会计分录。

【例5-6】 江南公司由于生产经营的需要,2020年1月1日,向银行借入短期借款240 000元,期限6个月,年利率5%,利息按季支付,分月预提,所借款项存入银行。

该项经济业务的发生,引起公司的短期借款、银行存款同时增加。银行存款是公司的资产,其增加应记入“银行存款”账户的借方;短期借款是公司的负债,其增加应记入“短期借款”账户的贷方。会计分录如下:

借:银行存款　　240 000

　贷:短期借款　　240 000

(2)计提短期借款利息以及支付利息的账务处理 资产负债表应按计算确定的短期借款利息费用,借记“财务费用”科目,贷记“银行存款”“应付利息”等科目。支付利息时,根据已预提的利息,借记“应付利息”科目,根据实际支付的利息金额与已经预提的利息金额的差额(即尚未计提部分),借记“财务费用”科目,根据应付利息总额,贷记“银行存款”科目。

【例5-7】 承**【例5-6】**在以后月份,江南公司对此项借款逐月计提利息,并按规定每季归还利息。

该项经济业务的发生,一方面使公司的财务费用增加,应记入“财务费用”账户的借方;另一方面使公司的应付利息增加,记入“应付利息”账户的贷方。支付利息时,一方面使公司应付利息减少,应记入“应付利息”账户的借方;另一方面使公司的银行存款减少,应记入“银行存款”账户的贷方。会计分录如下:

①1 月末预提短期借款利息为

$$(240\ 000 \times 5\%)/12 = 1\ 000(\text{元})$$

借:财务费用　　　　1 000

　贷:应付利息　　　　1 000

②2 月末预提短期借款利息及账务处理同上。

③3 月末支付本季短期借款利息为

$$[(240\ 000 \times 5\%)/12] \times 3 = 3\ 000(\text{元})$$

借:财务费用　　　　1 000

　　应付利息　　　　2 000

　贷:银行存款　　　　3 000

④4 月份账务处理方法与 1 月份相同,5 月份账务处理方法与 2 月份相同。

(3)短期借款归还的账务处理　短期借款到期归还本金时,借记"短期借款"科目,贷记"银行存款"科目。

【例 5-8】　承【例 5-6】和【例 5-7】江南公司的短期借款于 6 月末到期,归还本金和未付利息。

该项经济业务的发生,一方面使企业负债减少,应借记"短期借款";另一方面,企业还应确认并支付未支付的借款利息,所以还应借记"财务费用"、贷记"银行存款"等科目。会计分录如下:

借:短期借款　　　　240 000

　　应付利息　　　　2 000

　　财务费用　　　　1 000

　贷:银行存款　　　　243 000

2. 长期借款的账务处理

(1)长期借款借入的账务处理　企业借入长期借款,应按实际收到的金额借记"银行存款"科目,按借款本金贷记"长期借款——本金"科目,如存在差额,还应借记"长期借款——利息调整"科目。

【例 5-9】　2020 年 1 月 1 日,江南公司向银行借入 3 年期长期借款 200 万元,合同约定年利率 6%(假定与实际利率一致),每年末支付利息,到期一次还本。

该项经济业务的发生,一方面使公司的银行存款增加,应记入"银行存款"账户的借方;另一方面使公司的长期借款增加,应记入"长期借款"账户的贷方。会计分录如下:

借:银行存款　　　　2 000 000

　贷:长期借款——本金　　　　2 000 000

(2)计提长期借款利息以及支付利息的账务处理　利息是借款企业按照借入本金、利息率及借款期计付给债权人的报酬,它是一种成本,是企业举借债务而付出的代价。根据《企业会计准则》规定,企业取得长期借款所发生的利息费用,应根据权责发生制原则按期预提。属于筹建期间的,应记入"管理费用"账户;属于生产经营期间的,应记入"财务费用"账户。属于符合资本化条件的资产购建或生产的,应当予以资本化,计入相关资产成本。即在资产负债表中,应按摊余成本和实际利率计算确定长期借款的利息费用,借记"在建工程""制造费用""财务费用"和"研发支出"等科目,按合同约定的名义利率计算确定的应付利息金额,贷记"长期借款——应计利息"或"应付利息"科目,按其差额,贷记"长期借款——利息调整”科目。

如果实际利率与合同约定的名义利率差异很小,也可以采用合同约定的名义利率计算确定利息费用。

【例5-10】 承**【例5-9】**江南公司对该长期借款逐年计提利息,并按规定每年末支付利息。

该项经济业务的发生,一方面使公司的财务费用增加,应记入“财务费用”账户的借方;另一方面使公司的应付利息增加,应记入“应付利息”账户的贷方。支付利息时,应付利息和银行存款同时减少,应记入“应付利息”的借方和“银行存款”的贷方。会计分录如下:

$$每年应付利息 = 2\ 000\ 000 \times 6\% = 120\ 000(元)$$

①2020年计算应付利息

借:财务费用	120 000	
贷:应付利息		120 000

②支付2020年利息费用

借:应付利息	120 000	
贷:银行存款		120 000

③2021年末计算应付利息

借:财务费用	120 000	
贷:应付利息		120 000

④支付2021年利息费用

借:应付利息	120 000	
贷:银行存款		120 000

⑤2022年末计算应付利息

借:财务费用	120 000	
贷:应付利息		120 000

(3)长期借款归还的账务处理　企业归还长期借款的本金时,应按归还的金额,借记“长期借款——本金”科目,贷记“银行存款”科目,若“长期借款——利息调整”科目存在余额,也要同时结转。

【例5-11】 承**【例5-9】**和**【例5-10】**2022年末长期借款到期,江南公司归还本金,支付未付利息。

该项经济业务的发生,一方面使公司的银行存款减少,应记入“银行存款”账户的贷方;另一方面使公司负债中的长期借款和应付利息减少,记入“长期借款”和“应付利息”的借方。会计分录如下:

借:长期借款——本金	2 000 000	
应付利息	120 000	
贷:银行存款		2 120 000

三、资金筹集业务账户关系

资金筹集业务账户关系如图5-11所示。

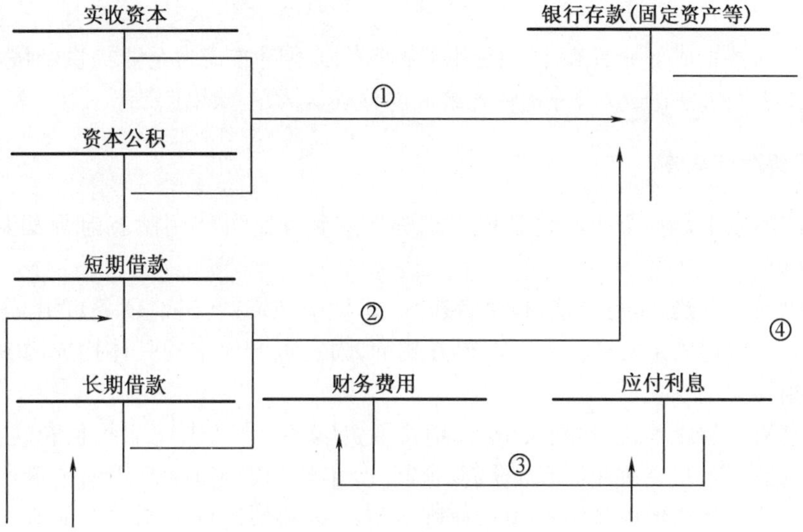

图5-11　资金筹集业务账户关系示意图

第三节　固定资产业务的账务处理

一、固定资产的概念与特征

固定资产是指为生产商品、提供劳务、出租或者经营管理而持有、使用寿命超过一个会计年度的有形资产。

固定资产具有以下特征。

1. 属于一种有形资产

企业资产按是否有实物形态可分为有形资产和无形资产。有形资产是具有实物形态的资产。固定资产属于有形资产，如机器设备、房屋建筑物、运输工具以及其他与生产经营有关的设备、器具和工具等具有实物形态的资产，是可以看得见，摸得着的。无形资产是指企业拥有或控制的、没有实物形态的、可以辨认的非货币性资产。这一特征将固定资产和无形资产区别开来。

2. 为生产商品、提供劳务、出租或者经营管理而持有

企业使用固定资产所带来的经济利益，具体可表现为通过固定资产作用于商品生产、劳务提供过程并最终表现为产成品的形式，从而通过销售实现其经济利益的流入；或者通过把固定资产出租给他人，企业以收取租金的形式实现经济利益的流入。这一特征表明，企业持有固定资产的主要目的是生产商品、提供劳务、出租或经营管理，而不是出售，从而将其与企业所持有的存货区别开来。

3. 使用寿命超过一个会计年度

固定资产的使用寿命超过一个会计年度，而且最终会将其废弃或重置。这一特征表明，企业为了获得固定资产并把它投入生产经营活动所发生的支出，属于资本性支出而不是收益性支出，从而将其与流动资产区别开来。固定资产的使用寿命超过一个会计年度，

表明固定资产属于长期资产,随着使用、磨损和损耗,通过计提折旧方式逐渐减少账面价值。

固定资产的各组成部分具有不同使用寿命或者以不同方式为企业提供经济利益,适用不同折旧率或折旧方法的,应当分别将各组成部分确认为单项固定资产。

二、固定资产的成本

固定资产的成本是指企业购建某项固定资产达到预定可使用状态前所发生的一切合理、必要的支出。

企业可以通过外购、自行建造、投资者投入、非货币性资产交换、债务重组、企业合并和融资租赁等方式取得固定资产。不同取得方式下,固定资产成本的具体构成内容及其确定方法也不尽相同。

外购固定资产的成本,包括购买价款、相关税费[2009 年 1 月 1 日增值税转型改革后,企业购建(包括购进、接受捐赠、实物投资、自制、改扩建和安装)生产用固定资产发生的增值税进项税额可以从销项税额中抵扣],使固定资产达到预定可使用状态前所发生的可归属于该项资产的运输费、装卸费、安装费和专业人员服务费等。自建的固定资产也应按照实际成本计价,即以固定资产在建过程中实际发生的支出额计价,包括耗费的材料、工人的工资以及为建造固定资产而发生的借款利息支出等;投资者投入的固定资产的成本,应当按照投资合同或协议约定的价值确定,但合同或协议约定价值不公允的除外;非货币性资产交换、债务重组等方式取得的固定资产的成本,应当分别按照有关规定确定。

三、固定资产的折旧

(一)固定资产折旧概念及影响因素

1. 固定资产折旧概念

固定资产折旧是指在固定资产使用寿命内,按照确定的方法对应计折旧额进行的系统分摊。其中,应计折旧额是指应当计提折旧的固定资产的原价扣除其预计净残值后的金额。已计提减值准备的固定资产,还应当扣除已计提的固定资产减值准备累计金额。

应计折旧额 = 固定资产的原价 − 预计净残值 − 已计提的固定资产减值准备累计金额

2. 影响折旧的因素

企业应当根据固定资产的性质和使用情况,合理确定固定资产的使用寿命和预计净残值等因素。

①固定资产的原价,即固定资产的成本。

②预计净残值是指假定固定资产的预计使用寿命已满并处于使用寿命终了时的预期状态,企业目前从该项资产的处置中获得的扣除预计处置费用后的金额。预计净残值率是指固定资产预计净残值额占其原价的比率。企业应当根据固定资产的性质和使用情况,合理确定固定资产的预计净残值。预计净残值一经确定,不得随意变更。

③固定资产的使用寿命,是指企业使用固定资产预计期间,或者该固定资产所能生产产品或提供劳务的数量。企业确定固定资产的使用寿命,应当考虑下列因素:

a. 预计生产能力或实物产量;

b. 预计有形损耗和无形损耗;

c. 法律或者类似规定对资产使用的限制。

④固定资产减值准备，是指已计提的固定资产减值准备累计金额。

（二）固定资产的折旧范围

企业应当按月对所有的固定资产计提折旧，但是，已提足折旧仍继续使用的固定资产、单独计价入账的土地和持有待售的固定资产除外。

在确定固定资产的折旧范围时，还应注意以下几点：

①按月计提折旧，即以固定资产月初数为基础计提。当月增加的固定资产，当月不计提折旧，从下月起计提折旧；当月减少的固定资产，当月仍计提折旧，从下月起不计提折旧。

②固定资产提足折旧后，不论能否继续使用，均不再提取折旧，提前报废的固定资产，也不再补提折旧。所谓提足折旧是指已经提足该项固定资产的应计折旧额。

③已达到预定可使用状态的固定资产但尚未办理竣工结算的，应当按照估计价值确定其成本，并计提折旧，待办理竣工结算后，再按照实际成本调整原来的暂估价值，但不需要调整原已计提的折旧额。

(4)固定资产在定期大修理间隔期间，照提折旧。

（三）固定资产的折旧方法

企业应当根据与固定资产有关的经济利益的预期实现方式，合理选择固定资产折旧方法。企业可选用的固定资产折旧方法有年限平均法、工作量法、年数总和法和双倍余额递减法等。

1. 年限平均法

年限平均法又称直线法，是指将固定资产的应计折旧额均匀地分摊到固定资产预计使用寿命内的一种方法。采用这种方法计算的每期折旧额均相等。

年限平均法的计算公式如下：

$$年折旧率=[(1-预计净残值率)/预计使用寿命(年)]\times 100\%$$

$$年折旧额=固定资产原价\times 年折旧率$$

$$月折旧率=年折旧率/12$$

$$月折旧额=固定资产原价\times 月折旧率=年折旧额/12$$

【例5-12】 江南公司一楼房原价为2 400 000元，预计净残值率为2%，预计使用年限为4年。

$$年折旧率=[(1-2\%)/4]\times 100\%=24.5\%$$

$$年折旧额=2\ 400\ 000\times 24.5\%=588\ 000(元)$$

$$月折旧额=588\ 000/12=49\ 000(元)$$

2. 工作量法

工作量法是根据实际工作量计算每期应提折旧额的一种方法。计算公式如下：

$$某项固定资产月折旧额=该项固定资产当月工作量\times 单位工作量折旧额$$

其中，$单位工作量折旧额=\dfrac{固定资产原价\times(1-预计净残值率)}{预计总工作量}$。

【例5-13】 某企业购入运货汽车一辆，原值400 000元，预计行驶里程200 000千米，预计净残值率5%，本月行驶5 000千米。该汽车的本月折旧额计算如下：

$$单位里程折旧额=400\ 000\times(1-5\%)/200\ 000=1.9(元/千米)$$

$$本月折旧额=5\ 000\times 1.9=9\ 500(元)$$

【例5-14】 甲公司用于产品生产的一台设备，原价为1 200 000元，预计可以生产

10 000件甲产品,预计净残值率为3%。12月份生产甲产品300件,则12月份应计提的折旧额计算如下:

预计净残值 = 1 200 000 × 3% = 36 000(元)

应计提折旧额 = 1 200 000 − 36 000 = 1 164 000(元)

单位产品折旧额 = 1 164 000/10 000 = 116.4(元)

12月份折旧额 = 300 × 116.4 = 34 920(元)

或　　12月份折旧额 = 300 × [1 200 000 × (1 − 3%)]/10 000 = 34 920(元)

3. 年数总和法

年数总和法又称年限合计法,是一种加速折旧法,是将固定资产的原价减去净残值后的净额乘以一个逐年递减的分数计算每年折旧额,这个分数的分子为固定资产尚可使用年限,分母为预计使用寿命的年数总和。其计算公式如下:

年折旧率 = 尚可使用年限/预计使用寿命的年数总和 × 100%

年折旧额 = (固定资产原价 − 预计净残值) × 年折旧率

月折旧率 = 年折旧率/12

月折旧额 = (固定资产原价 − 预计净残值) × 月折旧率

【例5-15】 以【例5-12】的资料用年数总和法计提折旧。

第一年折旧率 = 4/(1 + 2 + 3 + 4) × 100% = 40%

年折旧额 = 2 400 000 × (1 − 2%) × 40% = 940 800(元)

第二年折旧率 = 3/(1 + 2 + 3 + 4) × 100% = 30%

年折旧额 = 2 400 000 × (1 − 2%) × 30% = 705 600(元)

第三年折旧率 = 2/(1 + 2 + 3 + 4) × 100% = 20%

年折旧额 = 2 400 000 × (1 − 2%) × 20% = 470 400(元)

第四年折旧率 = 1/(1 + 2 + 3 + 4) × 100% = 10%

年折旧额 = 2 400 000 × (1 − 2%) × 10% = 235 200(元)

4. 双倍余额递减法

双倍余额递减法是指在不考虑固定资产净残值的情况下,根据每期期初固定资产账面净值和双倍的直线法折旧率计算固定资产折旧的一种方法。

①使用寿命最后两年以前各年,不考虑固定资产预计净残值,采用双倍余额递减法。

年折旧率 = (2/预计使用年限) × 100%

年折旧额 = 固定资产账面净值 × 年折旧率

月折旧率 = 年折旧率/12

折旧额 = 年初固定资产账面净值 × 月折旧率

其中,年初固定资产账面净值 = 固定资产原价 − 已计提的折旧额累计数。

②使用寿命最后两年内,考虑固定资产预计净残值,采用年限平均法。

由于每年年初固定资产净值没有扣除预计净残值,因此在计算固定资产折旧额时,应在其折旧年限到期前两年内,将固定资产账面净值扣除预计净残值后的余额平均摊销。计算公式如下:

年折旧额 = (倒数第二年的年初固定资产账面净值 − 预计净残值)/2

月折旧额 = 年折旧额/12

【例5-16】 以【例5-12】的资料用双倍余额递减法计提折旧。

①最后两年以前各年采用双倍余额递减法

年折旧率 = 2/4 × 100% = 50%

第一年折旧额 = 2 400 000 × 50% = 1 200 000(元)

第二年折旧额 = (2 400 000 − 1 200 000) × 50% = 600 000(元)

②最后两年采用平均年限法

预计净残值 = 2 400 000 × 2% = 48 000(元)

第三年、第四年折旧额 = [(2 400 000 − 1 200 000 − 600 000) − 48 000]/2 = 276 000(元)

采用加速折旧法计提折旧的固定资产,在固定资产使用的早期多提折旧,后期少提折旧。加快折旧速度,目的是使固定资产成本在估计使用年限内加快得到补偿。

不同的固定资产折旧方法,将影响固定资产使用寿命期间内不同时期的折旧费用。企业应当根据与固定资产有关的经济利益的预期实现方式合理选择折旧方法,固定资产的折旧方法一经确定,不得随意变更。

固定资产在其使用过程中,因所处经济环境、技术环境以及其他环境均有可能发生很大变化,企业至少应当于每年年终,对固定资产的使用寿命、预计净残值和折旧方法进行复核。固定资产使用寿命、预计净残值和折旧方法的改变,应当作为会计估计变更。

四、账户设置

企业通常设置以下账户对固定资产业务进行会计核算。

(一)"在建工程"账户

"在建工程"账户属于资产类账户,用以核算企业基建、更新改造等在建工程发生的支出。

该账户借方登记企业各项在建工程的实际支出,贷方登记工程达到预定可使用状态时转出的成本等。期末余额在借方,反映企业期末尚未达到预定可使用状态的在建工程成本。

该账户可按"建筑工程""安装工程""在安装设备""待摊支出"以及单项工程等进行明细核算。

在建工程 T 型账户结构如图 5 − 12 所示。

在建工程

借方	贷方
期初余额 各项在建工程的实际支出	工程达到预定可使用状态时转出的成本
期末余额　尚未达到预定可使用状态的在建工程成本	

图 5 − 12　在建工程 T 型账户结构

(二)"工程物资"账户

"工程物资"账户属于资产类账户,用以核算企业为在建工程准备的各种物资的成本,包括工程用材料、尚未安装的设备以及为生产准备的工器具等。

该账户借方登记企业购入工程物资的成本,贷方登记领用工程物资的成本。期末余额在借方,反映企业期末为在建工程准备的各种工程物资的成本。

该账户可按“专用材料”“专用设备”“工器具”等进行明细核算。

工程物资T型账户结构如图5－13所示。

工程物资

借方	贷方
期初余额 购入工程物资的成本	领用工程物资的成本
期末余额　为在建工程准备的各种工程物资的成本	

图5－13　工程物资T型账户结构

(三)“固定资产”账户

“固定资产”账户属于资产类账户,用以核算企业持有的固定资产原价。

该账户的借方登记增加固定资产的原始价值,贷方登记减少固定资产的原始价值。期末余额在借方,反映企业现有固定资产的原始价值。

该账户可按固定资产类别和项目进行明细核算。

固定资产T型账户结构如图5－14所示。

固定资产

借方	贷方
期初余额 增加固定资产的原始价值	减少固定资产的原始价值
期末余额　现有固定资产的原始价值	

图5－14　固定资产T型账户结构

(四)“累计折旧”账户

“累计折旧”账户属于资产类备抵账户,用以核算企业固定资产计提的累计折旧。

该账户贷方登记按月提取的折旧额,即累计折旧的增加额(固定资产因损耗而减少的价值);借方登记因减少固定资产而转出的累计折旧(已提固定资产折旧的减少或转销数)。期末余额在贷方,反映现有固定资产的累计折旧额。

该账户可按固定资产的类别或项目进行明细核算。

累计折旧T型账户结构如图5－15所示。

(五)“固定资产清理”账户

“固定资产清理”账户核算企业因出售、报废、毁损、对外投资、非货币性资产交换、债务重组等原因转出的固定资产价值以及在清理过程中发生的费用和清理收入等,并据以确定清理损益。借方登记被清理固定资产的处置成本,包括转出清理的固定资产账面净值、发生的清理费用;贷方登记被清理固定资产处置的收入,包括出售固定资产价款,残料变价款、残料验收入库估价值、过失人赔偿款等。期末借方差额,表示处置成本大于处置收入而发生的净损失,应由其贷方转到营业外支出或资产处置收益的借方;期末贷方差额,表示处置收入大于处置成本而取得的净收益,应由其借方结转到营业外收入或资产处置收益账户的贷方;结转后该账户无余额。

累计折旧

借方	贷方
已提固定资产折旧的减少或转销数	期初余额 按月提取的折旧额
	期末余额　现有固定资产的累计折旧额

图 5－15　累计折旧 T 型账户结构

该账户应按被清理的固定资产项目设置明细账,进行明细核算。

固定资产清理 T 型账户结构如图 5－16 所示。

固定资产清理

借方	贷方
转出清理的固定资产账面净值 发生的清理费用	出售固定资产价款 残料变价款、残料验收入库估价值、过失人赔偿款
处置成本大于处置收入而发生的净损失	处置收入大于处置成本而取得的净收益

图 5－16　固定资产清理 T 型账户结构

五、账务处理

(一)取得固定资产的账务处理

1. 购入固定资产

(1)购入不需要安装的固定资产　企业购入不需要安装的固定资产,按应计入固定资产成本的金额,借记“固定资产”“应交税费——应交增值税(进项税额)”科目,贷记“银行存款”等科目。

【例 5－17】　江南公司为一般纳税人,2020 年 5 月 19 日,企业购入一台不需要安装的设备,已验收使用。购买价 30 000 元,增值税 3 900 元,并支付运输费、包装费和专业人员服务费等 2 000 元,全部款项以银行存款支付。

该项经济业务的发生,一方面按确定的原价使公司固定资产增加,应记入“固定资产”账户借方,将增值税 3 900 元单独作为抵扣的进项税额核算,记入“应交税费”账户的借方;另一方面使公司银行存款减少,应记入“银行存款”账户贷方。会计分录如下:

借:固定资产　　32 000
　应交税费——应交增值税(进项税额)　　3 900
　贷:银行存款　　35 900

(2)购入需要安装的固定资产　购入需要安装的固定资产,不可以直接投入生产经营,要经过安装才可以交付使用,企业购入的固定资产的成本和以后发生的安装费先通过"在建工程"账户归集,安装完工后转入"固定资产"账户。

【例5-18】　江南公司为一般纳税人,2020年3月19日购入设备,购买价500 000元,增值税65 000元,包装费、运输费2 000元,款项以存款支付。设备安装时,领用甲材料3 000元,同时在安装过程中发生人工费用2 000元。

该项经济业务的发生,一方面按确定的原价使公司在建工程增加,应记入"在建工程"账户借方,将增值税65 000元单独作为抵扣的进项税额核算,记入"应交税费"账户的借方;另一方面使公司银行存款减少,应记入"银行存款"账户贷方。会计分录如下:

①支付设备买价、税金、包装费和运输费

借:在建工程　　502 000
　应交税费——应交增值税(进项税额)　　65 000
　贷:银行存款　　567 000

②领用安装材料

借:在建工程　　3 000
　贷:原材料——甲材料　　3 000

③支付人工费

借:在建工程　　2 000
　贷:应付职工薪酬——工资　　2 000

④安装完毕交付使用

借:固定资产　　507 000
　贷:在建工程　　507 000

2. 自行建造的固定资产

企业自行建造的固定资产是指自行建造房屋、建筑物、各种设施以及进行大型机器设备的安装工程(如大型生产线的安装工程)等。其按实施的方式不同分为自营工程和出包工程两种。由于采用的方式不同,因此其会计处理也不同。

(1)自营在建工程　自营在建工程是指企业自行组织工程物资采购、自行组织施工人员施工的建筑工程和安装工程,主要通过"工程物资"和"在建工程"科目进行核算。

企业采用自营方式进行固定资产工程建设,购入为工程准备的物资,按价款和运杂费等,借记"工程物资"科目,按增值税专用发票上注明的增值税额和运输费用结算单据上注明的运输费用的7%计算的增值税额,借记"应交税费——应交增值税(进项税额)"科目,按支付的价税款和运杂费,贷记"银行存款"等科目;自营在建工程领用的工程物资以及发生的其他费用(如应负担的职工薪酬等),借记"在建工程"科目,分别贷记"工程物资""银行存款""应付职工薪酬"等科目;工程完工达到预定可使用状态时,借记"固定资产"科目,贷记"在建工程"科目。

企业自行建造的固定资产已达到预定可使用状态,但尚未办理竣工决算的,应当按照工程预算、造价等估计价值确定其成本转入固定资产,并计提固定资产折旧,待办理竣工决算手续后，再按实际成本调整原来的暂估价值，但不需要调整原已计提的折旧额。

【例5-19】 2020年6月19日，江南公司以自营方式建造生产设备，以银行存款购入建造设备材料200 000元，支付的增值税额为26 000元，购入的材料全部用于工程建设；该工程负担工程建筑人员薪酬84 000元；另以银行存款支付工程其他支出20 000元。7月10日，自营工程完工达到使用状态并办理了竣工决算手续。

①购入建造材料

该项经济业务的发生，一方面使公司的工程物资增加，应记入"工程物资"账户借方，将增值税26 000元进项税额记入"应交税费"账户的借方；另一方面使公司银行存款减少，应记入"银行存款"账户贷方。会计分录如下：

借：工程物资　200 000
　应交税费——应交增值税（进项税额）　26 000
　贷：银行存款　226 000

②领用建造材料

该项经济业务的发生，领用建造材料使得在建工程增加，记入"在建工程"账户的借方；另一方面使得工程物资减少，记入"工程物资"账户的贷方。会计分录如下：

借：在建工程　200 000
　贷：工程物资　200 000

③计算分配工程建筑人员工资

该项经济业务的发生，一方面使得在建工程增加，记入"在建工程"账户的借方；另一方面使得所欠职工薪酬增加，记入"应付职工薪酬"账户的贷方。会计分录如下：

借：在建工程　84 000
　贷：应付职工薪酬　84 000

④支付工程其他支出

该项经济业务的发生，使得在建工程增加，银行存款减少，记入"在建工程"账户的借方和"银行存款"账户的贷方。会计分录如下：

借：在建工程　20 000
　贷：银行存款　20 000

⑤工程完工达到预定可使用状态

该项经济业务的发生，使得固定资产增加，同时冲减在建工程，分别记入"固定资产"账户的借方和"在建工程"账户的贷方。会计分录如下：

借：固定资产　304 000
　贷：在建工程　304 000

（2）出包在建工程　采用出包方式建造固定资产，企业要与建造承包商签订建造合同。企业的新建、改建等建设项目，通常均采用出包方式。

企业以出包方式建造固定资产，其成本由建造该项固定资产达到预定可使用状态前所发生的必要支出构成，包括发生的建筑工程支出、安装工程支出以及需分摊计入各固定资产价值的待摊支出。待摊支出是指在建设期间发生的，不能直接计入某项固定资产价值而应由所建造固定资产共同负担的相关费用，包括为建造工程发生的管理费，可行性研究费，临时设施费，公证费，监理费，应负担的税金，符合资本化条件的借款费用，建设期间发生的工程物资盘亏、报废及毁损净损失，以及负荷联合试车费等。

企业采用出包方式进行自建固定资产工程,其工程的具体支出在承包单位核算。企业"在建工程"科目主要核算企业与建造承包商办理工程价款的结算,企业应按合理估计的出包工程进度和合同规定结算进度款,借记"在建工程",贷记"银行存款""预付账款"等科目。

【例5-20】 江南公司建造一栋楼房,出包给华西建筑公司,工程总造价1 500 000元。

①根据出包合同预付工程总造价的60%,其余价款工程完工验收合格后付清

该项经济业务的发生,一方面使预付账款增加,记入"预付账款"账户的借方;另一方面使银行存款减少,记入"银行存款"的贷方。会计分录如下:

借:预付账款——华西建筑公司　　900 000

　贷:银行存款　　900 000

②工程完工,办理工程价款结算

该项经济业务的发生,一方面使在建工程增加,记入"在建工程"账户借方;另一方面使银行存款减少,记入"银行存款"账户的贷方,同时冲减预付账款,记入"预付账款"的贷方。会计分录如下:

借:在建工程——华西建筑公司——建筑工程——楼房　　1 500 000

　贷:银行存款　　600 000

　　预付账款——华西建筑公司　　900 000

③工程验收合格交付使用,结转在建工程成本

该项经济业务的发生,一方面使固定资产增加,记入"固定资产"的借方;另一方面使在建工程减少,记入"在建工程"的贷方。会计分录如下:

借:固定资产——楼房　　1 500 000

　贷:在建工程——华西建筑公司——建筑工程——楼房　　1 500 000

3. 投资者投入的固定资产

投资者投入的固定资产的成本,应当按投资合同或协议约定的价值确定,但合同或协议约定的价值不公允的除外。

【例5-21】 江南公司收到某企业投入的一台设备,投资合同约定的价值为60 000元(约定的价值公允)。

该项业务的发生,引起公司的固定资产和实收资本同时增加。固定资产属于公司的资产,其增加应记入"固定资产"账户的借方;实收资本属于公司的所有者权益,其增加应记入"实收资本"账户的贷方。会计分录如下:

借:固定资产——设备　　60 000

　贷:实收资本　　60 000

(二)固定资产折旧的账务处理

在实际工作中,折旧的计算是通过编制折旧计算表进行的。在上月应计提折旧额的基础上考虑上月固定资产变动情况并进行调整,其计算公式如下:

当月应计提折旧额=上月固定资产计提的折旧额+
上月增加固定资产应计提的折旧额-
上月减少固定资产应计提折旧额

企业按月计提的固定资产折旧,根据固定资产的用途计入相关资产的成本或者当期损益,借记"制造费用""销售费用""管理费用""研发支出"和"其他业务成本"等科目,贷记

"累计折旧"科目。

【例5-22】 江南公司2020年10月末计提固定资产折旧100 000元,其中生产车间计提70 000元,管理部门计提10 000元,销售部门计提20 000元。

每月计提的折旧,应按固定资产使用部门借记有关费用账户,贷记"累计折旧"账户。其中,对生产用固定资产提取的折旧额和生产车间管理部门使用的固定资产所提取的折旧额,借记"制造费用"账户;对于企业管理部门使用的固定资产所提取的折旧额,借记"管理费用"账户。该项经济业务的发生,一方面使公司提取累计折旧增加,应记入"累计折旧"账户贷方;另一方面提取折旧费构成成本费用,应记入"制造费用""管理费用"和"销售费用"账户借方。会计分录如下:

借:制造费用	70 000	
管理费用	10 000	
销售费用	20 000	
贷:累计折旧		100 000

(三)固定资产处置的账务处理

固定资产处置,即固定资产的终止确认,具体包括固定资产的出售、转让、报废和毁损、对外投资、非货币性资产交换、债务重组等。为了加强固定资产管理,充分合理地提高固定资产的利用率,企业在处置固定资产时应严格按规定的程序进行审批,并填制相应的凭证,财会部门根据原始凭证,经审核无误后及时进行账务处理。

1. 固定资产报废,产生营业外支出或营业外收入

企业在生产经营过程中,因磨损、技术进步等原因对固定资产进行报废,或遭受自然灾害而对毁损的固定资产进行处理。对于上述事项在进行核算时,应按程序办理有关手续,结转固定资产的账面价值,计算有关的清理收入、清理费用及残料价值等。

固定资产报废、毁损,产生营业外支出或营业外收入,并通过"固定资产清理"科目核算。具体包括以下几个环节:

(1)固定资产转入清理　企业因出售、报废、毁损等原因转出的固定资产,按固定资产的账面价值,借记"固定资产清理"科目,按已提的折旧,借记"累计折旧"科目,按已提的减值准备,借记"固定资产减值准备"科目,按固定资产的账面原价,贷记"固定资产"科目。

(2)发生的清理费用　固定资产清理过程中应支付的清理费用,借记"固定资产清理"科目,贷记"银行存款"等科目。

(3)收回残料出售收入　按实际收到残料出售收入,借记"银行存款" 等科目,贷记"固定资产清理""应交税费——应交增值税(销项税额)"等科目。

(4)保险赔偿等的处理　应由保险公司或过失人赔偿的损失,借记"其他应收款"等科目,贷记"固定资产清理"科目。

(5)清理净损益的处理　固定资产清理完后,属于生产期间正常的处理损失,借记"营业外支出——处置非流动资产损失"科目,贷记"固定资产清理"科目。属于自然灾害等非正常原因造成的损失,借记"营业外支出——非常损失"科目,贷记"固定资产清理"科目。如为贷方余额,借记"固定资产清理"科目,贷记"营业外收入"科目。

【例5-23】 江南公司的AAA机床提前报废转入清理。该设备原值400 000元,已提折旧300 000元,2020年12月15日,车间主任报销聘用民工王五清理费用现金450元,12月17日,将废料出售给江南市宏伟废品收购站,价款20 000元,税额2 600元;12月17日

计算结转清理损失80 450(400 000 - 300 000 + 450 - 20 000或100 000 + 450 - 20 000)元。

12月15日固定资产转入清理

借:固定资产清理——AAA机床　　1 000 000

　累计折旧　　3 000 000

　贷:固定资产　　4 000 000

12月15日支付清理费用

借:固定资产清理——AAA机床　　450

　贷:库存现金　　450

12月17日收回废料出售收入

借:银行存款　　22 600

　贷:固定资产清理——AAA机床　　20 000

　　应交税费——应交增值税(销项税额)　　2 600

12月17日计算固定资产清理净损失

借:营业外支出　　80 450

　贷:固定资产清理——AAA机床　　80 450

2. 固定资产处置,产生资产处置收益或资产处置损失

生产经营过程中,将不适用或不需用的固定资产对外出售转让转入清理

【例5-24】 2020年12月19日,江南公司的BBB车床,因转产不需要将其出售转入清理,固定资产账户中记录的该设备原值为261 120元,已提折旧为206 720元;12月23日该设备出售给鑫鑫公司,价款58 000元,税额7 540元;12月23日,计算并结转出售净收益3 600(58 000 - 54 400)元。

12月19日注销固定资产原值与已提折旧,固定资产转入清理

借:固定资产清理——BBB机床　　54 400

　累计折旧　　206 720

　贷:固定资产——机器设备　　261 120

12月23日,固定资产出售转入清理

借:银行存款　　65 540

　贷:固定资产清理——BBB车床　　58 000

　　应交税费——应交增值税(销项税额)　　7 540

12月23日,结转固定资产出售净收益

借:固定资产清理——BBB车床　　3 600

　贷:资产处置收益——固定资产处置利得　　3 600

第四节　材料采购业务的账务处理

材料采购业务所指的材料一般称为原材料。原材料是指企业在生产过程中经过加工改变其形态或性质并构成产品主要实体的各种原材料和外购半成品,以及不构成产品实体但有助于产品形成的辅助材料,包括原材料及主要材料、辅助材料、外购半成品、修理用备件、包装材料和燃料等。

一、材料的采购成本

材料的采购成本是指企业物资从采购到入库前所发生的全部支出，包括购买价款、相关税费、运输费、装卸费、保险费以及其他可归属于采购成本的费用。

在实务中，企业也可以将发生的运输费、装卸费、保险费以及其他可归属于采购成本的费用等先进行归集，期末，按照所购材料的存销情况进行分摊。

1. 核算购入材料的买价和采购费用，计算采购成本

(1)材料采购成本的构成为

材料采购成本 = 买价 + 采购费用

买价是指供货发票上记载的销售价格。采购费用是指材料物资在采购过程中所发生的各项支出，具体包括：

①运杂费，指材料物资在运输过程中所发生的运输费、装卸费、保险费、包装费和仓储费等；

②运输途中的合理损耗；

③入库前的挑选整理费用；

④其他可归属于材料采购成本的费用，如进口材料的关税等。

注：采购人员的差旅费、市内运杂费等，一般不计入采购成本，而作为企业的管理费用列支。

(2)材料采购成本的计算　在材料采购成本中，买价是直接费用，可根据供应单位开具的增值税专用发票价格直接计入该种材料采购成本。对于采购费用则要具体分析：若是专为某种材料而产生的，可直接计入该种材料的采购成本；若是涉及几种材料共同负担的采购费用，应当首先计算采购费用分配率，然后根据分配率计算各种材料物资应承担的采购费用。

2. 材料采购费用分配

采购费用的分配一般按材料的质量、体积或买价的比例计算。计算公式如下：

采购费用分配率 = 采购费用总额/各种材料的质量(体积或买价)之和

某种材料应负担的采购费用 = 该种材料的质量(体积或买价) × 采购费用分配率

【例 5 - 25】　江南公司用银行存款支付甲、乙两种材料的运杂费 900 元，其中购入甲材料 2 000 千克、乙材料 1 000 千克。

由于公司采购甲、乙两种材料，因此支付的运杂费需要采用一定的分配标准在两种材料之间分配。

材料费用分配率 = 900/(2 000 + 1 000) = 0.3

甲材料分配的运杂费 = 2 000 × 0.3 = 600(元)

乙材料分配的运杂费 = 1 000 × 0.3 = 300(元)

二、账户设置

材料日常收发结存可以采用实际成本法核算，也可以采用计划成本法核算。采用不同的核算方法，应设置不同的账户。

企业通常设置以下账户对材料采购业务进行会计核算。

1.“原材料”账户

“原材料”账户属于资产类账户,用以核算企业库存的各种材料,包括原料及主要材料、辅助材料、外购半成品(外购件)、修理用备件(备品备件)、包装材料和燃料等的计划成本或实际成本。企业收到用来加工装配业务的原料、零件等,应当设置备查簿进行登记。

该账户借方登记已验收入库材料的成本,贷方登记发出材料的成本。期末余额在借方,反映企业结存材料的计划成本或实际成本。

该账户可按材料的保管地点(仓库)、材料的类别、品种和规格等进行明细核算。

原材料T型账户结构如图5-17所示。

原材料

借方	贷方
期初余额 入库材料的实际成本 入库材料的计划成本	发出材料的实际成本 发出材料的计划成本
期末余额　结存材料的计划成本或实际成本	

图5-17　原材料T型账户结构

2.“材料采购”账户

“材料采购”账户属于资产类账户,用以核算企业采用计划成本进行材料日常核算而购入材料的采购成本。

该账户借方登记企业采用计划成本进行核算时,采购材料的实际成本以及材料入库时结转实际成本小于计划成本的节约差异,贷方登记验收入库材料的计划成本以及材料入库时结转实际成本大于计划成本的超支差异。期末余额在借方,反映企业在途材料的采购成本。

该账户可按供应单位和材料品种进行明细核算。

材料采购T型账户结构如图5-18所示。

材料采购

借方	贷方
期初余额 材料采购的实际成本 结转实际成本小于计划成本的节约差异	验收入库材料的计划成本 结转实际成本大于计划成本的超支差异
期末余额　在途材料的采购成本	

图5-18　材料采购T型账户结构

3.“材料成本差异”账户

“材料成本差异”账户属于资产类账户,用以核算企业采用计划成本进行日常核算的材料计划成本与实际成本的差额。

该账户借方登记入库材料实际成本大于计划成本的差异以及分配发出材料应负担的

节约差异,贷方登记入库材料实际成本小于计划成本的差异以及分配发出材料应负担的超支差异。期末余额在借方,反映企业库存材料等的实际成本大于计划成本的差异(库存材料的超支差额);期末余额在贷方,反映企业库存材料等的实际成本小于计划成本的差异(库存材料的节约差额)。

该账户可分为“原材料”“周转材料”等,按照类别或品种进行明细核算。

材料成本差异 T 型账户结构如图 5－19 所示。

材料成本差异

借方	贷方
入库材料实际成本大于计划成本的差异 分配发出材料应负担的节约差异	入库材料实际成本小于计划成本的差异 分配发出材料应负担的超支差异
期末余额　库存材料的超支差额	期末余额　库存材料的节约差额

图 5－19　材料成本差异 T 型账户结构

4.“在途物资”账户

“在途物资”账户属于资产类账户,用以核算企业采用实际成本(或进价)进行材料、商品等物资的日常核算、货款已付尚未验收入库的在途物资的采购成本。

该账户借方登记购入材料、商品等物资的买价和采购费用(采购实际成本),贷方登记已验收入库材料、商品等物资应结转的实际采购成本。期末余额在借方,反映企业期末在途材料、商品等物资的实际成本。

该账户可按供应单位和物资品种进行明细核算。

在途物资 T 型账户结构如图 5－20 所示。

在途物资

借方	贷方
期初余额 购入材料、商品等物资的买价和采购费用	验收入库材料、商品等物资应结转的实际采购成本
期末余额　在途材料、商品等物资的实际成本	

图 5－20　在途物资 T 型账户结构

5.“应付账款”账户

“应付账款”账户属于负债类账户,用以核算企业因购买材料、商品和接受劳务等经营活动应支付的款项。

该账户贷方登记企业因购入材料、商品和接受劳务等尚未支付的款项,借方登记已偿还的应付账款。期末余额一般在贷方,反映企业期末尚未偿还的应付账款余额;如果在借方,反映企业期末预付账款余额。

该账户可按债权人进行明细核算。

应付账款 T 型账户结构如图 5－21 所示。

应付账款

借方	贷方
已偿还的应付款项	期初余额 因购入材料、商品和接受劳务等尚未支付的款项
期末余额　期末预付账款余额	期末余额　期末尚未偿还的应付账款余额

图5-21　应付账款T型账户结构

6."应付票据"账户

"应付票据"账户属于负债类账户,用以核算企业购买材料、商品和接受劳务等开出、承兑的商业汇票,包括银行承兑汇票和商业承兑汇票。

该账户贷方登记企业开出、承兑的商业汇票,借方登记企业已经支付或者到期无力支付的商业汇票。期末余额在贷方,反映企业尚未到期的商业汇票的票面金额。

该账户可按债权人进行明细核算。

应付票据T型账户结构如图5-22所示。

应付票据

借方	贷方
已经支付到期汇票金额或无力支付的商业汇票金额	期初余额 开出、承兑的商业汇票
	期末余额　尚未到期的商业汇票的票面余额

图5-22　应付票据T型账户结构

7."预付账款"账户

"预付账款"账户属于资产类账户,用以核算企业按照合同规定预付的款项。预付款项情况不多的,也可以不设置该账户,将预付的款项直接记入"应付账款"账户。

该账户的借方登记企业因购货等业务预付的款项,贷方登记企业收到货物后应支付的款项等。期末余额在借方,反映企业预付的款项;期末余额在贷方,反映企业尚需补付的款项。

该账户可按供货单位进行明细核算。

预付账款T型账户结构如图5-23所示。

预付账款

借方	贷方
期初余额 按合同规定预付给供应单位的货款和补付的货款	收到所购货物的应付金额和收到退回多付的货款
期末余额　企业预付的款项	期末余额　尚未补付的款项

图5-23　预付账款T型账户结构

8."应交税费"账户

"应交税费"账户属于负债类账户,用以核算企业按照税法等规定计算应交纳的各种税费,包括增值税、消费税、所得税、资源税、土地增值税、城市维护建设税、房产税、土地使用税、车船使用税、教育费附加和矿产资源补偿费等。企业代扣代交的个人所得税等,也通过本账户核算。

该账户贷方登记各种应交未交税费的增加额,借方登记实际缴纳的各种税费。期末余额在贷方,反映企业尚未缴纳的税费;期末余额在借方,反映企业多交或尚未抵扣的税费。

该账户可按应交的税费项目进行明细核算。

应交税费T型账户结构如图5-24所示。

应交税费

借方	贷方
实际缴纳的各种税费	期初余额 各种应交未交税费的增加额
期末余额　多交或尚未抵扣的税费	期末余额　尚未缴纳的税费

图5-24　应交税费T型账户结构

三、账务处理

材料的日常收发结存可以采用实际成本核算,也可以采用计划成本核算。

(一)实际成本法核算的账务处理

实际成本法一般通过"原材料"和"在途物资"等科目进行核算。企业外购材料时,按材料是否验收入库分为以下两种情况。

1. 材料已验收入库

(1)货款已支付,同时材料验收入库。

如果货款已经支付,发票账单已到,材料已验收入库,按支付的实际金额,借记"原材料""应交税费——应交增值税(进项税额)"等科目,贷记"银行存款""预付账款"等科目。

【例5-26】　江南公司购入A材料一批,增值税专用发票上记载的货款为250 000元,增值税额32 500元,另对方垫付包装费500元,全部款项已用转账支票付讫,材料已验收入库。

该项经济业务的发生,一方面使材料成本增加250 500元,应记入"原材料"账户的借方,同时因购买材料所支付的准予抵扣的增值税进项税额32 500元,应记入"应交税费——应交增值税(进项税额)"的借方,另一方面由于银行存款减少283 000元,应记入"银行存款"账户的贷方。会计分录如下:

借:原材料——A材料	250 500	
应交税费——应交增值税(进项税额)	32 500	
贷:银行存款		283 000

【例5-27】　江南公司向新鑫公司订购一批甲材料,货款113 000元,按合同规定需要预付30%购货款,即33 900元。

该项经济业务的发生,一方面使公司的银行存款减少,应记入“银行存款”账户贷方;另一方面使公司预付货款增加,应记入“预付账款”账户借方。会计分录如下:

借:预付账款——新鑫公司　　33 900

　贷:银行存款　　33 900

【例5-28】 江南公司所购甲材料已经入库,收到增值税专用发票载明货款100 000元,增值税额13 000元,合计113 000元,以银行存款补付余款。

该项经济业务的发生,一方面发生材料价款100 000元,应记入“原材料”账户借方,同时由于购买材料发生的进项税额13 000元,应记入“应交税费”账户借方;另一方面由于购买甲材料采用预付款方式,收到材料时应按实际应付金额113 000元,记入“预付账款”贷方。会计分录如下:

①收到甲材料

借:原材料——甲材料　　100 000

　应交税费——应交增值税(进项税额)　　13 000

　贷:预付账款——新鑫公司　　113 000

②补付货款

该项经济业务的发生,一方面该公司购买甲材料补付79 100元(113 000-33 900),应记入“预付账款”借方,另一方面银行存款减少,应记入“银行存款”账户贷方。会计分录如下:

借:预付账款——新鑫公司　　79 100

　贷:银行存款　　79 100

需要注意的是,如果该公司预付款项的金额大于最终应支付的金额,则需做相反会计分录。

(2)材料已验收入库,货款未付。

企业发生的收料在前,付款在后,分为两种情况。

第一种情况:如果货款尚未支付,材料已经验收入库,按相关发票凭证上应付的金额,借记“原材料”“应交税费——应交增值税(进项税额)”等科目,贷记“应付账款”“应付票据”等科目。

【例5-29】 江南公司采用银行承兑汇票支付方式购入新鑫公司甲材料一批,货款40 000元,增值税额5 200元,发票账单已收到,材料已经验收入库,款项未支付。

该项经济业务的发生,一方面使材料成本增加40 000元,应记入“原材料”账户的借方,同时因购买材料所支付的准予抵扣的增值税进项税额5 200元,应记入“应交税费——应交增值税(进项税额)”的借方,另一方面由于应付的款项未付,并采用银行承兑汇票方式付款,使公司负债增加,应记入“应付票据”账户的贷方。会计分录如下:

借:原材料——甲材料　　40 000

　应交税费——应交增值税(进项税额)　　5 200

　贷:应付票据——新鑫公司　　45 200

第二种情况:如果货款尚未支付,材料已经验收入库,但月末仍未收到相关发票凭证,按照暂估价入账,即借记“原材料”科目,贷记“应付账款”等科目。下月初做相反会计分录予以冲回,收到相关发票账单后再编制会计分录。

【例5-30】 江南公司2020年6月25日向新鑫公司订购甲材料1 000吨。已验收入库,但发票账单未收到,每吨合同价格40 000元。

(1)平时暂不做账务处理。

(2)6月末,若结算凭证、发票账单等单据还未收到,则按合同价格40 000元进行账务处理。

①该项经济业务的发生,一方面使原材料增加,记入"原材料"的账户的借方;另一方面使应付账款——暂估应付款增加,记入"应付账款——暂估应付款"的贷方。会计分录如下:

借:原材料——甲材料　　40 000 000

　贷:应付账款——暂估应付款　　40 000 000

②下月初用红字冲回的会计分录

该项经济业务的发生,一方面使原材料减少,红字记入"原材料"账户的借方;另一方面使应付账款减少,红字记入"应付账款"账户的贷方,或者做相反分录即可。会计分录如下:

借:原材料——甲材料　　(40 000 000)(红字)

　贷:应付账款——暂估应付款　　(40 000 000)(红字)

③收到发票,货款40 000 000元,增值税税额5 200 000元

该项经济业务的发生,一方面使材料成本增加40 000 000元,应记入"原材料"账户的借方,同时因购买材料所支付的准予抵扣的增值税进项税额5 200 000元,应记入"应交税费——应交增值税(进项税额)"的借方;另一方面由于应付的款项未付,使公司负债增加,记入"应付账款"账户的贷方。会计分录如下:

借:原材料——甲材料　　40 000 000

　应交税费——应交增值税(进项税额)　　5 200 000

　贷:应付账款——新鑫公司　　45 200 000

④用银行存款支付货款

该项经济业务的发生,一方面使公司银行存款减少,记入"银行存款"账户贷方;另一方面使企业的应付账款减少,记入"应付账款"账户的借方。会计分录如下:

借:应付账款——新鑫公司　　45 200 000

　贷:银行存款　　45 200 000

2. 材料尚未验收入库

如果货款已经支付,发票账单已到,但材料尚未验收入库,按支付的金额,借记"在途物资""应交税费——应交增值税(进项税额)"等科目,贷记"银行存款"等科目;待验收入库时再做后续分录。

对于可以抵扣的增值税进项税额,一般纳税人企业应根据收到的增值税专用发票上注明的增值税额,借记"应交税费——应交增值税(进项税额)"科目。

【例5-31】 2020年6月9日,某公司采用汇兑结算方式购入F材料一批,发票及账单已收到,增值税专用发票上记载的货款为10 000元,增值税税额1 300元。支付保险费500元,材料尚未到达。

该项经济业务的发生,一方面使材料成本增加10 500元,应记入“在途物资”账户的借方,同时因购买材料所支付的准予抵扣的增值税进项税额1 300元,应记入“应交税费——应交增值税(进项税额)”的借方;另一方面由于应付的款项已支付使得资产减少11 800元,记入“银行存款”账户的贷方。会计分录如下:

借:在途物资——F材料　　10 500
　应交税费——应交增值税(进项税额)　　1 300
　　贷:银行存款　　11 800

待上述F材料验收入库,结转其采购成本。会计分录如下:

借:原材料——F材料　　10 500
　贷:在途物资——F材料　　10 500

(二)计划成本法核算的账务处理

计划成本法是指企业存货的收入、发出和结余均按预先制定的计划成本计价,同时另设“材料成本差异”科目,作为计划成本和实际成本联系的纽带,用来登记实际成本和计划成本的差额的方法。计划成本法一般适用于存货品种繁多、收发频繁的企业(如大中型企业中的各种原材料、低值易耗品等);自制半成品、产成品品种繁多的,或者管理上需要分别核算其计划成本和成本差异的企业。

计划成本法一般通过“材料采购”“原材料”“材料成本差异”等科目进行核算。企业外购材料时,按材料是否验收入库分为以下两种情况。

1. 材料已验收入库

(1)货款已经支付,同时材料验收入库

如果货款已经支付,发票账单已到,材料已验收入库,按支付的实际金额,借记“材料采购”科目,贷记“银行存款”科目;按计划成本金额,借记“原材料”科目,贷记“材料采购”科目;按计划成本与实际成本之间的差额,借记(或贷记)“材料采购”科目,贷记(或借记)“材料成本差异”科目。

【例5-32】 江南公司购入甲材料一批,货款300 000元,增值税39 000元,发票账单已收到,计划成本为320 000元,材料已验收入库,款项已用银行存款支付。

该项经济业务的发生,一方面使材料成本增加300 000元,应记入“材料采购”账户的借方,同时因购买材料所支付的准予抵扣的增值税进项税额39 000元,应记入“应交税费——应交增值税(进项税额)”的借方;另一方面由于银行存款减少339 000元,应记入“银行存款”账户的贷方。会计分录如下:

①购入材料时

借:材料采购——甲材料　　300 000
　应交税费——应交增值税(进项税额)　　39 000
　贷:银行存款　　339 000

②材料验收入库时

材料验收入库,按计划成本计价。该项经济业务的发生,使得原材料——甲材料增加,记入“原材料——甲材料”账户的借方,同时结转采购成本,使材料采购成本减少,记入“材料采购——甲材料”账户的贷方。会计分录如下:

借:原材料——甲材料　　320 000

　贷:材料采购——甲材料　　320 000

③计算材料成本差异

该项经济业务的发生,使得材料采购——甲材料增加,应记入“材料采购——甲材料”账户的借方,另一方面记入“材料成本差异——甲材料”贷方,调整材料计划成本。会计分录如下:

借:材料采购——甲材料　　20 000

　贷:材料成本差异——甲材料　　20 000

(2)货款尚未支付,材料已验收入库

如果货款尚未支付,材料已经验收入库,按相关发票凭证上应付的金额,借记“材料采购”科目,贷记“应付账款”“应付票据”等科目;按计划成本金额,借记“原材料”科目,贷记“材料采购”科目;按计划成本与实际成本之间的差额,借记(或贷记)“材料采购”科目,贷记(或借记)“材料成本差异”科目。

【例5-33】 江南公司开出商业承兑汇票购入甲材料一批,货款300 000元,增值税39 000元,发票账单已收到,计划成本为320 000元,材料已验收入库。会计分录如下:

借:材料采购——甲材料　　300 000

　应交税费——应交增值税(进项税额)　　39 000

　贷:应付票据　　339 000

借:原材料——甲材料　　3 200 000

　贷:材料采购——甲材料　　3 200 000

借:材料采购——甲材料　　20 000

　贷:材料成本差异　　20 000

如果材料已经验收入库,货款尚未支付,月末仍未收到相关发票凭证,按照计划成本暂估入账,即借记“原材料”科目,贷记“应付账款——暂估应付款”等科目。下月初做相反分录予以冲回,收到账单后再编制会计分录。

2.材料尚未验收入库

如果相关发票凭证已到,但材料尚未验收入库,按支付或应付的实际金额,借记“材料采购”科目,贷记“银行存款”“应付账款”等科目;待验收入库时再作后续分录。对于可以抵扣的增值税进项税额,一般纳税人企业应根据收到的增值税专用发票上注明的增值税额,借记“应交税费——应交增值税(进项税额)”科目。

【例5-34】 江南公司购入甲材料一批,货款300 000元,增值税39 000元,发票账单已收到,计划成本320 000元,材料未验收入库,款项已用银行存款支付。会计分录如下:

借:材料采购——甲材料　　300 000

　应交税费——应交增值税(进项税额)　　39 000

　贷:银行存款　　339 000

四、采购业务核算账户关系

采购业务核算账户关系如图5-25所示。

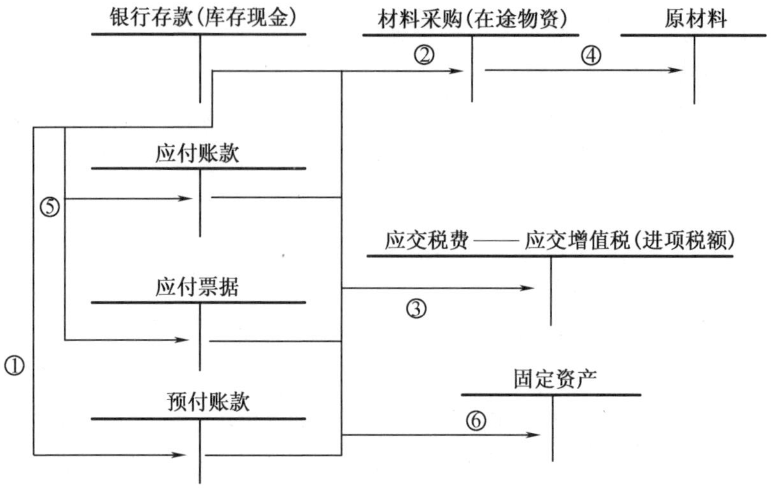

图5-25 采购业务核算账户关系示意图

【知识拓展】

采购和销售货物均与增值税密切相关。增值税是就货物或应税劳务的增值部分进行征税的一种流转税,凡在我国境内销售货物、提供加工修理修配劳务以及进口货物的单位和个人,均为增值税的纳税人。增值税的纳税人可分为一般纳税企业和小规模纳税企业两类。一般纳税企业应缴纳的增值税,在"应交税费"科目下设置"应交增值税"明细科目进行核算,并分别设置"进项税额""已交税金""销项税额""出口退税"等专栏。小规模纳税企业不享有进项税额的抵扣权,其购进货物或接受应税劳务支付的增值税直接计入有关货物或劳务的成本,小规模纳税企业应当按照不含税销售额和规定的增值税征收率计算交纳增值税。销售货物或提供应税劳务时只能开具普通发票,不能开具增值税专用发票,小规模纳税企业只需在"应交税费"科目下设置"应交增值税"明细科目,不需要在"应交增值税"明细科目中设置专栏。

应交增值税的账务处理如下。

1. 进项税额

一般纳税企业采购物资时,按专用发票上注明的增值税额,借记"应交税费——应交增值税(进项税额)"科目,按专用发票上记载的应当计入采购成本的金额,借记"原材料"等科目,按应付或实际支付的金额,贷记"银行存款""应付账款""应付票据"等科目。购入物资发生的退货,做相反账务处理。

【例5-35】 2020年10月4日,江南公司采购的原材料已验收入库,增值税专用发票价款100 000元,增值税额为13 000元,货款已用银行存款支付。

该项经济业务的发生,一方面使材料成本增加100 000元,记入"原材料"账户的借方,同时因购买材料所支付的准予抵扣的增值税进项税额13 000元,应记入"应交税费——应交增值税(进项税额)"的借方;另一方面由于应付的款项已支付,使公司资产减少,应记入"银行存款"账户的贷方。会计分录如下:

借:原材料　　100 000

　应交税费——应交增值税(进项税额)　　13 000

　贷:银行存款　　113 000

2. 销项税额

销售物资或提供应税劳务时,按实现的营业收入和按规定收取的增值税借记“银行存款”“应收账款”“应收票据”等科目,按专用发票上注明的增值税额贷记“应交税费——应交增值税(销项税额)”科目,按实现的营业收入,贷记“主营业务收入”等科目。发生的销售退回,进行相反的账务处理。

【例5-36】 2020年10月20日,江南公司销售产品一批,售价400 000元,增值税税率13%,货款已存入银行。

该项经济业务的发生,一方面使公司的银行存款增加了,应按其金额即销售产品的价款记入“银行存款”账户的借方;另一方面公司通过销售产品取得的收入属于主营业务收入,应按增值税专用发票上的销售价格记入“主营业务收入”账户的贷方,应向购货方收取的增值税销项税额,记入“应交税费——应交增值税(销项税额)”账户的贷方。会计分录如下:

借:银行存款　　452 000

　贷:主营业务收入　　400 000

　　应交税费——应交增值税(销项税额)　　52 000

3. 进项税额转出

购进的物资或在产品、产成品发生非常损失,以及购进物资改变用途等,其进项税额应转入相应科目,借记“待处理财产损溢”“在建工程”等科目,贷记“应交税费——应交增值税(进项税额转出)”科目。属于转作待处理财产损失的部分,应与遭受非正常损失的购进货物或在产品、产成品成本一并处理。

4. 应交增值税

按税法规定,一般纳税人的应纳增值税额计算公式如下:

当期应纳增值税额 = 当期销项税额 - 当期进项税额

销项税额是企业销售货物时向购货方收取的增值税额,计算公式如下:

销项税额 = 销售收入 × 增值税税率

一般纳税人的增值税率为13%。

进项税额是企业购进货物时向销货方支付的增值税税额。进项税额一般按销货方开具的增值税专用发票上的税额确定,不由购货企业自己计算。

增值税一般纳税人购进材料所支付的增值税进项税额,在符合税法规定的条件下,不计入采购成本,而是通过“应交税费”账户下的“应交增值税”明细账户进行抵扣核算。由于小规模纳税人适用简易征收办法,故其购进材料所支付的增值税计入采购成本。

企业应交纳的增值税,借记“应交税费——应交增值税(已交增值税)”科目,贷记“银行存款”科目。“应交税费——应交增值税”科目的贷方余额,表示企业应缴纳的增值税。

【例5-37】 假定江南公司10月份的进项税额为13 000元,销项税额为52 000元,计算江南公司10月份应当缴纳的增值税。

江南公司10月份应当缴纳的增值税为

销项税额 - 进项税额 = 52 000 - 13 000 = 39 000(元)

该项经济业务的发生,使得公司的应交税费—应交增值税减少,应记入“应交税费”账户的借方,同时使得银行存款减少,应记入“银行存款”账户的贷方。会计分录如下:

借:应交税费——应交增值税(已交增值税)　　39 000

　贷:银行存款　　39 000

5. 应交未交或多交增值税

月份终了,企业应通过计算来确定是否存在应交而未交或多交的增值税额。其计算公式如下:

本月应交而未交增值税额 = 本月销项税额 + 本月进项税额转出额 − 月初结转的尚未抵扣的进项税额 − 本月进项税额 − 本月已交本月的增值税额

如果计算结果大于零,表示企业有应交而未交的增值税额;反之则表示企业有多交或者尚未抵扣的增值税额。

第五节　生产业务的账务处理

企业产品的生产过程同时也是生产资料的耗费过程。企业在生产过程中发生的各项生产费用,是企业为获得收入而预先垫支并需要得到补偿的资金耗费。这些费用最终都要归集、分配给特定的产品,形成产品的成本。

产品成本的核算是指把一定时期内企业生产过程中所发生的费用,按其性质和发生地点,分类归集、汇总和核算,计算出该时期内生产费用发生总额,并按适当方法分别计算出各种产品的实际成本和单位成本等。

一、生产费用的构成

生产费用是指与企业日常生产经营活动有关的费用,按其经济用途可分为直接材料、直接人工和制造费用。

(一)直接材料

直接材料是指构成产品实体的原材料以及有助于产品形成的主要材料和辅助材料。

(二)直接人工

直接人工是指直接从事产品生产的工人的职工薪酬。

(三)制造费用

制造费用是指企业为生产产品和提供劳务而发生的各项间接费用。它通常包括企业生产部门(如生产车间)发生的水电费、固定资产的折旧费、无形资产的摊销、管理人员的职工薪酬、劳动保护费、国家规定的有关环保费、季节性和修理期间的停工损失等。

【知识拓展】

材料费用核算的账务处理业务如下。

1. 实际成本法下材料发出的核算

企业采用实际成本法的计价方法包括先进先出法、月末一次加权平均法、移动加权平均法和个别计价法等。

(1)先进先出法是指以先入库的材料先发出这种实物流转假设为前提,对发出原材料进行计价的一种方法。具体做法是:收到有关材料时,逐笔登记每一批存货的数量、单价和金额;发出材料时,按照先进先出法的原则计价,逐笔登记材料的发出成本和结存金额。

采用先进先出法的情况下,由于期末结存材料金额是根据近期入库存货成本计价的,其价值接近于市场价,并能随时结转发出存货的实际成本。但每次发出存货要根据先入库的单价计算,工作量大,一般适用于收发存货次数不多的情况。当物价上涨时,采用先进先出法,会高估企业当期利润和库存存货价值;反之,会低估企业存货价值和当期利润。

【例5-38】 江南公司采用先进先出法计算发出材料的成本,其中甲材料的明细账记账方法如表5-1所示。

表5-1　原材料明细账

材料名称:甲材料　　　　计量单位:千克　　　　金额单位:元

2020年		摘要	收入			发出			结存		
月	日		数量	单价	金额	数量	单价	金额	数量	单价	金额
11	1	期初余额							1 000	40	40 000
	5	购入	1 000	43	43 000				1 000 1 000	40 43	40 000 43 000
	13	发出				1 000 200	40 43	40 000 8 600	800	43	34 400
	24	购入	1 100	42	46 200				800 1 100	43 42	34 400 46 200
	28	发出				800 200	43 42	34 400 8 400	900	42	37 800
11	31	本月合计	2 100		89 200	2 200		91 400	900	42	37 800

(2)月末一次平均法是指在期末计算存货的平均单位成本时,用期初存货数量和本期各批收入的数量为权数来确定存货的平均单位成本,从而计算出期末存货和已销存货成本的一种计价方法。有关计算公式如下:

$$加权平均单位成本=\frac{期初库存存货实际成本+本期收入存货实际成本}{期初库存存货数量+本期收入存货数量}$$

$$本期发出存货成本=本期发出存货数量\times加权平均单位成本$$

$$期末库存存货成本=期末库存存货数量\times加权平均单位成本$$

在实际工作中,为了保持账面数字之间的平衡关系,一般采用倒挤成本法计算发出存货的成本,即

$$期末库存存货成本=期末库存存货数量\times存货单位成本$$

$$本期发出存货成本=期初库存存货成本+本期收入存货成本-期末库存存货成本$$

采用月末一次加权平均法,优点是平时只登记发出的数量,不登记金额,只需在期末计算一次加权平均单价,比较简单。但平时账上无法提供存货的收、发、存情况,不利于存货的管理。

【例5-39】 承**【例5-38】**江南公司采用全月一次加权平均法计算发出材料的成本,其中甲材料的明细账记账方法如表5-2所示。

表5-2 原材料明细账

账户名称:甲材料　　计量单位:千克　　金额单位:元

2020 年		摘要	收入			发出			结存		
月	日		数量	单价	金额	数量	单价	金额	数量	单价	金额
11	1	期初余额							1 000	40	40 000
	5	购入	1 000	43	43 000				2 000		
	12	发出				1 200			800		
	21	购入	1 100	42	46 200				1 900		
	26	发出				1 000			900		
11	31	本月合计	2 100		89 200	2 200		91 688	900	41.68	37 512

$$甲材料单位成本=(40\ 000+43\ 000+46\ 200)/(1\ 000+1\ 000+1\ 100)=41.68(元)$$

$$月末库存存货成本=900\times41.68=37\ 512(元)$$

$$本月发出存货成本=40\ 000+43\ 000+46\ 200-37\ 512=91\ 688(元)$$

(3)移动加权平均法是指在每次收到存货以后,以各批收入数量与各批收入前的结存数量为权数,为存货计算出新的加权平均单位成本的一种方法。每次进货后,都要重新计算一次加权平均单位成本。计算公式如下:

$$移动加权平均单位成本=\frac{结存存货成本+本批购进存货成本}{结存存货数量+本批购进存货数量}$$

$$本批销售或耗用存货成本=本批销售或耗用存货数量\times移动加权平均单位成本$$

【例5-40】 承**【例5-39】**江南公司采用移动加权平均法计算存货成本,方法如下:

①11月5日购入材料后的单位成本=(4 000+43 000)/(1 000+1 000)=41.5(元)

②11月13日发出材料成本=1 200×41.5=49 800(元)

③发出材料后,结存材料成本=800×41.5=33 200(元)

④11月24日购入材料后的单位成本=(33 200+46 200)/(800+1 100)=41.79(元)

⑤发出材料后,结存材料成本=900×41.79=37 611(元)

⑥11月28日发出材料的成本=33 200+46 200-37 611=41 789(元)

移动加权平均法的优点是便于管理人员及时了解存货的结存情况,并且每次购入新的存货,都要重新计算加权平均单位成本,使得存货的单价比较接近于市场价格,其缺点是计算量较大。

(4)个别计价法又称为分批计价法,是指认定每一件或每一批的实际单价,计算发出该件或该批存货成本的方法。其计算公式如下:

$$发出存货成本=发出存货数量\times该件(批)存货单价$$

【例5－41】 个别计价法的计算方法如表5－3所示(假设11月25日领用083批次600千克)。

表5－3　个别计价法计算方法表

材料名称：甲材料　　　　　　　　计量单位：千克　　　　　　　　金额单位：元

2020年		摘要	收入			发出			结存		
月	日		数量	单价	金额	数量	单价	金额	数量	单价	金额
11	1	期初余额(081)							1 000	8	8 000
	8	购入(082)	600	8.1	4 860				100 600	8 8.1	12 860
	9	发出(081)				500	8	4 000	500 600	8 8.1	8 860
	15	发出(081) 发出(082)				500 300	8 8.1	4 000 2 430	300	8.1	2 430
	20	购入(083)	2 000	8.15	16 300				300 2 000	8.1 8.15	18 730
	25	发出(083)				600	8.15	4 890	1 400 300	8.15 8.1	13 840
11	30	本月合计	2 600		21 160	1 900		15 320	1 700		13 840

采用个别计价法，对每件或每批购进的存货应分别存放，并分别登记存货明细分类账。对每次领用的存货，应在存货领用单上注明购进的件别或批次，便于按照该件或该批存货的实际单价计算其耗用金额。

个别计价法适用于房屋、船舶、飞机、汽车、珠宝及名画等数量和品种较少、单位价值较高的存货。

2. 计划成本法下材料发出的核算

企业发出材料按计划成本核算时，月末应根据相关资料，按所发出材料及其应负担的材料成本差异将发出材料的计划成本调整为实际成本，按所发出的用途，分别记入相应的会计科目。计算公式如下：

$$材料成本差异率 = \frac{期初结存材料的成本差异 + 本期验收入库材料的成本差}{期初结存材料计划成本 + 本期验收入库材料计划成本} \times 100\%$$

$$发出材料应负担的材料成本差异 = 发出材料的计划成本 \times 材料成本差异率$$

其结果负数为节约，正数为超支。

$$发出材料的实际成本 = 发出材料的计划成本 \pm 发出材料应负担的差异额$$

【例5－42】 江南公司采用计划成本法核算原材料，2020年11月份"原材料——甲材料"账户的期初余额为2 500元，"材料成本差异"账户期初贷方余额为50元，原材料计划成本为5元；11月5日购入甲材料的数量为1 500千克，实际购货成本为7 200元；11月19日购入甲材料的数量为2 000千克，实际购货成本为10 500元；本月发出甲材料1 600千克用于生产A产品。根据以上资料进行账务处理。

$$\text{材料成本差异率}=\frac{(-50)+(7\ 200-5\times1\ 500)+(10\ 500-5\times2\ 000)}{2\ 500+5\times1\ 500+5\times2\ 000}\times100\%$$

$$=0.75\%$$

$$\text{发出材料应负担的差异额}=1\ 600\times5\times0.75\%=60(\text{元})$$

$$\text{本月发出材料的实际成本}=5\times1\ 600+60=8\ 060(\text{元})$$

该项业务的发生,使生产成本增加,应记入“生产成本”账户的借方,同时使得原材料减少,应记入“原材料”账户的贷方。另外由于发出材料是超支,即实际价大于计划价,所以要用材料成本差异账户进行调整,做借“生产成本”账户,贷“材料成本差异”账户。

借:生产成本——A产品	8 000	
贷:原材料——甲材料		8 000
借:生产成本——A产品	60	
贷:材料成本差异		60

二、账户设置

企业通常设置以下账户对生产费用业务进行会计核算。

1.“生产成本”账户

“生产成本”账户属于成本类账户,用以核算企业生产各种产品(产成品、自制半成品等)、自制材料、自制工具和自制设备等发生的各项生产成本。

该账户借方登记应计入产品生产成本的各项费用,包括直接计入产品生产成本的直接材料费、直接人工费和其他直接支出,以及期末按照一定的方法分配计入产品生产成本的制造费用;贷方登记完工入库产成品应结转的生产成本。期末余额在借方,反映企业期末尚未加工完成的在产品成本。

该账户可按基本生产成本和辅助生产成本进行明细分类核算。基本生产成本应当分别按照基本生产车间和成本核算对象(如产品的品种、类别、订单、批别和生产阶段等)设置明细账(或成本计算单),并按照规定的成本项目设置专栏。

生产成本账户结构如图5-26所示。

生产成本

借方	贷方
期初余额 应计入产品成本的各项费用 (1)直接材料 (2)直接人工 (3)制造费用	结转完工产品的实际生产成本
期末余额　期末尚未完工的在产品实际生产成本	

图5-26　生产成本T型账户

2."制造费用"账户

"制造费用"账户属于成本类账户,用以核算企业生产车间(部门)为生产产品和提供劳务而发生的各项间接费用。

该账户借方登记实际发生的各项制造费用,贷方登记期末按照一定标准分配转入"生产成本"账户借方的应计入产品成本的制造费用。期末结转后,该账户一般无余额。

该账户可按不同的生产车间、部门和费用项目进行明细核算。

制造费用账户结构如图 5－27 所示。

制造费用

借方	贷方
生产过程中(分厂、车间)发生的各项间接费用	期末分配结转的应由各种产品承担的制造费用

图 5－27　制造费用 T 型账户

3."库存商品"账户

"库存商品"账户属于资产类账户,用以核算企业库存的各种商品的实际成本(或进价)或计划成本(或售价),包括库存产成品、外购商品、存放在门市部准备出售的商品、发出展览的商品以及寄存在外的商品等。

该账户借方登记验收入库的库存商品成本,贷方登记发出的库存商品成本。期末余额在借方,反映企业期末库存商品的实际成本(或进价)或计划成本(或售价)。

该账户可按库存商品的种类、品种和规格等进行明细核算。

库存商品账户结构如图 5－28 所示。

库存商品

借方	贷方
期初余额 验收入库商品的生产成本	发出商品的生产成本
期末余额　反映期末库存商品的实际成本或计划成本	

图 5－28　库存商品 T 型账户

4."应付职工薪酬"账户

"应付职工薪酬"账户属于负债类账户,用以核算企业根据有关规定应付给职工的各种薪酬。该账户借方登记本月实际支付的职工薪酬数额;贷方登记本月计算的应付职工薪酬总额,包括各种工资、奖金、津贴和福利费等。期末余额在贷方,反映企业应付未付的职工薪酬。

该账户可按"工资""职工福利""社会保险费""住房公积金""工会经费""职工教育经

费”“非货币性福利”“辞退福利”及“股份支付”等进行明细核算。

应付职工薪酬账户结构如图5－29所示。

应付职工薪酬

借方	贷方
本期实际发放的职工薪酬	期初余额 已分配计入有关成本费用项目的职工薪酬（应付职工的各项薪酬）
	期末余额　应付未付的职工薪酬

图5－29　应付职工薪酬T型账户

三、账务处理

(一)材料费用的归集与分配

在确定材料费用时,应根据领料凭证区分车间、部门和不同用途后,按照确定的结果将发出材料的成本借记“生产成本”“制造费用”和“管理费用”等科目,贷记“原材料”等科目。

对于直接用于某种产品生产的材料费用,应直接计入该产品生产成本明细账中的直接材料费用项目;对于由多种产品共同耗用,应由这些产品共同负担的材料费用,应选择适当的标准在这些产品之间进行分配,按分担的金额计入相应的成本计算对象(生产产品的品种、类别等);对于为提供生产条件等间接消耗的各种材料费用,应先通过“制造费用”科目进行归集,期末再同其他间接费用一起按照一定的标准分配计入有关产品成本;对于行政管理部门领用的材料费用,应记入“管理费用”科目,对销售部门领用的材料,应记入“销售费用”科目。

【例5－43】　江南公司2020年6月生产车间领用甲材料费用51 000元,领用乙材料费用30 000元。会计部门根据转来的领料凭证汇总后,编制“材料耗用汇总表”,如表5－4所示。

表5－4　材料耗用汇总表

计量单位:千克　　　　金额单位:元

项目	甲材料		乙材料		合计
	数量	金额	数量	金额	
生产A产品耗用	300	18 000	100	8 000	26 000
生产B产品耗用	400	24 000	200	16 000	40 000
小计	700	42 000	300	24 000	66 000
车间一般耗用	100	6 000	50	4 000	10 000
行政管理部门耗用	50	3 000	25	2 000	5 000
	850	51 000	375	30 000	81 000

该项经济业务的发生,一方面使公司的原材料减少,应记入“原材料”账户贷方;另一方面发生的材料费用,记入相应成本费用账户,其中A产品、B产品耗用的材料直接记入“生

产成本”账户借方,车间一般性耗费的材料记入“制造费用”账户借方,行政管理部门耗用的材料记入“管理费用”账户借方。

公司根据上述材料耗用表,编制会计分录如下:

借:生产成本——A 产品	26 000	
——B 产品	40 000	
制造费用	10 000	
管理费用	5 000	
贷:原材料——A 材料		51 000
——B 材料		30 000

(二)职工薪酬的归集与分配

职工薪酬是指企业为获得职工提供的服务或解除劳动关系而给予各种形式的报酬或补偿,具体包括:短期薪酬、离职后福利、辞退福利和其他长期职工福利。企业提供给职工配偶、子女、受赡养人、已故员工遗属及其他受益人等的福利,也属于职工薪酬。

企业的职工,是指与企业签订劳动合同的所有人员,含全职、兼职和临时工,也包括虽未与企业签订劳动合同但由企业正式任命的人员。未与企业签订劳动合同或未由其正式任命,但向企业所提供服务与职工所提供服务类似的人员,也属于职工的范畴,包括通过企业与劳务中介公司签订用工合同而向企业提供服务的人员。

短期薪酬,是指企业在职工提供相关服务的年度报告期间结束后 12 个月内需要全部予以支付的职工薪酬,因解除与职工的劳动关系给予的补偿除外。短期薪酬包括:职工工资、奖金、津贴和补贴、职工福利费、医疗保险费、工伤保险和生育保险费等社会保险费,住房公积金、工会经费和职工教育经费、短期带薪缺勤、短期利润分享计划、非货币性福利以及其他短期薪酬。

离职后福利,是指企业为获得职工提供的服务而在职工退休或与企业解除劳动关系后,提供的各种形式的报酬和福利,短期薪酬和辞退福利除外。

辞退福利,是指企业在职工劳动合同到期之前解除与职工的劳动关系,或者为鼓励职工自愿接受裁减而给予职工的补偿。

其他长期职工福利,是指除短期薪酬、离职后福利、辞退福利之外所有的职工薪酬,包括长期带薪缺勤、长期残疾福利和长期利润分享计划等。

对于短期职工薪酬,企业应当在职工为其提供服务的会计期间,按实际发生额确认为负债,并计入当期损益或相关资产成本。企业应当根据职工提供服务的受益对象,分别按下列情况处理。

1. 应付职工薪酬计提分配的账务处理

对于短期职工薪酬,企业应当在职工为其提供服务的会计期间,按实际发生额确认为负债,并计入当期损益或相关资产成本。企业应当根据职工提供服务的受益对象,分别按下列情况处理:

①应由生产产品、提供劳务负担的短期职工薪酬,计入产品成本或劳务成本。其中,生产工人的短期职工薪酬应借记“生产成本”科目,贷记“应付职工薪酬”科目;生产车间管理人员的短期职工薪酬属于间接费用,应借记“制造费用”科目,贷记“应付职工薪酬”科目。

当企业采用计件工资制时,生产工人的当期职工薪酬属于直接费用,应直接计入有关产品的成本。当企业采用计时工资制时,对于只生产一种产品的生产工人的短期职工薪酬也属于直接费用,应直接计入产品成本;对于同时生产多种产品的生产工人的短期职工薪酬,则需采用一定的分配标准(实际生产工时或定额生产工时等)分配计入产品成本。

②应由在建工程、无形资产负担的当期职工薪酬,计入建造固定资产或无形资产成本。

③除上述两种情况之外的其他当期职工薪酬应计入当期损益。如企业行政管理部门人员和专设销售机构销售人员的当期职工薪酬均属于期间费用,应分别借记“管理费用”“销售费用”等科目,贷记“应付职工薪酬”科目。

【5-44】 江南公司2020年11月份根据考勤记录和有关资料计算分配职工工资,并编制“职工工资结算汇总表”(表5-5)。

表5-5 职工工资结算汇总表

2020年11月30日　　单位:元

项目	工资合计
生产A产品工人	640 000
生产B产品工人	660 000
小计	1 300 000
车间管理人员	37 000
行政管理人员	35 000
合计	1 372 000

该项经济业务的发生,一方面使公司应付给职工的工资增加,记入“应付职工薪酬”账户贷方;另一方面发生的工资费用,记入相应成本费用账户,其中A产品、B产品职工工资直接记入“生产成本”账户借方、车间管理人员工资记入“制造费用”账户借方、行政管理人员工资记入“管理费用”账户借方。

根据上述“职工工资结算汇总表”编制会计分录如下:

借:生产成本——A产品　640 000
　　　　　——B产品　660 000
　制造费用　37 000
　管理费用　35 000
　贷:应付职工薪酬——职工工资　1 372 000

2. 职工薪酬发放的账务处理

(1)货币性福利　向职工支付工资、奖金、津贴和福利费等时,从应付职工薪酬中扣还的各种款项(垫付的家属医疗费、个人所得税)等,借记“应付职工薪酬——职工工资”科目,贷记“银行存款”“库存现金”“其他应收款”和“应交税费——应交个人所得税”等科目;支付工会经费和职工教育经费用于工会活动和职工培训,借记“应付职工薪酬——工会经费(或职工教育经费)”科目,贷记“银行存款”等科目;按照国家有关规定交纳社会保险费和住房公积金,借记“应付职工薪酬——社会保险费(或住房公积金)”科目,贷记“银行存款”科目;向职工支付工资、津贴等时,从应付职工薪酬中扣除代垫医疗费,应借记“应付职工薪酬”科目,贷记“其他应收款”科目。

【例 5－45】　江南公司通过银行将工资发放给职工。

该项经济业务的发生，一方面使公司银行存款减少，应记入“银行存款”账户贷方；另一方面使公司应付工资减少，应记入“应付职工薪酬”账户借方。会计分录如下：

借：应付职工薪酬——职工工资　　1 372 000

　贷：银行存款　　1372 000

【例 5－46】　江南公司按规定的比例分配社会保险 192 080 元，其中 A 产品工人社会保险 89 600 元，B 产品工人社会保险 92 400 元，车间管理人员社会保险 5 180 元，行政管理人员社会保险 4 900 元，合计 192 080 元。

企业分配社会保险，应根据职工提供服务的受益对象，分别计入产品生产成本或当期损益，其中从事产品生产的直接生产工人社会保险借记“生产成本”账户，车间管理人员社会保险借记“制造费用”账户，行政管理人员社会保险借记“管理费用”账户；作为应付职工薪酬的组成部分，应贷记“应付职工薪酬”账户。会计分录如下：

借：生产成本——A 产品　　89 600

　　　　　——B 产品　　92 400

　　制造费用　　5 180

　　管理费用　　4 900

　贷：应付职工薪酬——社会保险　　192 080

（2）非货币性福利　企业将拥有的固定资产无偿提供给职工使用，应当根据受益对象，将该资产每期应计提的折旧记入相关资产成本或当期损益，同时确认应付职工薪酬，借记“管理费用”“生产成本”和“制造费用”等科目，贷记“应付职工薪酬——非货币性福利”科目，同时借记“应付职工薪酬——非货币性福利”科目，贷记“累计折旧”科目；如果该固定资产不是企业拥有的，而是租入的，则根据支付租金的金额借记“应付职工薪酬——非货币性福利”科目，贷记“其他应付款”科目。

【例 5－47】　江南公司为总经理配备了一辆私人轿车，每月轿车计提折旧费 3 000 元。

该项经济业务的发生，一方面使得管理费用增加，同时企业应付职工的工资也增加，应记入“管理费用”账户的借方和“应付职工薪酬”账户的贷方。对每月轿车计提的 3 000 元的折旧费用，还应借记“应付职工薪酬”账户，贷记“累计折旧”账户。会计分录如下：

借：管理费用　　3 000

　贷：应付职工薪酬——非货币性福利　　3 000

借：应付职工薪酬——非货币性福利　　3 000

　贷：累计折旧　　3 000

企业以其自产的产品作为非货币性福利发放给职工，应当根据受益对象，按照产品的公允价值，计入相关资产成本或当期损益。同时确认应付职工薪酬，借记“生产成本”“制造费用”“管理费用”和“销售费用”等科目，贷记“应付职工薪酬——非货币性福利”科目。

发放给职工时，借记“应付职工薪酬——非货币性福利”账户，贷记“主营业务收入”“应交税费——应交增值税（销项税额）”账户；同时还应结转产品成本，借记“主营业务成本”账户，贷记“库存商品”账户。

【例 5－48】　江南公司为增值税的一般纳税人，适用的增值税税率为 13%，该公司以自产产品作为福利发放给行政管理人员，该产品成本为 50 000 元，售价为 70 000 元。

该项经济业务发生时，一方面要进行工资薪酬的分配，将非货币性福利记入“管理费用”的借方,并记入“应付职工薪酬——非货币性福利”的贷方;另一方面发放非货币性福利使得应付职工薪酬减少,应记入“应付职工薪酬”账户借方,使得主营业务收入和应交税费增加,应记入“主营业务收入”和“应交税费”账户的贷方。同时还要结转自产商品的成本,借记“主营业务成本”,贷记“库存商品”。会计分录如下:

借:管理费用	79 100	
贷:应付职工薪酬——非货币性福利		79 100
借:应付职工薪酬——非货币性福利	79 100	
贷:主营业务收入		70 000
应交税费——应交增值税(销项税额)		9 100
借:主营业务成本	50 000	
贷:库存商品		50 000

(三)制造费用的归集与分配

企业发生的各项制造费用,是按其用途和发生地点,通过“制造费用”科目进行归集和分配的。基本生产车间只生产一种产品的情况下,制造费用可以直接计入该种产品成本。生产两种以上产品,共同领用一批原材料,或者一批工人同时生产两种以上的产品的,共同耗用的费用必须通过分配才能计入各种产品的成本,即将分配结果间接记入各产品的“生产成本”明细账。企业发生的制造费用,应当按照合理的分配标准按月分配计入各成本核算对象的生产成本。企业可以采取的分配标准包括人工工时(生产工时)、生产工人工资、机器工时等。在选用分配标准时,要注意其科学性、合理性和可操作性。

企业发生制造费用时,借记“制造费用”科目,贷记“累计折旧”“银行存款”和“应付职工薪酬”等科目。企业发生的制造费用,应当按照合理的分配标准按月分配计入各成本对象的生产成本。结转或分摊时,借记“生产成本”等科目,贷记“制造费用”科目。

①生产工时比例分配法是按各种产品所耗生产工人工时的比例分配制造费用的一种方法。对于这种分配方法,查账人员应检查企业是否有真实正确的工时记录。其公式为

制造费用分配率 = 该车间发生的全部制造费用/该车间生产工人实际工时总和

某产品应负担的制造费用 = 该产品的生产工人实际工时数 × 制造费用分配率

【例5-49】 2020年6月1日,江南公司计划生产完成A产品和B产品各100件。产品计划如期完成任务,所有产品已于6月30日入库。为完成该计划发生下列费用:①领用甲材料3 000千克,其中A产品耗用2 000千克,B产品耗用1 000千克,该材料单价100元;②生产A产品发生的直接生产人员工时为3 000小时,B产品为2 000小时,每小时工资为20元;③生产车间发生管理人员工资、折旧费、水电费等52 180元。假设江南公司采用生产工时比例法对制造费用进行分配,账务处理如下:

制造费用分配率 = 52 180/(3 000 + 2 000) = 10.436

A产品应分配的制造费用 = 3 000 × 10.436(元) = 31 308(元)

B产品应分配的制造费用 = 2 000 × 10.436 = 20 872 (元)

A产品的生产成本 = 2 000 × 100 + 3 000 × 20 + 31 308 = 291 308(元)

B产品的生产成本 = 1 000 × 100 + 2 000 × 20 + 20 872 = 160 872(元)

该项经济业务的发生,一方面使得生产成本增加,应记入“生产成本”账户的借方,另一方面使得原材料减少,企业应付职工的工资增加,记入“原材料”账户贷方和“应付职工薪酬”账户的贷方,同时由于分配制造费用,使得制造费用减少,记入“制造费用”账户贷方。

会计分录如下：

借:生产成本——A 产品　　291 308
　　　　　——B 产品　　160 872
　贷:原材料　　300 000
　　应付职工薪酬　　100 000
　　制造费用　　52 180

②生产工人工资比例分配法是按照计入各种产品成本的生产工人工资比例分配制造费用的一种方法。采用这一方法的前提是各种产品生产机械化的程度应该大致相同,否则机械化程度低的产品所用工资费用多,负担的制造费用也要多,而机械化程度高的产品则负担的制造费用较少,从而影响费用分配的合理性。其公式为

制造费用分配率 = 该车间制造费用总额/该车间生产工人工资总额

某产品应负担的制造费用 = 该种产品生产工人工资 × 制造费用分配率

【例 5 -50】　以**【例 5 -49】**资料为依据,假设江南公司采用生产工人工资比例法对制造费用进行分配,A 产品生产工人工资为 20 元,B 产品生产工人工资为 10 元。则其账务处理如下：

A 产品生产工人工资 = 3 000 × 20 = 60 000(元)

B 产品生产工人工资 = 2 000 × 10 = 20 000(元)

制造费用分配率 = 52 180/(60 000 + 20 000) = 0.652 25

A 产品应分配的制造费用 = 0.652 25 × 60 000 = 39 135(元)

B 产品应分配的制造费用 = 0.652 25 × 20 000 = 13 045(元)

A 产品的生产成本 = 2 000 × 100 + 60 000 + 39 135 = 299 135(元)

B 产品的生产成本 = 1 000 × 100 + 20 000 + 13 045 = 133 045(元)

该项经济业务的发生,一方面使得生产成本增加,应记入“生产成本”账户的借方,另一方面使得原材料减少,公司应付职工的工资增加,记入“原材料”账户贷方和“应付职工薪酬”账户的贷方,同时由于分配制造费用,使得制造费用减少,记入“制造费用”账户贷方。

借:生产成本——A 产品　　299 135
　　　　　——B 产品　　133 045
　贷:原材料　　300 000
　　应付职工薪酬　　80 000
　　制造费用　　52 180

③机器工时比例适用于生产机械化程度较高的产品,因为这类产品的机器设备使用、维修费用多少与机器运转的时间有密切联系。采用这一方法的前提条件是：具备各种产品所耗机器工时的完整的原始记录。其公式为

制造费用分配率 = 该车间制造费用总额/该车间机器工时总额

某产品应负担的制造费用 = 该种产品机器工时数 × 制造费用分配率

【例 5 -51】　以**【例 5 -49】**资料为依据,假设江南公司采用机器工时比例法对制造费用进行分配,A 产品生产机器工时为 2 500 小时,B 产品生产机器工时为 1 500 小时。则账务处理如下：

制造费用分配率 = 52 180/(2 500 + 1 500) = 13.045

A 产品应分配的制造费用 = 13.045 × 2 500 = 32 612.5(元)

B产品应分配的制造费用 = 13.045 × 1 500 = 19 567.5(元)

A产品的生产成本 = 2 000 × 100 + 60 000 + 31 612.5 = 292 612.5(元)

B产品的生产成本 = 1 000 × 100 + 20 000 + 19 567.5 = 139 567.5(元)

该项经济业务的发生,一方面使得生产成本增加,应记入“生产成本”账户的借方,另一方面使得原材料减少,公司所欠职工的工资增加,记入“原材料”账户贷方和“应付职工薪酬”账户的贷方,同时由于分配制造费用,使得制造费用减少,记入“制造费用”账户贷方。会计分录如下:

借:生产成本——A产品	292 612.5	
——B产品	139 567.5	
贷:原材料		300 000
应付职工薪酬		8 000
制造费用		52 180

(四)完工产品生产成本的计算与结转

产品生产成本计算是指将企业生产过程中为制造产品所发生的各种费用按照成本计算对象进行归集和分配,以便计算各种产品的总成本和单位成本。有关产品成本信息是进行库存商品计价和确定销售成本的依据,产品生产成本计算是会计核算的一项重要内容。

企业应设置产品生产成本明细账,用来归集应计入各种产品的生产费用。通过对材料费用、职工薪酬和制造费用的归集和分配,企业各月生产产品所发生的生产费用已记入“生产成本”科目中。

如果月末某种产品全部完工,该种产品生产成本明细账所归集的费用总额,就是该种完工产品的总成本,用完工产品总成本除以该种产品的完工总产量即可计算出该种产品的单位成本。如果月末某种产品全部未完工,该种产品生产成本明细账所归集的费用总额就是该种产品在产品的总成本。

如果月末某种产品一部分完工,一部分未完工,这时归集在产品成本明细账中的费用总额还要采取适当的分配方法在完工产品和在产品之间进行分配,然后才能计算出完工产品的总成本和单位成本。完工产品成本的基本计算公式为

完工产品生产成本 = 期初在产品成本 + 本期发生的生产费用 - 期末在产品成本

当产品生产完成并验收入库时,借记“库存商品”科目,贷记“生产成本”科目。

【例5-52】 承**【例5-43】【例5-44】【例5-46】【例5-49】**该公司月末恰无在产品,生产的A产品和B产品全部完工,其中A产品成本1 046 908元,B产品成本953 272元。A,B产品已验收入库,结转成本。

该项经济业务的发生,使得库存商品增加,生产成本减少,应记在“库存商品”的借方和“生产成本”的贷方。会计分录如下:

借:库存商品——A产品	1 046 908	
——B产品	953 272	
贷:生产成本——A产品		1 046 908
——B产品		953 272

四、生产过程业务核算账户关系

生产过程业务核算账户关系如图5-30所示。

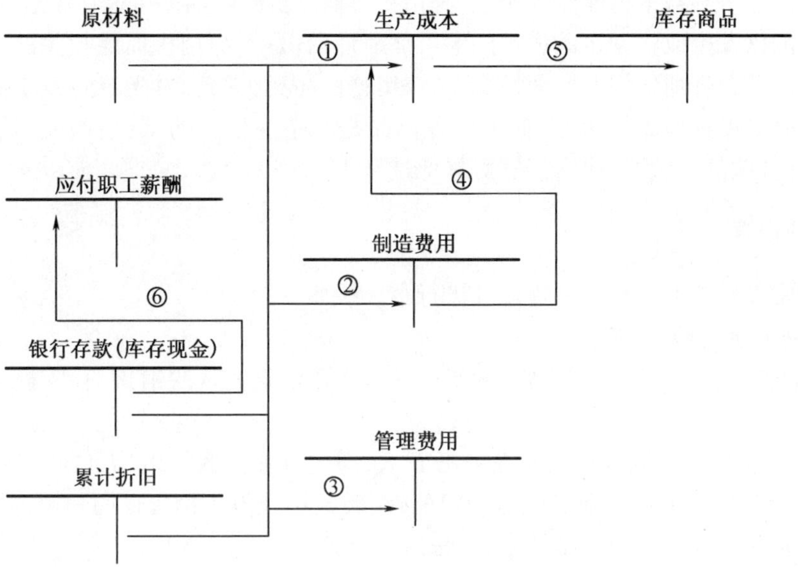

图 5-30　生产过程业务核算账户关系示意图

第六节　销售业务的账务处理

销售业务的账务处理涉及商品销售、其他销售等业务收入、成本、费用和相关税费的确认与计量等内容。

一、商品销售收入的确认

销售收入同时满足下列条件的,才能予以确认:

①企业已将商品所有权上的主要风险和报酬转移给购货方,是指与商品所有权有关的主要风险和报酬同时转移给了购货方。主要风险,是指商品由于贬值、损坏、报废等造成的损失;报酬,是指商品中包含的未来经济利益,包括商品因增值或通过使用商品等形成的经济利益。

例如,甲公司销售一批 A 商品给乙公司,销售 A 商品之后,甲公司既不承担 A 商品带来的损失,也不享有 A 商品带来经济利益,说明 A 商品所有权上的主要风险和报酬转移给了购货方乙公司。

②企业既没有保留与商品所有权相关的继续管理权,也没有对已售出商品实施控制。

如果商品售出后,企业仍保留与商品所有权相关的继续管理权或对商品仍可以实施有效控制,则说明此项销售交易尚未完成,不应确认销售收入。

例如,甲公司销售一批商品给乙公司后,甲公司又将该商品租回,这叫作售后租回。售后租回是一种融资行为。虽然甲公司将该商品销售给了乙公司,但是甲公司仍然能够对该商品实施有效控制,因此不满足收入的确认条件,甲公司不能将该销售行为确认为收入。

③收入的金额能够可靠地计量,是指收入的金额能够合理地估计。收入的金额不能够合理地估计就无法确认收入。

④相关的经济利益很可能流入企业,是指销售商品价款收回的可能性超过50%。

⑤相关的已发生或将发生的成本能够可靠地计量,是指与销售商品相关的已发生或将发生的成本能够合理地估计。一般情况下,与销售商品相关的已发生或将发生的成本能够合理地估计。如库存商品的成本,如果库存商品是本企业生产的,其生产成本能够可靠地计量,如果是外购的,其购买成本能够可靠地计量。

二、账户设置

企业通常设置以下账户对销售业务进行会计核算。

(一)“主营业务收入”账户

“主营业务收入”账户属于损益类账户,用以核算企业确认的销售商品、提供劳务等主营业务的收入。

该账户贷方登记企业实现的主营业务收入,即主营业务收入的增加额;借方登记期末转入“本年利润”账户的主营业务收入(按净额结转),以及发生销售退回和销售折让时应冲减本期的主营业务收入。期末结转后,该账户无余额。

该账户应按照主营业务的种类设置明细账户,进行明细分类核算。其结构如图5-31所示。

主营业务收入

借方	贷方
因销售退回而冲减的销售收入或销售折让 期末转入“本年利润”账户的金额	企业销售商品或提供劳务时实现的收入

图5-31　主营业务收入T型账户结构

(二)“其他业务收入”账户

“其他业务收入”账户属于损益类账户,用以核算企业确认的除主营业务活动以外的其他经营活动实现的收入,包括出租固定资产、出租无形资产、出租包装物和商品及销售材料等。

该账户贷方登记企业实现的其他业务收入,即其他业务收入的增加额;借方登记期末转入“本年利润”账户的其他业务收入。期末结转后,该账户无余额。该账户可按其他业务种类设置明细账户,进行明细分类核算。其结构如图5-32所示。

其他业务收入

借方	贷方
期末转入“本年利润”账户的金额	取得的其他业务收入

图5-32　其他业务收入T型账户结构

（三）"应收账款"账户

"应收账款"账户属于资产类账户，用以核算企业因销售商品、提供劳务等经营活动应收取的款项。

该账户借方登记由于销售商品以及提供劳务等发生的应收账款，包括应收取的价款、税款和代垫款等；贷方登记已经收回的应收账款。期末余额通常在借方，反映企业尚未收回的应收账款；期末余额如果在贷方，反映企业预收的账款。该账户应按不同的债务人进行明细分类核算。其结构如图 5－33 所示。

应收账款

借方	贷方
由于销售商品或提供劳务而发生的应收款项	企业已经收回的应收款项
期末余额　企业尚未收回的应收账款	期末余额　预收的款项

图 5－33　应收账款 T 型账户结构

（四）"应收票据"账户

"应收票据"账户属于资产类账户，用以核算企业因销售商品、提供劳务等而收到的商业汇票。

该账户借方登记企业收到的应收票据，贷方登记票据到期收回的应收票据；期末余额在借方，反映企业持有的商业汇票的票面金额。该账户可按开出、承兑商业汇票的单位进行明细核算。其结构如图 5－34 所示。

应收票据

借方	贷方
期初余额 企业收到的应收票据	票据到期收回的应收票据
期末余额　持有的商业汇票的票面金额	

图 5－34　应收票据 T 型账户结构

（五）"预收账款"账户

"预收账款"账户属于负债类账户，用以核算企业按照合同规定预收的款项。预收账款情况不多的，也可以不设置本账户，将预收的款项直接记入"应收账款"账户。

该账户贷方登记企业向购货单位预收的款项等，借方登记销售实现时按实现的收入转销的预收款项等。期末余额在贷方，反映企业预收的款项；期末余额在借方，反映企业已转销但尚未收取的款项。该账户可按购货单位进行明细核算。其结构如图 5－35 所示。

（六）"坏账准备"账户

"坏账准备"账户属资产类账户，属于备抵账户，核算应收账款的坏账准备计提、转销等情况。

该账户贷方登记当期计提的坏账准备金额，借方登记实际发生的坏账损失金额和冲减的坏账准备金额,期末余额一般在贷方,反映企业已计提但尚未转销的坏账准备。其账户结构如图5-36所示。

预收账款

借方	贷方
销售实现时按实现的收入转销的预收账款	向购货单位预收的款项
期末余额　已转销但尚未收取的款项	期末余额　预收的款项

图5-35　预收账款T型账户结构

坏账准备

借方	贷方
实际发生的坏账损失 无法收回而转销的坏账准备	当期计提的坏账准备 已确认并转销的应收款项以后又收回的金额
	期末余额　已计提但尚未转销的坏账准备

图5-36　坏账准备T型账户结构

(七)"主营业务成本"账户

"主营业务成本"账户属于损益类账户,用以核算企业确认销售商品、提供劳务等主营业务收入时应结转的成本。

该账户借方登记主营业务发生的实际成本,贷方登记期末转入"本年利润"账户的主营业务成本。期末结转后,该账户无余额。该账户可按主营业务的种类设置明细账户,进行明细分类核算。其结构如图5-37所示。

主营业务成本

借方	贷方
本期因销售商品、提供劳务等日常活动而发生的实际成本	期末转入"本年利润"账户的已销售商品的生产成本

图5-37　主营业务成本T型账户结构

(八)"其他业务成本"账户

"其他业务成本"账户属于损益类账户,用以核算企业确认的除主营业务活动以外的其他经营活动所发生的支出,包括销售材料的成本、出租固定资产的折旧额、出租无形资产的摊销额、出租包装物的成本或摊销额等。

该账户借方登记其他业务的支出额,贷方登记期末转入"本年利润"账户的其他业务支出额。期末结转后,该账户无余额。该账户可按其他业务的种类设置明细账户,进行明细分类核算。其结构如图5－38所示。

其他业务成本

借方	贷方
除主营业务成本以外的其他销售或业务所发生的成本	期末转入“本年利润”账户的金额

图5－38　其他业务成本T型账户结构

(九)“税金及附加”账户

“税金及附加”账户属于损益类账户,用以核算企业经营活动发生的消费税、城市维护建设税、资源税和教育费附加等相关税费。需注意的是,房产税、车船使用税、土地使用税和印花税通过“管理费用”账户核算,但与投资性房地产相关的房产税、土地使用税通过该账户核算。

该账户借方登记企业应按规定计算确定的与经营活动相关的税费,贷方登记期末转入“本年利润”账户的与经营活动相关的税费。期末结转后,该账户无余额。其结构如图5－39所示。

税金及附加

借方	贷方
企业应负担的各项税金及附加	期末转入“本年利润”账户的各项税金及附加

图5－39　税金及附加T型账户结构

三、账务处理

(一)应收账款发生和收回的账务处理

1. 应收账款发生和收回的账务处理

① 应收账款通常按应收的合同或协议价款作为初始确认金额。

【例5－53】　甲公司向乙公司销售一批商品,开具的增值税专用发票上注明的售价为700 000元,增值税税额为91 000元。甲公司已将商品送抵乙公司,货款尚未收到。

该项经济业务的发生,一方面使公司的应收账款增加了,应按其销售产品的价款记入“应收账款”账户的借方;另一方面公司通过销售产品取得的收入属于主营业务收入,应按增值税专用发票上的销售价格记入“主营业务收入”账户的贷方,应向购货方收取的增值税销项税额记入“应交税费——应交增值税(销项税额)”账户的贷方。会计分录如下:

借:应收账款——乙公司　　791 000

　贷:主营业务收入　　700 000

　　应交税费——应交增值税(销项税额)　　91 000

【例5-54】 甲公司采用托收承付结算方式向乙公司销售一批商品,货款300 000元,增值税额39 000元,以银行存款代垫运杂费6 000元,已办理托收手续。

该项经济业务的发生,一方面使公司的应收账款增加了,应按其销售产品的价款记入"应收账款"账户的借方;另一方面公司通过销售产品取得的收入属于主营业务收入,应按增值税专用发票上的销售价格记入"主营业务收入"账户的贷方,应向购货方收取的增值税销项税额记入"应交税费——应交增值税(销项税额)"账户的贷方。同时垫付的运输费用银行存款支付,记入"银行存款"账户的贷方,"应收账款"账户的借方。会计分录如下:

借:应收账款　　339 000
　贷:主营业务收入　　300 000
　　应交税费——应交增值税(销项税额)　　39 000
借:应收账款　　6 000
　贷:银行存款　　6 000

②应收账款的收回。

【例5-55】 承**【例5-54】**甲公司接到银行的收款通知,上述应收乙公司的款项已经入账。

该项经济业务的发生,一方面使得银行存款增加,记入"银行存款"账户的借方;另一方面使得应收账款减少,记入"应收账款"账户的贷方。会计分录如下:

借:银行存款　　345 000
　贷:应收账款——乙公司　　345 000

2.应收款项减值的账务处理

(1)应收款项减值　在资产负债表日对应收款项的账面价值进行检查,有客观证据表明该应收款项发生减值的,应当将该应收款项的账面价值减记至预计未来现金流量现值,减记的金额确认为减值损失,计提坏账准备。

(2)计提坏账准备的账务处理　坏账是指无法收回或收回可能性极小的应收款项。企业在资产负债表日应当对应收款项进行减值测试,对可能收不回的应收账款(其他应收款)计提坏账准备,当期计提坏账的方法由企业自行确定,可以按应收账款余额百分比法、账龄分析法和赊销百分比法等。

应收账款余额百分比法:

初次计提=当期应收款项期末余额×坏账准备计提比例

再次计提=当期按应收款项计算应计提的坏账准备金额-
"坏账准备"科目的贷方余额(+借方余额)

计算出来当期应提取的坏账准备若为正数,表示应当补提的坏账准备金额;若为负数,则表示应当冲减的坏账准备金额。

计提坏账准备时,应借记"信用减值损失"科目,贷记"坏账准备"科目。冲减多计提的坏账准备时,应借记"坏账准备"科目,贷记"信用减值损失"科目。

【例5-56】 2020年12月31日,江南公司对应收甲公司的账款进行减值测试。应收账款余额合计为200 000元,并根据甲公司的资信情况确定按10%计提坏账准备。会计分录可分下列四种情况。

①假定年末计提坏账准备时,"坏账准备"科目无余额。

该项经济业务的发生,一方面使企业信用减值损失增加,记入"信用减值损失"账户的借方；另一方面使得坏账准备增加，记入“坏账准备”账户的贷方。会计分录如下：

借：信用减值损失　　20 000

　贷：坏账准备　　20 000

②假定年末计提坏账准备时，“坏账准备”科目为贷方余额 6 000 元。

该项经济业务的发生，一方面使企业信用减值损失增加，记入“信用减值损失”的借方；另一方面使得坏账准备增加，记入“坏账准备”账户的贷方，由于坏账准备已有 6 000 元的贷方余额，所以按应收账款计提的 20 000 元，只计入 14 000 元。会计分录如下：

借：信用减值损失　　14 000

　贷：坏账准备　　14 000

③假定计提坏账准备时，“坏账准备”科目为贷方余额 25 000 元。

由于计提坏账准备时，“坏账准备”科目贷方余额已有 25 000 元，按计提金额 20 000 元算，要冲减掉 5 000 元。则会计分录如下：

借：坏账准备　　5 000

　贷：信用减值损失　　5 000

④假定计提坏账准备时，“坏账准备”科目为借方余额 6 000 元。

由于借方已有余额 6 000 元，则计提坏账准备时，会计分录如下：

借：信用减值损失　　26 000

　贷：坏账准备　　26 000

(3)实际发生坏账时的账务处理　企业实际发生坏账时，借记“坏账准备”科目，贷记“应收账款”“其他应收款”等科目。

【例 5－57】　江南公司 2020 年实际发生坏账 15 000 元。

该项经济业务的发生，一方面使坏账准备减少 15 000 元；另一方面使应收账款也减少了 15 000 元，记入“坏账准备”账户的借方和“应收账款”账户的贷方。会计分录如下：

借：坏账准备　　15 000

　贷：应收账款　　15 000

(4)已确认转销的应收款项以后又收回的，应当按照实际收到的金额增加坏账准备的账面余额。已确认并转销的应收款项以后又收回时，借记“应收账款”“其他应收款”等科目，贷记“坏账准备”科目；同时，借记“银行存款”科目，贷记“应收账款”“其他应收款”等科目。

【例 5－58】　收到已转销的坏账 15 000 元，已存入银行。

已冲销的应收账款又收回，应借记“应收账款”，贷记“坏账准备”。会计分录如下：

借：应收账款　　15 000

　贷：坏账准备　　15 000

同时，借记“银行存款”账户，贷记“应收账款”账户。会计分录如下：

借：银行存款　　15 000

　贷：应收账款　　15 000

(二)主营业务收入的账务处理

企业销售商品或提供劳务实现的收入，应按实际收到、应收或者预收的金额，借记“银行存款”“应收账款”“应收票据”和“预收账款”等科目，按确认的营业收入，贷记“主营业务收入”科目。

对于增值税销项税额,一般纳税人应贷记“应交税费——应交增值税(销项税额)”科目;小规模纳税人应贷记“应交税费——应交增值税”科目。

【例 5-59】 江南公司销售甲产品 1 000 件,每件售价 900 元,发票上注明该批产品的销售价款为 900 000 元,增值税额为 117 000 元,产品已经发出,货款也已收到。

该项经济业务的发生,一方面使企业的银行存款增加了,应按销售产品的价税合计记入“银行存款”账户的借方;另一方面企业通过销售取得收入属于主营业务收入,应按增值税专用发票上的销售价格记入“主营业务收入”账户的贷方,应向购货方收取的增值税销项税额,记入“应交税费——应交增值税(销项税额)”账户的贷方。会计分录如下:

借:银行存款　　1 017 000
　贷:主营业务收入　　900 000
　　应交税费——应交增值税(销项税额)　　117 000

【例 5-60】 江南公司销售给华天公司甲产品 100 件,开具的专用发票上注明售价为 50 000 元,增值税额为 6 500 元,垫付运杂费 3 000 元,已办妥托收手续。

该项经济业务的发生,一方面使企业的应收账款增加了,应按其托收金额即销售产品的价税合计和运费额记入“应收账款”账户的借方;另一方面企业通过销售取得收入属于主营业务收入,应按增值税专用发票上的销售价格记入“主营业务收入”账户的贷方,应向购货方收取的增值税销项税额记入“应交税费——应交增值税(销项税额)”账户的贷方。会计分录如下:

借:应收账款——华天公司　　59 500
　贷:主营业务收入　　50 000
　　应交税费——应交增值税(销项税额)　　6 500
　　银行存款　　3 000

【例 5-61】 江南公司收到华天公司转来的货款 59 500 元,已存入银行。

该项经济业务的发生,一方面使公司的银行存款增加,应记入“银行存款”借方;另一方面使应收账款减少,记入“应收账款”的贷方。会计分录如下:

借:银行存款　　59 500
　贷:应收账款——华天公司　　59 500

【例 5-62】 江南公司预收甲公司转来的货款 60 000 元,该款项已存入银行。

预收款销售方式下,销售方收到最后一笔款项才将商品交付购货方,表明商品所有权上的主要风险和报酬只在收到最后一笔款项时才转给购货方,销售方通常在发出商品时确认收入,在此之前预收的货款应确认为负债。

该项经济业务的发生,一方面使银行存款增加,记入“银行存款”账户的借方;另一方面使得预收账款增加,记入“预收账款”账户的贷方。会计分录如下:

借:银行存款　　60 000
　贷:预收账款——甲公司　　60 000

【例 5-63】 江南公司销售给甲公司 A 产品 300 件,开具增值税专用发票上注明售价为 150 000 元,增值税额为 19 500 元。公司随后收到甲公司补付的货款,并存入银行。

该项经济业务的发生,由于已发出产品给甲公司,原来预收账款所形成的债务已经解除,应记入“预收账款”账户的借方;按增值税专用发票上的价款记入“主营业务收入”账户的贷方;增值税销项税额记入“应交税费——应交增值税(销项税额)”账户的贷方。会计分录如下：

借：预收账款　169 500
　贷：主营业务收入　150 000
　　应交税费——应交增值税（销项税额）　19 500

公司收到补款时，一方面使银行存款增加，记入“银行存款”账户的借方；另一方面使得预收账款增加，记入“预收账款”账户的贷方。会计分录如下：

借：银行存款　109 500
　贷：预收账款——甲公司　109 500

【例 5－64】　江南公司销售给华为公司甲产品 50 件，开具的增值税专用发票上注明售价 25 000 元，增值税额为 3 250 元，收到华为公司开具的银行承兑汇票一张。

该项经济业务的发生，一方面使企业收到了一张银行承兑汇票，应按其票面金额即销售产品的价税合计记入“应收票据”账户的借方；另一方面企业通过销售产品取得的收入属于主营业务收入，应按增值税专用发票上销售价格记入“主营业务收入”账户的贷方，应向购货方收取的增值税销项税额，记入“应交税费——应交增值税（销项税额）”账户的贷方。会计分录如下：

借：应收票据　28 250
　贷：主营业务收入　25 000
　　应交税费——应交增值税（销项税额）　3 250

（三）主营业务成本的账务处理

期（月）末，企业应根据本期（月）销售各种商品、提供各种劳务等实际成本，计算应结转的主营业务成本，借记“主营业务成本”科目，贷记“库存商品”“劳务成本”等科目。

采用计划成本或售价核算库存商品的，平时的营业成本按计划成本或售价结转，月末，还应结转本月销售商品应分摊的产品成本差异或商品进销差价。

【例 5－65】　假定江南公司销售产品的成本为 16 000 元。

该项经济业务的发生，一方面使主营业务成本增加，应记入“主营业务成本”借方；另一方面使库存商品成本减少，应记入“库存商品”账户贷方。会计分录如下：

借：主营业务成本　16 000
　贷：库存商品　16 000

（四）其他业务收入与成本的账务处理

主营业务和其他业务的划分并不是绝对的，一个企业的主营业务可能是另一个企业的其他业务，即便在同一个企业，不同期间的主营业务和其他业务的内容也不是固定不变的。

当企业发生其他业务收入时，借记“银行存款”“应收账款”和“应收票据”等科目，按确定的收入金额，贷记“其他业务收入”科目，同时确认有关税金；在结转其他业务收入的同一会计期间，企业应根据本期应结转的其他业务成本金额，借记“其他业务成本”科目，贷记“原材料”“累计折旧”和“应付职工薪酬”等科目。

【例 5－66】　江南公司 2020 年 11 月将一批不需用的原材料出售。该批出售原材料的成本为 16 000 元，售价 20 000 元，增值税额 2 600 元，收到货款存入银行。

该项经济业务的发生，一方面使公司的银行存款增加了，应按增值税专用发票上金额即销售材料的价款记入“银行存款”账户的借方；另一方面公司通过销售材料取得的收入属于其他业务收入，应按增值税专用发票上的销售价格记入“其他业务收入”账户的贷方，应向购货方收取的增值税销项税额,记入“应交税费——应交增值税(销项税额)”账户的贷方;同时结转材料销售成本,记入“其他业务成本”账户的借方和“原材料”账户的贷方。会计分录如下:

借:银行存款　　22 600
　贷:其他业务收入　　20 000
　　应交税费——应交增值税(销项税额)　　2 600
借:其他业务成本　　16 000
　贷:原材料　　16 000

【例5-67】 江南公司将不需用的一间厂房出租给甲公司,2020年11月收到当月租金40 000元,款项已存入银行。该厂房当月应提折旧额为20 000元。

该项经济业务的发生,一方面使得银行存款增加,记入“银行存款”账户的借方;另一方面使得其他业务收入增加,记入“其他业务收入”账户的贷方,同时计提出租厂房的折旧,记入“其他业务成本”账户的借方和“累计折旧”账户的贷方。会计分录如下:

借:银行存款　　40 000
　贷:其他业务收入　　40 000
借:其他业务成本　　20 000
　贷:累计折旧　　20 000

(五)税金及附加的账务处理

【例5-68】 江南公司2020年11月江南公司应交增值税300 000元,应交消费税200 000元,城市维护建设税率为7%,教育费附加率为3%。计算应交城市维护建设税、教育费附加。

注:城市维护建设税、教育费附加是以企业缴纳的增值税、消费税为依据所征收的附加税费,分别用于城市的公用事业和公共设施的维护建设及教育支出。本企业适用的城市维护建设税率及教育费附加的征收比率分别为7%和3%,其计算公式为

$$城市维护建设税=(增值税+消费税)\times 7\%$$

$$教育费附加=(增值税+消费税)\times 3\%$$

$$增值税=销项税额-进项税额$$

$$消费税=销售收入\times 消费税率$$

江南公司应交各项税费为

$$城市维护建设税=(300\ 000+200\ 000)\times 7\%=35\ 000\ (元)$$

$$教育费附加=(300\ 000+200\ 000)\times 3\%=15\ 000\ (元)$$

该项经济业务的发生,一方面使税金及附加增加,应记入“税金及附加”账户的借方;另一方面应交未交税费形成企业的负债,应记入“应交税费”账户贷方。会计分录如下:

借:税金及附加　　50 000
　贷:应交税费——应交城市维护建设税　　35 000
　　　　　　——应交教育费附加　　15 000

四、销售过程业务核算账户关系

销售过程业务核算账户关系如图5-40所示。

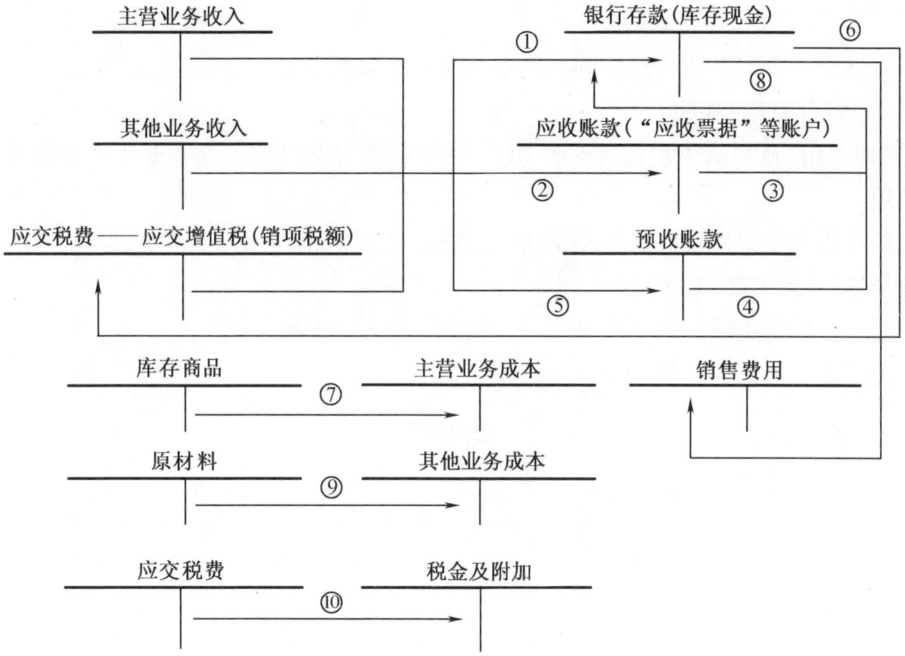

图 5－40　销售过程业务核算账户关系示意图

第七节　期间费用的账务处理

一、期间费用的构成

期间费用是指直接计入当期损益的费用，包括管理费用、销售费用和财务费用。

管理费用是企业行政管理部门为组织和管理生产经营活动而发生的各项费用，包括公司经费（包括行政管理部门职工薪酬、物料消耗、低值易耗品摊销、办公费和差旅费等）、工会经费、董事会会费、聘请中介机构费用、咨询费、差旅费、诉讼费、业务招待费、技术转让费、矿产资源补偿费、研究费用、排污费用等，以及企业生产车间（部门）和行政管理部门等发生的固定修理费用等后续支出。

销售费用是企业在销售商品、自制半成品和提供劳务等经营活动中发生的各项费用，以及专设销售机构的各项费用，包括保险费、包装费、展览费、广告费、商品维修费、预计产品质量保证损失、运输费、装卸费等，以及为销售企业商品而专设的销售机构的职工薪酬、业务费、折旧费等经营费用。

财务费用是企业为筹集生产经营资金等活动而发生的各项费用。这些费用发生时，不能直接或间接地计入营业成本，而是计入当期损益，包括企业生产经营期间发生的利息支出（减利息收入）、汇兑损益及金融机构手续费等。

二、账户设置

企业通常设置以下账户对期间费用业务进行会计核算。

(一)“管理费用”账户

“管理费用”账户属于损益类账户,用以核算企业为组织和管理企业生产经营所发生的管理费用。

该账户借方登记发生的各项管理费用,贷方登记期末转入“本年利润”账户的管理费用。期末结转后,该账户无余额。

该账户可按费用项目设置明细账户,进行明细分类核算。

管理费用T型账户结构如图5-41所示。

管理费用

借方	贷方
企业发生的各项管理费用	期末转入“本年利润”账户的金额

图5-41 管理费用T型账户结构

(二)“销售费用”账户

“销售费用”账户属于损益类账户,用以核算企业发生的各项销售费用。

该账户借方登记发生的各项销售费用,贷方登记期末转入“本年利润”账户的销售费用额。期末结转后,该账户无余额。

该账户可按费用项目设置明细账户,进行明细分类核算。

销售费用T型账户结构如图5-42所示。

销售费用

借方	贷方
销售商品过程中发生的各项销售费用	期末转入“本年利润”账户的金额

图5-42 销售费用T型账户结构

(三)“财务费用”账户

“财务费用”账户属于损益类账户,用以核算企业为筹集生产经营所需资金等而发生的筹资费用,包括利息支出(减利息收入)、汇兑损益以及相关的手续费、企业发生的现金折扣或收到的现金折扣等。为购建或生产满足资本化条件的资产发生的应予资本化的借款费用,通过“在建工程”“制造费用”等账户核算。

该账户借方登记手续费、利息费用等的增加额,贷方登记应冲减财务费用的利息收入等。期末结转后,该账户无余额。

该账户可按费用项目进行明细核算。

财务费用T型账户结构如图5-43所示。

财务费用

借方	贷方
企业发生的各项财务费用 （手续费、利息费用等）	冲减财务费用的利息收入 期末转入“本年利润”账户的金额

图 5－43　财务费用 T 型账户结构

三、账务处理

（一）管理费用的账务处理

企业在筹建期间内发生的开办费，包括人员工资、办公费、培训费、差旅费、印刷费、注册登记费以及不计入固定资产成本的借款费用等在实际发生时，借记“管理费用”科目，贷记“应付利息”“银行存款”等科目。

行政管理部门人员的职工薪酬，借记“管理费用”科目，贷记“应付职工薪酬”科目。

行政管理部门计提的固定资产折旧，借记“管理费用”科目，贷记“累计折旧”科目。

行政管理部门发生的办公费、水电费、业务招待费、聘请中介机构费、咨询费、诉讼费、技术转让费和企业研究费用，借记“管理费用”科目，贷记“银行存款”“研发支出”等科目。

【例 5－69】　江南公司 2020 年 11 月采购一批办公用品，价款为 400 元，以现金支付。

该项业务的发生，一方面使企业的库存现金减少，应记入“库存现金”账户贷方；另一方面使得管理费用增加，应记入“管理费用”的借方。会计分录如下：

借：管理费用——办公费　　400

　贷：库存现金　　400

（二）销售费用的账务处理

企业在销售商品过程中发生的包装费、保险费、展览费、广告费、运输费和装卸费等费用，借记“销售费用”科目，贷记“库存现金”“银行存款”等科目。

企业发生的为销售本企业商品而专设的销售机构的职工薪酬、业务费等费用，借记“销售费用”科目，贷记“应付职工薪酬”“银行存款”“累计折旧”等科目。

【例 5－70】　江南公司用银行存款支付广告费 20 000 元。

该项业务的发生，一方面使企业的银行存款减少，应记入“银行存款”账户贷方，另一方面使销售费用增加，应记入“销售费用”的借方。会计分录如下：

借：销售费用——广告费　　20 000

　贷：银行存款　　20 000

【例 5－71】　某公司分配销售人员的工资 10 000 元，同时，按工资总额的 2% 提取工会经费。

该项经济业务的发生，一方面使销售费用增加，记入“销售费用”账户的借方；另一方面，使企业的应付职工薪酬增加，应记入“应付职工薪酬”账户的贷方。会计分录如下：

借：销售费用　　10 200

　贷：应付职工薪酬——工会经费　　200

　　　　　　　　　——职工工资　　10 000

(三)财务费用的账务处理

企业发生的财务费用,借记"财务费用"科目,贷记"银行存款""应付利息"等科目。发生的应冲减财务费用的利息收入、汇兑损益、现金折扣,借记"银行存款""应付账款"等科目,贷记"财务费用"科目。

【例5-72】 某公司计提应由本月负担的短期借款利息费用3 200元。

短期借款利息费用应计入本期损益,但因按季结算,需要按月预先计提。该笔经济业务的发生,一方面作为期间费用要记入"财务费用"账户的借方,另一方面要增加预提费用,记入"应付利息"账户的贷方。会计分录如下:

借:财务费用——利息	3 200	
贷:应付利息		3 200

【例5-73】 某公司于2020年1月1日向银行借入一笔生产经营用短期借款,共计120 000元,期限为9个月,年利率为4%。根据与银行签署的借款协议,该项借款的本金到期后一次归还,利息分月预提,按季支付。

①1月1日借入短期借款

该项经济业务的发生,使得银行存款增加,另一方面使得短期借款增加,应记入"银行存款"账户的借方和"短期借款"账户的贷方。会计分录如下:

借:银行存款	120 000	
贷:短期借款		120 000

②1月末,计提1月份应付利息

本月应计提的利息金额 = 120 000 × 4%/12 = 400(元)

本项经济业务的发生,使得财务费用增加,另一方面也使得应付利息增加,分别记入"财务费用"账户的借方和"应付利息"账户的贷方。会计分录如下:

借:财务费用——利息	400	
贷:应付利息		400

2月末计提2月份利息费用的处理与1月份相同。

③3月末支付第一季度银行借款利息

该项经济业务的发生,使得财务费用增加,应付利息减少,银行存款减少,分别记入"财务费用"账户和"应付利息"账户的借方,同时记入"银行存款"账户的贷方。会计分录如下:

借:财务费用	400	
应付利息	800	
贷:银行存款		1 200

第二、三季度的会计处理同上。

④10月1日偿还银行借款本金

该项经济业务的发生,使得短期借款减少,银行存款减少,分别记入"短期借款"账户的借方和"银行存款"账户的贷方。会计分录如下:

借:短期借款	120 000	
贷:银行存款		120 000

第八节　利润形成与分配业务的账务处理

一、利润形成的账务处理

（一）利润的形成

利润是指企业在一定会计期间的经营成果，包括收入减去费用后的净额、直接计入当期损益的利得和损失等。利润由营业利润、利润总额和净利润三个层次构成。

1. 营业利润

营业利润是指营业收入减去营业成本、税金及附加、销售费用、管理费用、财务费用、资产减值损失、信用减值损失，加上其他收益、公允价值变动收益、投资收益、资产处置收益等后的金额。其计算公式如下：

营业利润 = 营业收入 − 营业成本 − 税金及附加 − 销售费用 − 管理费用 −
财务费用 − 资产减值损失 − 信用减值损失 + 其他收益 +
公允价值变动收益（ − 公允价值变动损失）+
投资收益（ − 投资损失）+ 资产处置收益

其中　　营业收入 = 主营业务收入 + 其他业务收入
营业成本 = 主营业务成本 + 其他业务成本

2. 利润总额

利润总额又称税前利润，是营业利润加上营业外收入减去营业外支出后的金额。其计算公式如下：

利润总额 = 营业利润 + 营业外收入 − 营业外支出

3. 净利润

净利润又称税后利润，是利润总额扣除所得税费用后的净额。其计算公式如下：

净利润 = 利润总额 − 所得税费用

应交所得税是指企业按照税法规定，计算确定的针对当期发生的交易和事项应缴纳给税务部门的所得税金额。企业当期应交所得税的计算公式为

应纳税所得额 = 税前会计利润（利润总额）+ 纳税调整增加额 − 纳税调整减少额
应交所得税额 = 应纳税所得额 × 所得税税率

应纳税所得额简称应税所得，是自然人或法人在一定期间内，由于劳动、经营或投资而获得的继续收入，扣除为取得收入所需费用后的余额。从税法的有关规定来看，应纳税所得额与会计所得额（利润总额）并不完全一致，所以具体计算纳税时，应该以企业实现的会计所得额（利润总额）为基础，按税法的有关规定进行调整，计算出应纳税所得额，并且按调整后的所得额计算征收所得税。我国税法规定一般企业现行的所得税率为25%。

注：在不存在纳税调整事项的情况下，应纳税所得额等于税前会计利润，即利润总额。

企业所得税是企业在生产经营过程中发生的一项必要支出，应在净利润前扣除。

（二）账户设置

企业通常设置以下账户对利润形成业务进行会计核算。

1.“本年利润”账户

“本年利润”账户属于所有者权益类账户，用以核算企业当期实现的净利润（或发生的净亏

损)。企业期(月)末结转利润时,应将各损益类账户的金额转入本账户,结平各损益类账户。

该账户贷方登记企业期(月)末转入的主营业务收入、其他业务收入、营业外收入和投资收益等;借方登记企业期(月)末转入的主营业务成本、税金及附加、其他业务成本、管理费用、财务费用、销售费用、营业外支出、投资损失和所得税费用等。上述结转完成后,余额如在贷方,即为当期实现的净利润;余额如在借方,即为当期发生的净亏损。年度终了,应将本年收入和支出相抵后结出的本年实现的净利润(或发生的净亏损),转入"利润分配——未分配利润"账户贷方(或借方),结转后本账户无余额。

本年利润T型账户结构如图5-44所示。

本年利润

借方	贷方
期末将主营业务成本、税金及附加、其他业务成本、管理费用、财务费用、销售费用、营业外支出、所得税费用等转入的金额	期末将主营业务收入、其他业务收入、营业外收入、投资收益、公允价值变动损益等转入的金额
月末借方余额　累计发生的净亏损，年末无余额，转入"利润分配"账户的全年净利润	月末贷方余额　累计实现的净利润，年末无余额，转入"利润分配"账户的全年净亏损

图5-44　本年利润T型账户结构

2."投资收益"账户

"投资收益"账户属于损益类账户,用以核算企业确认的投资收益或投资损失。

该账户贷方登记实现的投资收益和期末转入"本年利润"账户的投资净损失;借方登记发生的投资损失和期末转入"本年利润"账户的投资净收益。期末结转后,该账户无余额。

该账户可按投资项目设置明细账户,进行明细分类核算。

投资收益T型账户结构如图5-45所示。

投资收益

借方	贷方
本期发生的投资损失 期末转入"本年利润"账户的投资净收益	本期实现的投资收益 期末转入"本年利润"账户的投资净损失

图5-45　投资收益T型账户结构

3."营业外收入"账户

"营业外收入"账户属于损益类账户,用以核算企业发生的各项营业外收入,主要包括非流动资产处置利得、非货币性资产交换利得、债务重组利得、政府补助、罚没利得、盘盈利得、捐赠利得以及确实无法支付而按规定程序经批准后转作营业外收入的应付款项等。

该账户贷方登记营业外收入的实现，即营业外收入的增加额；借方登记会计期末转入“本年利润”账户的营业外收入额。期末结转后，该账户无余额。

该账户可按营业外收入项目设置明细账户，进行明细分类核算。

营业外收入T型账户结构如图5－46所示。

营业外收入

借方	贷方
期末转入“本年利润”账户的营业外收入 （手续费、利息费用等）	冲减财务费用的利息收入 本期发生的营业外收入

图5－46　营业外收入T型账户结构

4.“营业外支出”账户

“营业外支出”账户属于损益类账户，用以核算企业发生的各项营业外支出，包括非流动资产处置损失、非货币性资产交换损失、债务重组损失、罚款支出、公益性捐赠支出、非常损失和盘亏损失等。

该账户借方登记营业外支出的发生，即营业外支出的增加额；贷方登记期末转入“本年利润”账户的营业外支出额。期末结转后，该账户无余额。

该账户可按支出项目设置明细账户，进行明细分类核算。

营业外支出T型账户结构如图5－47所示。

营业外支出

借方	贷方
各项营业外支出的实际发生数	期末转入“本年利润”科目的金额

图5－47　营业外支出T型账户结构

5.“所得税费用”账户

“所得税费用”账户属于损益类账户，用以核算企业确认的应从当期利润总额中扣除的所得税费用。

该账户借方登记企业应计入当期损益的所得税；贷方登记企业期末转入“本年利润”账户的所得税。期末结转后，该账户无余额。

所得税费用T型账户结构如图5－48所示。

（三）账务处理

会计期末（月末或年末）结转各项收入时，借记“主营业务收入”“其他业务收入”和“营业外收入”等科目，贷记“本年利润”科目；结转各项支出时，借记“本年利润”科目，贷记“主营业务成本”“税金及附加”“其他业务成本”“管理费用”“财务费用”“销售费用”“资产减值损失”“营业外支出”和“所得税费用”等科目。

所得税费用

借方	贷方
按税法规定计算的所得税费用	期末转入“本年利润”账户的金额

图5-48 所得税费用T型账户结构

1.营业外收入和营业外支出的账务处理

【例5-74】 江南公司收到当地政府政策补贴100 000元,款项已存入银行。

该项经济业务的发生,一方面使得企业银行存款增加,记入“银行存款”账户的借方;另一方面使得营业外收入增加,记入“营业外收入”的贷方。会计分录如下:

借:银行存款　　100 000
　贷:营业外收入——政府补贴收入　　100 000

【例5-75】 江南公司开出支票一张,向希望小学捐赠款项200 000元。

捐赠款项与企业经营无关,应记入“营业外支出”账户。该项经济业务的发生,使营业外支出增加,应记入“营业外支出”账户的借方,使银行存款减少,应记入“银行存款”账户的贷方。会计分录如下:

借:营业外支出——捐赠支出　　200 000
　贷:银行存款　　200 000

【知识拓展】

关于交易性金融资产和投资收益

交易性金融资产主要指企业为了近期内出售而持有的金融资产,如股票、债券和基金等。企业应当设置“交易性金融资产”“公允价值变动损益”和“投资收益”等账户,对交易性金融资产的取得、收取现金股利或利息、处置等业务进行计算。

“交易性金融资产”账户核算企业为交易目的所持有的债权投资、股票投资、基金投资等交易性金融资产的公允价值。其借方登记交易性金融资产的取得成本、资产负债表日其公允价值高于账面余额的差额等;贷方登记资产负债表日其公允价值低于账面余额的差额,以及企业出售交易性金融资产时结转的成本和公允价变动损益。企业还应设置“成本”“公允价值变动”等明细账户进行明细核算。交易性金融资产T型账户结构如图5-49所示。

“公允价值变动损益”账户核算企业交易性金融资产等公允价值变动而形成的应计入当期的利得或损失,借方登记资产负债表日企业持有的交易性金融资产等公允价值低于账面余额的差额,贷方登记资产负债表日企业持有的交易性金融资产等的公允价值高于账面余额的差额,期末转入“本年利润”后无余额。公允价值变动损益T型账户结构如图5-50所示。

“投资收益”科目核算企业确认的投资收益或投资损失,如企业持有的交易性金融资产、持有到期投资、可供出售金融资产期间取得的投资收益以及处置交易性金融资产等实现的投资收益或投资损失的核算。

交易金融资产

借方	贷方
取得成本 资产负债表日其公允价值高于账面余额的差额以及出售交易性金融资产时结转的该明细科目的贷方余额	出售时结转的取得成本 资产负债表日其公允价值低于账面余额的差额以及出售交易性金融资产时结转的该明细科目的借方余额

图 5-49　交易性金融资产 T 型账户结构

公允价值变动损益

借方	贷方
资产负债表日企业持有的交易性金融资产等的公允价值低于账面余额的差额	资产负债表日企业持有的交易性金融资产等的公允价值高于账面余额的差额

图 5-50　公允价值变动损益 T 型账户结构

(1)取得交易性金融资产的账务处理　企业取得交易性金融资产时,应当按照该金融资产取得时的公允价值作为其初始确认金额,记入“交易性金融资产——成本”科目。实际支付的价款中包含了已宣告但尚未发放的现金股利或已到付息期但尚未领取的债券利息的,应当单独确认为应收项目,记入“应收股利”或“应收利息”科目。

取得交易性金融资产所发生的相关交易费用应当在发生时计入投资收益。交易费用是指可直接归属于购买、发行或处置金融工具新增的外部费用,包括支付给代理机构、咨询公司、券商等的手续费和佣金及其他必要支出。

【例 5-76】　2020 年 1 月 4 日,江南公司委托已划出资金的上海证券公司支付 603 000 元(含已到付息期但尚未领取的股利 3 000 元)从二级市场购入甲上市公司发行的股票 10 万股,作为交易性金融资产,另支付交易费用 1 000 元。该股票每股 6 元。会计分录如下:

①2020 年 1 月 4 日,购入甲上市公司股票时

借:交易性金融资产——成本	600 000	
应收股利	3 000	
投资收益	1 000	
贷:其他货币资金——存出投资款		604 000

②2020 年 1 月 20 日,收到已到付息期但尚未领取的股利时

借:其他货币资金——存出投资款	3 000	
贷:应收股利		3 000

(2)交易性金融资产的现金股利和利息　企业持有交易性金融资产期间对于被投资单

位宣告发放的现金股利或利息,应当确认为应收项目,记入“应收股利”或“应收利息”科目,并计入投资收益。

(3)交易性金融资产持有期间的账务处理　交易性金融资产持有期间对于收到的股利或利息,应当确认为应收项目,记入“应收股利”或“应收利息”科目,并计入投资收益。

【例 5-77】 2020 年 2 月 10 日,甲上市公司宣布分派股利,江南公司可以分得 4 000 元。2020 年 3 月 20 日,江南公司收到现金股利,存入投资款账户。会计分录如下:

①2020 年 2 月 10 日,甲公司宣告分派现金股利时

借:应收股利	4 000	
贷:投资收益		4 000

②2020 年 3 月 20 日,收到股利时

借:其他货币资金——存出投资款	4 000	
贷:应收股利		4 000

(4)交易性金融资产的期末计量　资产负债表日,交易性金融资产应当按公允价值计量,公允价值与账面价值之间的差额计入当期损益,企业应当在资产负债表日按照交易性金融资产公允价值与其账面余额的差额,借记或贷记“交易性金融资产——公允价值变动”科目,贷记或借记“公允价值变动损益”科目。

【例 5-78】 2020 年 5 月 31 日,江南公司由甲上市公司购入的股票当日市价为每股 6.2 元。会计分录如下:

借:交易性金融资产——公允价值变动	20 000	
贷:公允价值变动损益		20 000

(5)交易性金融资产处置　出售交易性金融资产时,应当将该交易性金融资产出售时的公允价值与账面余额之间的差额确认为投资收益,同时将记入“公允价值变动损益”科目的金额转入到“投资收益”科目中。

企业应按实际收到金额,借记“银行存款”科目,按该金融资产的账面金额,贷记“交易性金融资产”科目,按其差额,贷记或借记“投资收益”科目。同时,将原计入该金融资产的公允价值变动转出,借记或贷记“公允价值变动损益”科目,贷记或借记“投资收益”科目。

【例 5-79】 2020 年 8 月 31 日,江南公司将购买的股票出售,交易价格为每股 6.5 元,款项已存入投资款账户。

①收到款项时

借:其他货币资金——存出投资款	650 000	
贷:交易性金融资产——成本		600 000
——公允价值变动		20 000
投资收益		30 000

②同时结转公允价值变动损益

借:公允价值变动损益	20 000	
贷:投资收益		20 000

2. 利润形成的账务处理

企业为了在每个会计期末确定本期实现的净利润总额或亏损总额,须将本期发生的各项收入、费用从有关收入和费用账户结转到“本年利润”账户,将收入与费用进行对比确定

的差额即为本期实现的净利润或发生的亏损。

(1)期末(月末)结转各项收入的账务处理　期末(月末)企业应将计入当期损益的各项收入类账户的余额转入“本年利润”账户的贷方,借记“主营业务收入”“其他业务收入”“投资收益”“公允价值变动损益”和“营业外收入”等科目,贷记“本年利润”账户。

【例5-80】 假定江南公司该年各项收入、利得类账户结转前的账户余额如表5-6所示。

表5-6　账户余额表

单位:元

账户名称	结账前余额
主营业务收入	6 000 000
其他业务收入	700 000
投资收益	600 000
营业外收入	50 000
公允价值变动损益	150 000

结转以上收入到本年利润账户,使得本年利润增加,记入“本年利润”账户的贷方,使得主营业务收入、其他业务收入、投资收益和营业外收入减少,记入“主营业务收入”“其他业务收入”“投资收益”“营业外收入”账户的借方。会计分录如下:

借:主营业务收入	6 000 000	
其他业务收入	700 000	
投资收益	600 000	
营业外收入	50 000	
公允价值变动损益	150 000	
贷:本年利润		7 500 000

(2)期末(月末)结转各项费用的账务处理　期末应将计入当期损益的各项费用、损失类科目的余额转入“本年利润”账户的借方,借记“本年利润”账户,贷记“主营业务成本”“其他业务成本”“税金及附加”“销售费用”“管理费用”“财务费用”“资产减值损失”“营业外支出”和“所得税费用”等账户。

【例5-81】 假定江南公司该年度各费用、损失类科目结转前账户余额如表5-7所示。

表5-7　账户余额表

单位:元

账户名称	结账前余额
主营业务成本	4 000 000
其他业务成本	400 000
税金及附加	80 000
销售费用	500 000
管理费用	770 000
财务费用	200 000
营业外支出	250 000
资产减值损失	100 000

结转以上成本费用到本年利润账户,使得本年利润减少,记入“本年利润”账户的借方,使得主营业务成本、其他业务成本、税金及附加、销售费用、管理费用、财务费用、营业外支出减少,记入“主营业务成本”“其他业务成本”“税金及附加”“销售费用”“管理费用”“财务费用”和“ 营业外支出”账户的贷方。会计分录如下:

借:本年利润	6 300 000	
贷:主营业务成本		4 000 000
其他业务成本		400 000
税金及附加		80 000
销售费用		500 000
管理费用		770 000
财务费用		200 000
资产减值损失		100 000
营业外支出		250 000

(3)计算利润总额。

【例5-82】 计算江南公司该年的利润总额。

$$利润总额 = 7\ 500\ 000 - 6\ 300\ 000 = 1\ 200\ 000(元)$$

3. 所得税费用的账务处理

【例5-83】 假设江南公司本期不涉及需要调整纳税所得,即江南公司纳税所得额与利润总额相同,计算该公司该年的应交所得税并编制会计分录。

$$应交所得税 = 1\ 200\ 000 \times 25\% = 300\ 000(元)$$

该项经济业务的发生,一方面使得所得税费用增加,记入“所得税费用”账户的借方;另一方面使得应交税费——应交增值税增加,记入“应交税费——应交增值税”账户的贷方。会计分录如下:

借:所得税费用	300 000	
贷:应交税费——应交所得税		300 000

同时结转所得税到本年利润账户。该项经济业务的发生,一方面使得所得税费用减少,应记入“所得税费用”账户贷方;另一方面使公司本年利润也减少,应记入“本年利润”账户借方。会计分录如下:

借:本年利润	300 000	
贷:所得税费用		300 000

2020年的净利润为

$$净利润 = 1\ 200\ 000 - 300\ 000 = 900\ 000(元)$$

二、利润分配的账务处理

利润分配是指企业根据国家有关规定和企业章程、投资者协议等,对企业当年可供分配利润指定其特定用途和分配给投资者的行为。利润分配的过程和结果不仅关系到每个股东的合法权益是否得到保障,而且还关系到企业的未来发展。

(一)利润分配的顺序

利润分配程序如图5-51所示。

企业分配利润,应按一定的顺序进行。按照我国《公司法》的有关规定,利润分配应按下列顺序进行。

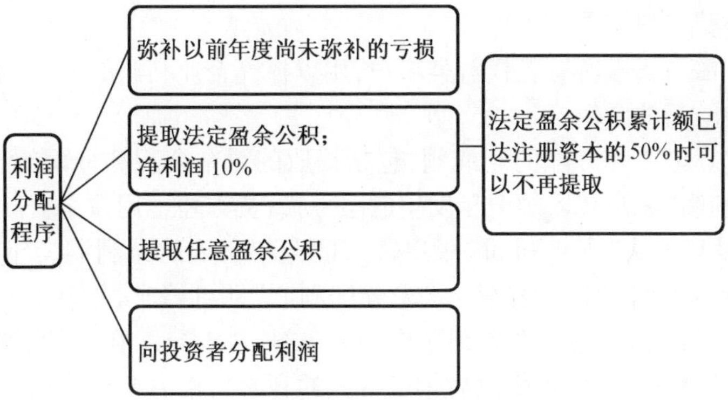

图 5－51　利润分配程序示意图

1. 计算可供分配的利润

企业在利润分配前,应根据本年净利润(或亏损)与年初未分配利润(或亏损)、其他转入的金额(如盈余公积弥补的亏损)等项目,计算可供分配的利润,即

可供分配的利润＝净利润(或亏损)＋年初未分配利润－弥补以前年度的亏损＋其他转入的金额

如果可供分配的利润为负数(即累计亏损),则不能进行后续分配;如果可供分配利润为正数(即累计盈利),则可进行后续分配。

2. 提取法定盈余公积

按照《公司法》的有关规定,公司应当按照当年净利润(抵减年初累计亏损后)的 10% 提取法定盈余公积,提取的法定盈余公积累计额超过注册资本 50% 以上的,可以不再提取。

如果不存在年初累计亏损,提取法定盈余公积的基数为当年实现的净利润,如果存在年初累计亏损,提取法定盈余公积的基数应为可供分配的利润。

例如,甲公司年初累计亏损 10 万元,当年实现净利润 100 万元,则可供分配利润为 90 万元,提取盈余公积的基数是 90 万元;如果甲公司年初累计盈余 10 万元,当年实现净利润 100 万元,则可供分配利润为 110 万元,提取盈余公积的基数为 100 万元;如果甲公司年初累计亏损 150 万元,当年实现的净利润 100 万元,则可供分配的利润为－50 万元(即留待以后期间弥补的累计亏损为 50 万元),提取盈余公积的基数为零。

3. 提取任意盈余公积

公司提取法定盈余公积后,经股东会或者股东大会决议,还可以从净利润中提取任意盈余公积。

4. 向投资者分配利润(或股利)

企业可供分配的利润扣除提取的盈余公积后,形成可供投资者分配的利润,即

可供投资者分配的利润＝可供分配的利润－提取的盈余公积

企业可采用现金股利、股票股利和财产股利等形式向投资者分配利润(或股利)。

可供投资者分配的利润扣除向投资者分配利润的余额形成企业的未分配利润。它是所有者权益的重要组成部分,是企业留待以后年度进行分配的利润或等待分配的利润,相对于所有者权益的其他部分而言,企业对于未分配利润的使用有较大的自主权。

(二)账户设置

企业通常设置以下账户对利润分配业务进行会计核算。

1.“利润分配”账户

“利润分配”账户属于所有者权益类账户,用以核算企业利润的分配(或亏损的弥补)和历年分配(或弥补)后的余额。

该账户借方登记实际分配的利润额,包括提取的盈余公积和分配给投资者的利润,以及年末从“本年利润”账户转入的全年发生的净亏损;贷方登记用盈余公积弥补的亏损额等其他转入数,以及年末从“本年利润”账户转入的全年实现的净利润。年末,应将“利润分配”账户下的其他明细账户的余额转入“未分配利润”明细账户,结转后,除“未分配利润”明细账户可能有余额外,其他各个明细账户均无余额。“未分配利润”明细账户的贷方余额为历年累积的未分配利润(即可供以后年度分配的利润),借方余额为历年累积的未弥补亏损(即留待以后年度弥补的亏损)。

该账户应当分别按“提取法定盈余公积”“提取任意盈余公积”“应付现金股利或利润”“转作股本的股利”“盈余公积补亏”和“未分配利润”等进行明细核算。

利润分配T型账户结构如图5-52所示。

利润分配

借方	贷方
年终,从“本年利润”账户转入的净亏损 实际分配的利润(提取的盈余公积、分配给投资者的利润)	年终,从“本年利润”账户转入的全年实现的净利润 盈余公积弥补以前年度亏损数
余额　历年累计未弥补的亏损	余额　历年累计未分配的利润

图5-52　利润分配T型账户结构

2.“盈余公积”账户

“盈余公积”账户属于所有者权益类账户,用以核算企业从净利润中提取的盈余公积。

该账户贷方登记提取的盈余公积,即盈余公积的增加额,借方登记实际使用的盈余公积,即盈余公积的减少额。期末余额在贷方,反映企业结余的盈余公积。

该账户应当分别按“法定盈余公积”“任意盈余公积”进行明细核算。

盈余公积T型账户结构如图5-53所示。

3.“应付股利”账户

“应付股利”账户属于负债类账户,用以核算企业分配的现金股利或利润。

该账户贷方登记应付给投资者股利或利润的增加额,借方登记实际支付给投资者的股利或利润,即应付股利的减少额。期末余额在贷方,反映企业应付未付的现金股利或利润。

该账户可按投资者进行明细核算。

应付股利T型账户结构如图5-54所示。

(三)账务处理

1.净利润转入利润分配

会计期末,企业应将当年实现的净利润转入“利润分配——未分配利润”科目,即借记

"本年利润"科目,贷记"利润分配——未分配利润"科目,如为净亏损,则做相反会计分录。

盈余公积

借方	贷方
实际使用的盈余公积（包括弥补亏损、转增资本等）	期初余额 提取的盈余公积
	期末余额　尚未使用的盈余公积（盈余公积结余）

图 5－53　盈余公积 T 型账户结构

应付股利

借方	贷方
实际支付的现金股利或利润	期初余额 企业应付给投资者的利润
	期末余额　尚未支付的现金股利或利润

图 5－54　应付股利 T 型账户结构

结转前,如果"利润分配——未分配利润"明细科目的余额在借方,上述结转当年所实现净利润的会计分录同时反映了当年实现的净利润自动弥补以前年度亏损的情况。因此,在用当年实现的净利润弥补以前年度亏损时,不需另行编制会计分录。

【例 5－84】　承【例 5－83】计算并结转江南公司的净利润。

净利润 = 利润总额 － 所得税费用

2020 年的净利润为

净利润 = 1 200 000 － 300 000 = 900 000(元)

该公司本年实现的净利润 900 000 元,年末结账时应从"本年利润"账户借方转入"利润分配——未分配利润"贷方。会计分录如下:

借:本年利润　　900 000
　贷:利润分配——未分配利润　　900 000

2. 提取盈余公积

企业提取的法定盈余公积,借记"利润分配——提取法定盈余公积"科目,贷记"盈余公积——法定盈余公积"科目;提取的任意盈余公积,借记"利润分配——提取任意盈余公积"科目,贷记"盈余公积——任意盈余公积"科目。

【例 5－85】　年末江南公司召开董事会,经股东大会决定对本年利润进行分配。按净利润的 10% 计提法定盈余公积。

计提的法定盈余公积 = 900 000 × 10% = 90 000(元)

该项经济业务的发生,一方面使公司利润分配数增加,导致所有者权益减少,应记入"利润分配"借方;另一方面使公司盈余公积增加,应记入"盈余公积"贷方。会计分录如下:

借:利润分配——提取法定盈余公积　　90 000

贷:盈余公积——法定盈余公积 90 000

【例5-86】 年末江南公司召开董事会,决定对本年利润进行分配。按净利润的20%计提任意盈余公积。

计提的任意盈余公积=900 000×20% =180 000(元)

该项经济业务的发生,一方面使公司利润分配数增加,导致所有者权益减少,应记入“利润分配”借方;另一方面使公司盈余公积增加,应记入“盈余公积”贷方。会计分录如下:

借:利润分配——提取任意盈余公积 180 000

贷:盈余公积——任意盈余公积 180 000

3. 向投资者分配利润或股利

企业根据股东大会或类似机构审议批准的利润分配方案,按应支付的现金股利或利润,借记“利润分配——应付现金股利”科目,贷记“应付股利”等科目;以股票股利转作股本的金额,借记“利润分配——转作股本股利”科目,贷记“股本”等科目。

董事会或类似机构通过的利润分配方案中拟分配的现金股利或利润,不做账务处理,但应在附注中披露。

【例5-87】 年末江南公司召开董事会,决定对本年利润进行分配。经批准江南公司向投资者分配利润100 000元。

①计提现金股利

该项经济业务的发生,一方面使公司的利润分配数增加,导致所有者权益减少,应记入“利润分配”账户借方;另一方面由于确定利润分配时,实际未付,导致公司负债增加,应记入“应付股利”账户贷方。会计分录如下:

借:利润分配——应付现金股利或利润 100 000

贷:应付股利 100 000

②支付现金股利

该项经济业务的发生,由于支付已分配的股利,使得应付股利减少,记入“应付股利”账户的借方,同时使得银行存款减少,记入“银行存款”账户的贷方,会计分录如下:

借:应付股利 120 000

贷:银行存款 120 000

4. 盈余公积的使用

(1)盈余公积补亏 企业发生的亏损,除用当年实现的净利润弥补外,还可使用累积的盈余公积弥补。以盈余公积弥补亏损时,借记“盈余公积”科目,贷记“利润分配——盈余公积补亏”科目。

(2)盈余公积转增资本 为了扩大再生产对资本的需要,经股东大会决议,企业可将盈余公积转增资本或股本。

盈余公积转增资本时,应按法定盈余公积和任意盈余公积补亏的金额,分别借记“盈余公积——法定盈余公积”“盈余公积——任意盈余公积”科目,贷记“实收资本”科目。

5. 企业未分配利润的形成

年度终了,企业应将“利润分配”科目所属其他明细科目的余额转入该科目“未分配利润”明细科目,即借记“利润分配——未分配利润”“利润分配——盈余公积补亏”等科目,贷记“利润分配——提取法定盈余公积”“利润分配——提取任意盈余公积”“利润分配——应付现金股利”和“利润分配——转作股本股利”等科目。

结转后，“利润分配”科目中除“未分配利润”明细科目外，所属其他明细科目无余额。“未分配利润”明细科目的贷方余额表示累积未分配的利润，该科目如果出现借方余额，则表示累积未弥补的亏损。

【例 5－88】 根据**【例 5－85】**至**【例 5－87】**中的会计分录，江南公司年末结转本年已分配的利润。

江南公司本年已分配的利润 370 000 元（90 000 元＋180 000 元＋100 000 元），应从“利润分配”账户下的其他明细分类账户贷方转入“未分配利润”明细账借方。会计分录如下：

借：利润分配——未分配利润　　370 000
　贷：利润分配——提取法定盈余公积　　90 000
　　　　　　——提取任意盈余公积　　180 000
　　　　　　——应付现金股利或利润　　100 000

三、财务成果核算账户关系

财务成果核算账户关系如图 5－55 所示。

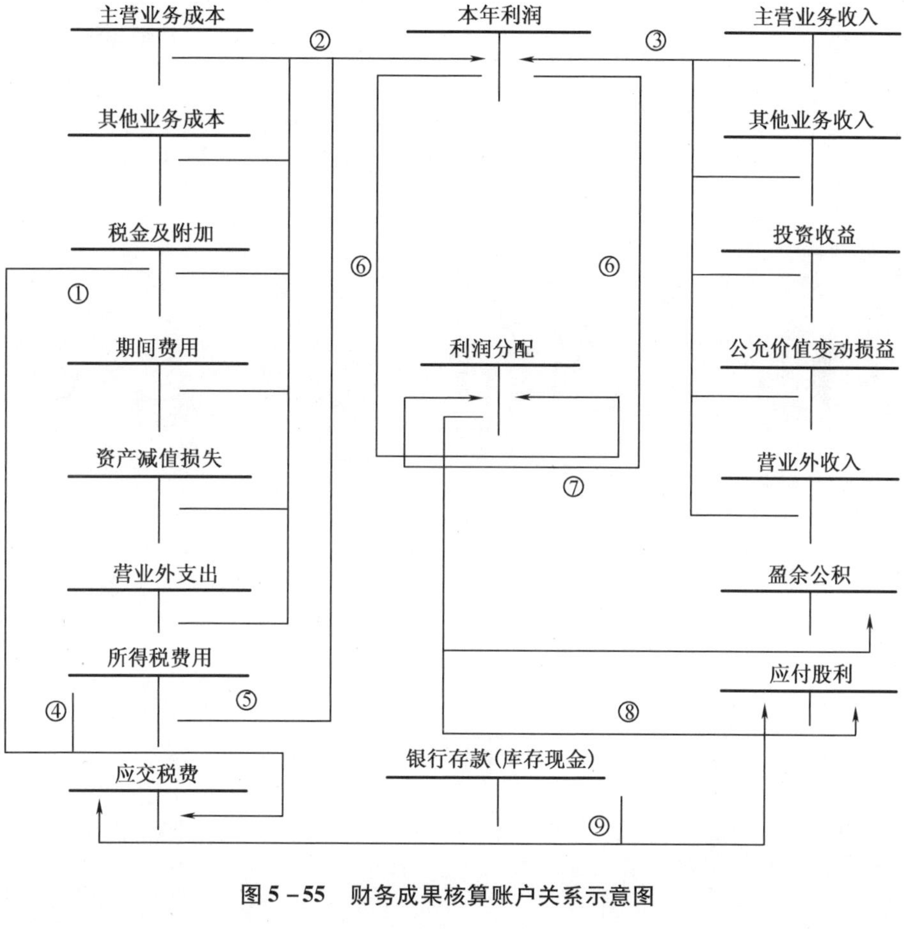

图 5－55　财务成果核算账户关系示意图

复习思考题

1. 企业的资金运动包括哪几个过程?
2. 所有者权益筹资和负债筹资如何进行账务处理?
3. 材料采购的成本和入库如何进行账务处理。
5. 生产过程中耗费的直接材料、直接人工和制造费用应如何进行账务处理?
6. 销售收入和销售成本如何确认?
7. 管理费用、销售费用和财务费用如何进行账务处理?
8. 简述工业生产企业生产过程的核算。
9. 产品成本计算的基本要求是什么?
10. 如何核算产品制造成本?
11. 什么是财务成果?它是怎样构成的?
12. 如何计算利润并进行账务处理?利润进行分配时如何进行账务处理?

第六章　会计凭证

【基本要求】

1. 了解会计凭证的概念与作用
2. 了解会计凭证的传递
3. 熟悉原始凭证与记账凭证的种类
4. 熟悉会计凭证的保管
5. 掌握原始凭证的填制
6. 掌握记账凭证的填制
7. 掌握原始凭证与记账凭证的审核

第一节　会计凭证概述

一、会计凭证的概念和作用

（一）会计凭证的概念

会计凭证是记录经济业务、明确经济责任的书面证明，也是登记账簿的依据。是会计核算的初始环节。

会计管理工作要求会计核算提供真实的会计资料，强调记录的经济业务必须有根有据。因此，任何企业、事业和行政单位，每发生一笔经济业务，都必须由执行或完成该项经济业务的有关人员取得或填制会计凭证，并在凭证上签名或盖章，以对凭证上所记载的内容负责。例如，购买商品、材料由供货方开出发票，支出款项由收款方开出收据，接收商品、材料入库要有收货单，发出商品要有发货单，发出材料要有领料单等。这些发票、收据、收据单、发货单、领料单都是会计凭证。

所有会计凭证都必须认真填制，同时还得经过财会部门严格审核，只有审核无误的会计凭证才能作为经济业务发生或完成的证明，才能作为登记账簿的依据。

（二）会计凭证的作用

填制和审核会计凭证是会计核算方法之一，也是会计核算工作的基础。填制和审核会计凭证在经济管理中具有重要作用。

1. 记录经济业务，提供记账依据

任何一笔经济业务发生都必须取得或填制会计凭证。如实地反映经济业务发生或完成情况。在会计凭证上记载了经济业务发生的时间和内容（包括数量、金额及完成情况），通过认真填制和严格审核凭证，能保证如实反映各项经济业务，为账簿记录提供了真实、可靠的依据，使账簿记录与实际情况相符，保证会计核算的准确性，并为分析、检查经济活动和财务收支情况，提供确切可靠的原始资料。

2. 明确经济责任，强化内部控制

由于每一笔经济业务发生或完成都要填制和取得会计凭证，并且在凭证上都要求由相关单位和人员在凭证上签名盖章,这就明确了经济业务处理中不同的人应当承担的经济责任、加强了有关部门和人员的责任感,促使他们在自己的职责范围内严格按照政策、法规、制度、计划和预算办事,从而保证会计凭证记录的真实、完整和合法。同时、通过凭证的审核,可以检查每笔经济业务是否合规、是否执行了计划和预算、有无铺张浪费和违纪行为,从而起到强化内部控制的作用。

3. 监督经济活动、控制经济运行

通过会计凭证的审核,可以检查经济业务的发生是否符合有关的法规、制度,是否符合业务经营、财务收支的方针和计划、预算的规定,以确保经济业务合理、合法和有效性。监督经济业务的发生、发展、控制经济业务的有效实施,是发挥会计管理职能的重要内容。

二、会计凭证的种类

经济业务的纷繁复杂决定了会计凭证是多种多样的。为了正确地使用和填制会计凭证,必须对会计凭证进行分类。会计凭证按照编制的程序和用途不同,分为原始凭证和记账凭证,如图6-1所示。

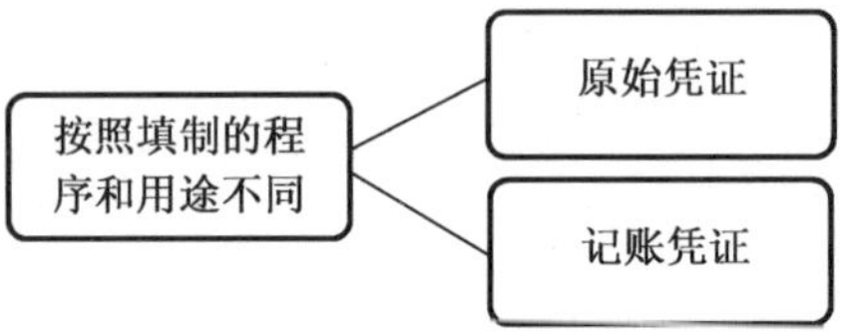

图6-1　会计凭证的种类示意图

(一)原始凭证

原始凭证是在经济业务发生或完成时由相关人员取得或填制的,用以记录或证明经济业务发生或完成情况并明确有关经济责任的一种原始凭据。任何经济业务发生都必须填制和取得原始凭证,原始凭证是会计核算的原始依据,如发货票、收料单和差旅费报销单等。

值得注意的是,原始凭证的作用主要是记载经济业务的发生过程和具体内容。原始凭证记载的信息是整个企业会计信息系统运行的起点,原始凭证的质量将会影响会计信息的质量。因此凡不能证明经济业务已执行或完成的书面文件,如计划、合同、余额调节表、派工单和请购单等,均不能算作原始凭证,而只能当作主要原始凭证的附件。

(二)记账凭证

记账凭证是财会部门根据审核无误的原始凭证进行归类、整理,记载经济业务简要内容,确定会计分录的会计凭证。记账凭证是登记会计账簿的直接依据,如收款凭证、付款凭证和转账凭证。

虽然原始凭证与记账凭证均属于会计凭证,但其性质却大不相同。原始凭证记录的是经济性质,它是编制记账凭证的依据,是会计核算的基础;而记账凭证是根据复式记账法的基本原理,确定应借、应贷的会计科目及其金额,将原始凭证中的经济信息转化为会计语言,它是会计核算的起点。

记账凭证的主要作用是确定会计分录,进行账簿登记。记账凭证是登记总分类账户和明细分类账户的依据,能反映经济业务的发生或完成情况,监督企业经济活动,明确相关人员的责任。

第二节　原始凭证

一、原始凭证的种类

原始凭证种类繁多，形式多样，按照不同的标准又可以划分为不同的种类。为方便使用，通常按其来源、用途、填制手续和格式加以分类(图6-2)。

- 原始凭证
  - 按照来源不同分类
    - 自制原始凭证
    - 外来原始凭证
  - 按照填制手续及内容不同分类
    - 一次凭证
    - 累计凭证
    - 汇总凭证
  - 按照格式不同分类
    - 通用凭证
    - 专用凭证

图6-2　原始凭证的分类示意图

(一)按取得的来源分类

原始凭证按其来源不同分类，可以分为自制原始凭证和外来原始凭证两种。

1. 自制原始凭证

自制原始凭证是指本单位内部具体经办业务的部门和人员，在执行或完成各项经济业务时所填制的原始凭证。如材料验收入库时的“收料单”、材料领用出库时的“领料单”、销售商品时“销货发票”、产品入库时的“产品入库单”、计算工资时的“工资结算表”以及从单位借款时填写的“借款申请单”等，如表6-1、表6-2所示。

表6-1　领料单

领用部门：　　　　年　月　日　　　　领料编号：

领料用途：　　　　　　　　　　　　　发料仓库：

材料类别	材料编号	材料名称	规格	计量单位	数量		单价	金额	备注
					请领	实领			

审批人：　　　　领料人：　　　　发料人：　　　　领料部门负责人：

表6－2　借款申请单

年　　月　　日　　　　　　　　　　　　　编号

借款人			
用途			
金额(大写)			¥
还款计划	年　　月　　日		
领导指示		借款人签章	

2. 外来原始凭证

外来原始凭证是在经济业务活动发生或完成时，从其他单位或个人直接取得的原始凭证。如购买材料从外单位取得的增值税专用发票、乘坐火车从铁路运输部门取得的火车票、办理银行结算业务从银行转来的结算凭证和对外支付款项时取得的收据、缴纳税金从税务部门取得的“完税单”等都是外来原始凭证。如表6－3、表6－4所示。

表6－3　增值税专用发票

发票联

开票日期：　　　　　　年　　月　　日　　　　　　　　NO389

购货单位	名称				纳税人登记号		
	地址、电话				开户银行及账号		
商品或劳务名称		计量单位	数量	单价	金额	税率(%)	税额
价税合计(大写)		⊗　佰　拾　万　仟　佰　拾　元　角　分　¥________					
销货单位	名称				纳税人登记号		
	地址、电话				开户银行及账号		

表6－4　收款收据

年　月　日　　　　　　　　　　　　　NO1

今收到____

交来____

人民币________________________________ ¥________________

收款单位________________________________收款人________________

(公章)　　　　　　　　　　(签章)　　　　　　　　　　年　　月　　日

单位盖章：　　财会主管：　　记账：　　出纳：　　审核：　　经办：

(二)按填制手续和内容不同分类

原始凭证按其填制手续不同分类,可以分为一次凭证、累计凭证和汇总凭证三种。

1. 一次凭证

一次凭证是指一次填制完成的原始凭证。它反映一笔经济业务或同时反映若干同类经济业务的内容。一次凭证填制手续一次完成,其效用一次有效。外来原始凭证一般均属一次凭证,自制原始凭证中大多数也是一次凭证。日常的原始凭证多属此类,如"现金收据""发货票"和"收料单"等。一次凭证能够清晰地反映经济业务活动情况,使用方便灵活,但数量较多。

2. 累计凭证

累计凭证是指在一张凭证上连续登记一定时期内不断重复发生的若干同类经济业务,直到期末才能填制完毕的原始凭证。累计凭证可以连续登记相同性质的经济业务,随时计算出累计数及结余数,期末按实际发生额据以编制会计凭证。使用累计凭证既可以简化核算手续,同时由于累计凭证可以随时反映累计发生额,便于同计划、定额进行比较,因而又可以起到加强业务控制的作用。"限额领料单"就是一种典型累计凭证,其格式如表 6-5 所示。

表 6-5 限额领料单

领料部门: 年 月 日 领料编号:

领料用途: 发料仓库:

材料编号	材料名称	规格	计量单位	领用限额	实际领用	单价	金额	备注
领用日期	领用				退料			限额结余
	请领数量	实发数量	发料人签章	领料人签章	退料数量	退料人签章	收料人签章	
合计								

供应部门负责人: 生产部门负责人: 仓库负责人:

3. 汇总凭证

汇总凭证也称原始凭证汇总表,是指根据一定时期内(每周、每旬或每月)若干张反映同类经济业务的原始凭证,按照一定标准汇总编制而成的原始凭证。汇总原始凭证既可以提供经济管理所需要的总量指标,又可大大简化核算手续。汇总原始凭证只能将同类内容的经济业务汇总在一张汇总凭证上,不能汇总两类或两类以上的经济业务。常见的汇总凭证有发料凭证汇总表、工资结算汇总表,如表 6-6 所示。

表6-6　发料凭证汇总表

<table>
<tr><th rowspan="2">会计科目</th><th rowspan="2">领料部门</th><th colspan="4">领用材料</th></tr>
<tr><th>原材料</th><th>包装物</th><th>低值易耗品</th><th>合计</th></tr>
<tr><td rowspan="4">生产成本</td><td>一车间
二车间</td><td></td><td></td><td></td><td></td></tr>
<tr><td>小计</td><td></td><td></td><td></td><td></td></tr>
<tr><td>供电车间
供水车间</td><td></td><td></td><td></td><td></td></tr>
<tr><td>小计</td><td></td><td></td><td></td><td></td></tr>
<tr><td>制造费用</td><td>一车间
二车间</td><td></td><td></td><td></td><td></td></tr>
<tr><td>管理费用</td><td>行政部门</td><td></td><td></td><td></td><td></td></tr>
<tr><td>合计</td><td></td><td></td><td></td><td></td><td></td></tr>
</table>

会计主管:　　　　　　　　记账:　　　　　　　　审核:　　　　　　　　制表:

(三)按格式的不同分类

原始凭证按其格式不同分类,可以分为通用凭证和专用凭证两种。

1. 通用凭证

通用凭证是指全国或某一地区、某一部门、某一行业有统一格式的原始凭证。如由银行统一印制的结算凭证、税务部门统一印制的发票等。主要为银行结算凭证,如转账支票、增值税专用发票,如表6-7所示。

表6-7　增值税专用发票

发票联

开票日期:　　　　　　　　　　年　　月　　日　　　　　　　　　　NO389

<table>
<tr><td rowspan="2">购货
单位</td><td>名称</td><td colspan="3"></td><td>纳税人登记号</td><td colspan="2"></td></tr>
<tr><td>地址、电话</td><td colspan="3"></td><td>开户银行及账号</td><td colspan="2"></td></tr>
<tr><td colspan="2">商品或劳务名称</td><td>计量单位</td><td>数量</td><td>单价</td><td>金额</td><td>税率(%)</td><td>税额</td></tr>
<tr><td colspan="2"></td><td></td><td></td><td></td><td></td><td></td><td></td></tr>
<tr><td colspan="2"></td><td></td><td></td><td></td><td></td><td></td><td></td></tr>
<tr><td colspan="2"></td><td></td><td></td><td></td><td></td><td></td><td></td></tr>
<tr><td colspan="2"></td><td></td><td></td><td></td><td></td><td></td><td></td></tr>
<tr><td colspan="2">价税合计(大写)</td><td colspan="6">⊗　佰　拾　万　仟　佰　拾　元　角　分　¥________</td></tr>
<tr><td rowspan="2">销货
单位</td><td>名称</td><td colspan="3"></td><td>纳税人登记号</td><td colspan="2"></td></tr>
<tr><td>地址、电话</td><td colspan="3"></td><td>开户银行及账号</td><td colspan="2"></td></tr>
</table>

2. 专用凭证

专用凭证是指一些单位内部,根据本单位经济管理的要求而设置的具有特定内容、格式和专门用途的原始凭证。如高速公路通过费收据、养路费缴款单、折旧计算表、工资费用分配表和费用报销单等,如表6-8所示。

表6-8 固定资产折旧计算表

年 月 日 单位:元

固定资产名称	使用部门	上月计提的折旧额	上月增加的固定资产应提折旧额	本月减少的固定资产应计提的折旧	本月应计提折旧额
机器设备					
房屋					
汽车					
合计					

主管: 制单:

二、原始凭证的基本内容

原始凭证是在经济业务发生或完成时由相关人员取得或填制的,用以记录或证明经济业务发生或完成情况并明确有关经济责任的一种原始凭据。原始凭证是证明经济业务发生的原始依据,具有较强的法律效力,是一种很重要的会计凭证。

企业发生的经济业务纷繁复杂,反映其具体内容的原始凭证也品种繁多。虽然原始凭证反映经济业务的内容不同,但无论哪一种原始凭证,都应该说明有关经济业务的执行和完成情况,都应该明确有关经办人员和经办单位的经济责任。因此,各种原始凭证,尽管名称和格式不同,但都应该具备一些共同的基本内容。这些基本内容就是每一张原始凭证所应该具备的要素。原始凭证必须具备以下基本内容:

①凭证的名称;

②填制凭证的日期和编号;

③接受凭证的单位名称;

④经济业务内容;

⑤填制原始凭证的单位名称和填制人姓名;

⑥经办人员的签名或盖章;

⑦经济业务的数量、单价、金额。

表6-9所示的发货票即为原始凭证。

表6-9　某公司发货票

（企业名称）

购货单位：　　　　发货票

结算方式：　　　　年　月　日　　　　编号：

规格及品种	单位	数量	单价	金额
总计人民币(大写)：				

会计(盖章)：　　　　复核(盖章)：　　　　制单(盖章)：

有些原始凭证,不仅要满足会计工作的需要,还应满足其他管理工作的需要。因此,在有些凭证上,除具备上述内容外,还应具备其他一些项目,如与业务有关的经济合同、结算方式和费用预算等,以便更加完整、清晰地反映经济业务。

在实际工作中,各单位根据会计核算和管理的需要,可自行设计印制适合本单位需要的各种原始凭证。但是对于在一个地区范围内经常发生大量同类经济业务,应由各主管部门统一设计印制原始凭证。如银行统一印制的银行汇票、转账支票和现金支票等,由铁路部门统一印制的火车票,由税务部门统一印制的有税务登记的发票,财政部门统一印制的收款收据等。使原始凭证的内容格式统一,便于加强监督管理。

三、原始凭证的填制要求

(一)填制原始凭证的基本要求

填制原始凭证,要由填制人员将各项原始凭证要素按规定方法填写齐全,办妥签章手续,明确经济责任。

由于各种凭证的内容和格式千差万别,因此,原始凭证的具体填制方法也不同。一般来说,自制原始凭证通常有三种形式。一是根据经济业务的执行和完成的实际情况直接填列,如根据实际领用的材料品名和数量填制领料单等;二是根据账簿记录对某项经济业务进行加工整理填列,如月末计算产品成本时,先要根据"制造费用"账户本月借方发生额填制"制造费用分配表",将本月发生的制造费用按照一定的分配标准分配到有关产品成本中去,然后再计算出某种产品的生产成本;三是根据若干张反映同类业务的原始凭证定期汇总填列,如发出材料汇总表。外来原始凭证是由其他单位或个人填制的。它同自制原始凭证一样,也要具备能证明经济业务完成情况和明确经济责任所必须的内容。

原始凭证是具有法律效力的证明文件,是进行会计核算的依据,必须认真填制。为了保证原始凭证能清晰地反映各项经济业务的真实情况,原始凭证的填制必须符合以下要求。

1. 记录要真实

原始凭证上填制的日期、经济业务内容和数字必须是经济业务发生或完成的实际情况,不得估计或估算,不得弄虚作假,保证原始凭证所记录的内容,与经济业务实际发生或完成情况完全一致,真实地反映经济业务的全貌。

2. 内容要完整

原始凭证中应该填写的项目要逐项填写,不可缺漏;名称要写全,不要简化;品名和用途要填写明确,不能含糊不清;有关部门和人员的签名和盖章必须齐全,对凭证的真实性和正确性负责。

3. 手续要完备

单位自制的原始凭证必须有经办业务的部门和人员签名盖章;对外开出的凭证必须加盖本单位的公章;从外部取得的原始凭证必须有填制单位公章。从个人取得的原始凭证,必须有填制人员的签名盖章。总之,填制和取得的原始凭证必须符合手续完备的要求,以明确经济责任,确保凭证的合法性、真实性。

4. 书写要清楚、规范

原始凭证中的文字、数字的书写都要清晰、工整、规范,做到字迹端正、易于辨认,不草、不乱、不造字;大小写金额要一致;复写的凭证要不串行、不串格,不模糊,一式几联的原始凭证,应当注明各联的用途。数字和货币符号的书写要符合下列要求:

①数字要一个一个地写,不能连写。特别是在要连写几个“0”时,也一定要单个地写,不能将几个“0”连在一起一笔写完。数字排列要整齐,数字之间的空格要均匀,不宜过大。此外阿拉伯数字的书写还应有高度的标准,一般要求数字的高度占凭证横格的1/2为宜。书写时还要注意紧靠横格底线,使上方能有一定的空位,以便需要进行更正时可以再次书写。

②阿拉伯数字前面应该书写货币币种或者货币名称简写和币种符号。币种符号与阿拉伯数字之间不得留有空白。凡阿拉伯金额数字前写有货币币种符号的,数字后面不再写货币单位。所有以元为单位(其他货币种类为货币基本单位,下同)的阿拉伯数字,除表示单价等情况外,一律填写到角分;无角分的,角位和分位写“00”或者符号“—”;有角无分的,分位应当写“0”,不得用符号“—”代替。如“人民币叁佰捌拾捌元整”应写成“￥388.00”或“￥388.—”,而不能写成“￥388”;“人民币叁佰捌拾捌元叁角整”,应写成“388.30”,而不能写成“388.3”或“388.3—”等。在发货票等须填写大写金额数字的原始凭证上,如果大写金额数字前未印有货币名称(如人民币),应当加填货币名称,然后在其后紧接着填写大写金额数字,货币名称和金额数字之间不得留有空白。

③汉字填写金额如零、壹、贰、叁、肆、伍、陆、柒、捌、玖、拾、佰、仟、万、亿等,应一律用正楷或行书体填写,大写金额数字到元或角为止的,在“元”或“角”之后应当写“整”或“正”字,大写金额数字有分的,分字后面不写“整”或“正”字。如小写金额为￥1 007.00,大写金额应写成“壹仟零柒元整”。

5. 编号要连续

原始凭证要按顺序连续或分类编号,在填制时要按照编号的顺序使用,跳号的凭证要加盖“作废”戳记,连同存根一起保管,不得撕毁。

6. 不得涂改、刮擦、挖补

原始凭证有错误的,应当由出具单位重开或更正,更正处应当加盖出具单位印章。原始凭证金额有错误的,应当由出具单位重开,不得在原始凭证上更正。

7. 填制要及时

所有业务的有关部门和人员,在经济业务实际发生或完成时,必须及时填写原始凭证,并按规定的程序及时送交会计机构、会计人员进行审核,做到不拖延、不积压、不事后补填。

(二)自制原始凭证的填制要求

不同的自制凭证,填制要求也有所不同。

1.一次凭证的填制

一次凭证应在经济业务发生或完成时,由相关业务人员一次填制完成。该凭证往往只能反映一项经济业务,或者同时反映若干项同一性质的经济业务。一次凭证有些是自制的原始凭证,如收料单、领料单、工资结算表、制造费用分配表等;有些是外来原始凭证,如增值税专用发票,各种银行结算凭证等。下面以“收料单”“领料单”的填制为例,介绍一次凭证的填制方法。

①收料单 “收料单”是企业购进材料验收入库时,由仓库保管人员根据购入的材料实际验收情况,填写的一次性原始凭证。企业外购材料,都应履行入库手续,由仓库保管人员根据供应单位开来的发票账单,严格审核,对运达入库的材料认真计量,并按实收数量认真填写“收料单”,如表6-10所示。

表6-10 收料单

供货单位: 2020年×月×日 凭证编号:0343

发票编号:0025 收料仓库:5号库

材料类别	材料编号	材料名称及规格	计量单位	数量		金额(元)			
				应收	实收	单价	买价	运杂费	合计
型钢	022	圆钢	千克	1 000	1 000	3.00	3 000.00	200.00	3 200.00
备注							合计		3 200.00

主管: 会计: 审核: 记账: 收料:

“收料单”通常一式三联,一联留仓库,据以登记材料物资明细账和材料卡片;一联随发票账单到会计部门报账;一联交采购部门存查。

②领料单 “领料单”的填制手续是在经济业务发生或完成时,由经办人员填制的,一般只反映一项经济业务,或者同时反映若干项同类性质的经济业务。企业、车间或部门从仓库领用各种材料,都应履行出库手续,由领料经办人根据需要材料的情况填写“领料单”,并经该单位主管领导批准到仓库领用材料。仓库保管员根据“领料单”,审核其用途,认真计量发放材料,并在“领料单”上签章,如表6-11所示。

表6-11 领料单

领用部门:一车间 2020年×月×日 领料编号:0010

领料用途:生产A产品 发料仓库:2号

材料类别	材料编号	材料名称	规格	计量单位	数量		单价(元)	金额(元)	备注
					请领	实领			
型钢	0345	圆钢	25毫米	千克	1 500	1 500	4.40	6 600.00	
型钢	0348	圆钢	10毫米	千克	1 000	1 000	4.40	4 400.00	
合计					2 500	2 500	4.40	11 000.00	

发料: 领料: 领料部门负责人: 记账:

"领料单"一式三联，一联留领料部门备查，一联留仓库，据以登记材料物资明细账和材料卡片，一联转会计部门或月末经汇总后转会计部门据以进行核算。

2. 累计凭证的填制

累计凭证应在每次经济业务完成后，由相关人员在同一张凭证上重复填制完成。该凭证能在一定时期内不断重复地反映同类经济业务的完成情况。

最具代表性的累计凭证是限额领料单。"限额领料单"是由生产、计划部门根据下达的生产任务和材料消耗定额按每种材料用途分别开出，在有效期间内（一般为一个月），只要领用数量不超过限额就可以累计多次使用的领料凭证，"限额领料单"一料一单，一式两联，一联交仓库据以发料，一联交领料部门据以领料。领料时，领料人在该单据内注明请领数量，经负责人签章批准后，持往仓库领料。发料时，仓库人员根据材料的品名、规格在限额内发料，同时将实发数量及限额余额填写在限额领料单内，领发料双方在单内签章。月末，在此单内结出实发数量和金额转交会计部门，据以计算材料费用，并做材料减少的核算。限额量需做调整时，应按照下列方式进行追加或减少：

①使用限额领料单领料，全月不能超过生产计划部门所下达的全月领用限额量。由于增加生产量而需追加限额时，应经生产部门批准，办理追加限额的手续。

②由于浪费或其他原因超限额用料需追加限额时，应由用料部门向生产计划部门提出申请，经批准后追加限额。

③在用另一种材料代替限额领料单内所列材料时，应另填一次"领料单"，同时相应地减少限额余额。

限额领料单的格式如表6－12所示。

表6－12 限额领料单

领料部门：生产车间　　2020年×月×日　　凭证编号：008

领料用途：B产品生产　　发料仓库：2号

材料类别	材料编号	材料名称及规格	计量单位	领用限额	实际领用	单价（元）	金额（元）	备注
型钢	0348	圆钢10毫米	千克	500	480	4.40	2 112.00	
日期	领用				退料			限额结余
	请领数量	实发数量	发料人签章	领料人签章	退料数量	退料人签章	收料人签章	
2.3	200	200						300.00
2.12	100	100						200.00
2.20	180	180						20.00
合计	480	480						20.00

供应部门负责人：　　生产计划部门负责人：　　仓库负责人：

3. 汇总凭证的填制

汇总凭证应由相关人员在汇总一定时期内反映同类经济业务的原始凭证后填制完成。该凭证只能将类型相同的经济业务进行汇总，不能汇总两类或两类以上的经济业务。如发料凭证汇总表、工资结算汇总表、差旅费报销单和销售日报等。

以“发料凭证汇总表”为例说明汇总凭证的编制方法。“发料凭证汇总表”是由材料会计根据各部门到仓库领用材料时填制的领料单按旬汇总,每月编制一份,送交会计部门做账务处理。发料凭证汇总表格式如表6-13所示。

表6-13 发料凭证汇总表

2020年2月28日　　　　总字第　　号

会计科目(用途)	领料部门	原材料(元)	燃料	合计(元)
生产成本	A产品生产车间 B产品生产车间	6 600.00 2 112.00		6 600.00 2 112.00
	小计	8 712.00		8 712.00
制造费用	车间一般性耗费	220.00		220.00
管理费用	行政部门耗费	110.00		110.00
合计		9 042.00		9 042.00

会计主管:　　　　记账:　　　　审核:　　　　制单:

(三)外来原始凭证的填制要求

外来原始凭证应在企业同外单位发生经济业务时,由外单位的相关人员填制完成。因此,会计人员在记录经济业务时,应注意外来原始凭证的填制内容是否完整有效。

外来原始凭证一般由税务局等部门统一印制,或经税务等部门批准由经营单位印制,在填制时加盖出具凭证单位公章方为有效。对于一式多联的原始凭证必须用复写纸套写或打印机套打,表6-14所示为增值税专用发票。

表6-14 增值税专用发票

发票联

开票日期:　　　　2020年2月3日　　　　NO389

购货单位	名称	××机床厂		纳税人登记号	3570246548	
	地址、电话	68253040		开户银行及账号	交通银行3255787221	
商品或劳务名称	计量单位	数量	单价	金额	税率(%)	金额
圆钢25毫米	千克	1 500	4.00	6 000.00	13	780.00
圆钢10毫米	千克	1 000	4.00	4 000.00	13	520.00
合计		2 500.00		10 000.00		1 300.00
价税合计(大写)	⊗壹万壹仟叁佰元整			¥ 11 300.00		
销货单位	名称	××钢厂		纳税人登记号	0765445712	
	地址、电话	65302919		开户银行及账号	工商银行2879643521	

销售单位(章)　　　　收款人:　　　　复核:　　　　开票人:

四、原始凭证的审核

为了如实反映经济业务的发生和完成情况，充分发挥会计的监督职能，保证会计信息的真实、合法、完整和准确，按照《会计法》规定，会计机构、会计人员必须按照国家统一的会计制度对原始凭证进行严格审核，对记载不正确、不完整的原始凭证予以退回，并要求按照国家统一会计制度的规定更正、补充。只有经过审查无误的凭证，方可作为编制记账凭证和登记账簿的依据。

（一）原始凭证的审核内容

1. 审核原始凭证的真实性

原始凭证作为会计信息的基本信息源，其真实性对会计信息的质量具有决定性的影响。对原始凭证真实性的审核主要包括凭证日期是否真实、业务是否真实、数据是否真实等。从外单位取得的原始凭证，必须盖有填制单位的公章；从个人取得的原始凭证，必须有填制人员的签名或者盖章。此外，对通用原始凭证，还应审核凭证本身的真实性，以防假冒。

2. 审核原始凭证的合法性

《会计法》规定，会计机构、会计人员必须审核原始凭证，这是法定职责。会计机构、会计人员审核原始凭证应当按照国家统一的规定进行。

如果原始凭证涉及的经济业务内容违反法律法规，会计人员应向本单位领导汇报，提出拒绝执行的意见，必要时，可向上级领导机关反映有关情况。对于弄虚作假，营私舞弊，伪造、涂改凭证等违法乱纪行为，必须及时揭露，并向领导汇报，严肃处理。

3. 审核原始凭证的合理性

合理性审核主要是审核原始凭证所记载经济业务是否符合企业生产经营活动的需要，是否符合有关的计划和预算等。

4. 审核原始凭证的完整性

完整性审核是会计人员根据相关会计凭证本身所应有的各种凭证要素是否填列齐全的审核，主要是出具人及其单位、接受人员及单位名称，凭证所记载的经济业务的数量、单价、金额是否齐全，相关人员或单位的签章、凭证联次是否正确等，如果发现内容不完整的原始凭证应退回补办相关手续。

5. 审核原始凭证的正确性

审核原始凭证记载的各项内容是否正确，包括：①接受原始凭证单位的名称是否正确；②金额的填写和计算是否正确。阿拉伯数字分位填写，不得连写。小写金额前要表明“￥”字样，中间不能留有空位。大写金额前要加“人民币”字样，大写金额和小写金额要相符；③更正是否正确。原始凭证记载的各项内容均不得涂改。原始凭证金额有错误的，应当由出具单位重开，不得在原始凭证上更正。原始凭证有其他错误的，应当由出具单位重开或更正，更正处应当加盖出具单位印章。

6. 审核原始凭证的及时性

原始凭证的及时性是保证会计信息及时性的基础。为此，要求在经济业务发生或完成时及时填制有关原始凭证，及时进行凭证的传递。审核时应注意审查凭证的填制日期，尤其是支票、银行汇票、银行本票等时效性较强的原始凭证，更应仔细验证其签发日期。

(二)原始凭证审核后的处理

1. 不同情况审核结果的处理

①对于完全符合要求的原始凭证,应及时据以编制记账凭证入账。

②对于真实、合法、合理但内容不够完整、填写有错误的原始凭证,应退回给有关经办人员,由其负责将有关凭证补充完整、更正错误或重开后,再办理正式会计手续。

③对于不真实、不合法的原始凭证,会计机构和会计人员有权不予接受,并向单位负责人报告。

2. 原始凭证错误的更正

为了规范原始凭证的填制,明确相关人员的经济责任,防止利用原始凭证舞弊,更正原始凭证错误的具体要求如下:

①原始凭证所记载的各项内容均不得涂改。随意涂改的原始凭证即为无效凭证,不能作为填制记账凭证或登记会计账簿的依据。

②原始凭证记载内容有错误的,应当由开具单位重开或更正,并在更正处加盖出具单位印章。原始凭证开具单位应当依法开具准确无误的原始凭证,对填制有误的原始凭证负有更正和重新开具的法律义务,不得拒绝。

③原始凭证金额出现错误的,不得更正,只能由原始凭证出具单位重开。

第三节 记 账 凭 证

一、记账凭证的种类

记账凭证可按不同的标准进行分类,按照用途可分为专用记账凭证和通用记账凭证;按照填列方式可分为单式记账凭证和复式记账凭证。

(一)记账凭证按用途分类

1. 专用记账凭证

专用记账凭证是指分类反映经济业务的记账凭证,按其反映的经济业务内容,可分为收款凭证、付款凭证和转账凭证。

(1)收款凭证　是指专门用于记录现金和银行存款收款业务的会计凭证,收款凭证是出纳人员收讫款项的依据,也是登记总账、现金日记账和银行存款日记账以及有关明细账的依据,一般按现金和银行存款分别编制,格式如表6－15所示。

表6－15　收款凭证

借方科目:　　　　　　　　　　年　　月　　日　　　　　　　　　　收字第　　号

摘要	贷方科目		金额										记账符号
	总账科目	明细科目	千	百	十	万	千	百	十	元	角	分	
合计													

附单据　张

会计主管:　　　　记账:　　　　出纳:　　　　审核:　　　　制单:

(2)付款凭证　付款凭证是指用于记录现金和银行存款付款业务的记账凭证。付款凭证根据有关现金和银行存款支付业务的原始凭证填制,是登记现金日记账、银行存款日记账以及有关明细账和总账等账簿的依据,格式如表6－16所示。

表6－16　付款凭证

贷方科目：　　　　　　　　　　年　　月　　日　　　　　　　　　付字第　　号

摘要	借方科目		金额										记账符号
	总账科目	明细科目	千	百	十	万	千	百	十	元	角	分	
合计													

附单据　张

会计主管：　　　　记账：　　　　出纳：　　　　审核：　　　　制单：

应特别注意,对于现金和银行存款之间互转业务,为避免重复记账,统一规定只填制付款凭证,不填制收款凭证。例如,将现金存入银行只填制现金付款凭证;从银行提取现金只填制银行存款付款凭证。

(3)转账凭证　转账凭证是指用于记录不涉及现金和银行存款业务的记账凭证。在经济业务中,凡是不涉及现金和银行存款收付的业务,称之为转账业务,如计提固定资产折旧、车间领用原材料、期末结转成本等。对于该类业务均使用转账凭证记录。转账凭证的格式如表6－17所示。

表6－17　转账凭证

年　　月　　日　　　　　　　　　转字　　号

摘要	会计科目		借方金额	贷方金额	记账符号
	总账科目	明细科目			
合计					

附单据　张

会计主管：　　　　记账：　　　　审核：　　　　制单：

专用凭证适用于规模大、经济业务多的会计主体,为便于识别,防止差错,不同类别的记账凭证应使用不同的颜色印制。

2. 通用记账凭证

通用记账凭证是指用来反映所有经济业务的记账凭证,为各类经济业务所共同使用,其格式与转账凭证基本相同。通用记账凭证的格式如表6－18所示。

表6-18　通用记账凭证

年　月　日　　　　记字　号

摘要	会计科目		借方金额	贷方金额	记账符号
	总账科目	明细科目			
合计					

附单据　张

会计主管：　记账：　出纳：　审核：　制单：

(二)按凭证的填列方式分类

1.单式记账凭证

单式记账凭证是在每张凭证上只填列经济业务事项所涉及的一个会计科目及其金额的记账凭证。填列借方科目的称为借项记账凭证,填列贷方科目的称为贷项记账凭证。一项经济业务涉及几个科目,就分别填制几张凭证,并采用一定的编号方法(分数编号法)将它们联系起来。如"生产车间领用甲材料20 000元,用于生产甲产品",这一经济业务涉及两个科目,需填制借项记账凭证和贷项记账凭证各一张,若该业务的序号为20号,两张凭证的编号分别为20 1/2,20 2/2号。单式凭证的优点是内容单一,便于记账工作的分工,也便于按科日汇总,有利于防止错误和舞弊,并可加速凭证的传递。其缺点是凭证张数多,内容分散,不利于保管,填制凭证的工作量大,在一张凭证上不能完整地反映一笔经济业务的全貌,不便于检验会计分录的正确性,故需加强凭证的复核、装订和保管工作。

单式记账凭证的格式和内容如表6-19、表6-20所示。

表6-19　借项记账凭证

年　月　日　　　　记字第　号

摘要	总账科目	明细科目	借方金额	记账符号
生产车间领用材料	生产成本	甲产品	20 000.00	
合计			¥20 000.00	

附单据　张

会计主管：　记账：　出纳：　审核：　制单：

表6-20　贷项记账凭证

年　月　日　　　　记字第　号

摘要	总账科目	明细科目	贷方金额	记账符号
生产车间领用材料	原材料	甲材料	20 000.00	
合计			¥20 000.00	

附单据　张

会计主管：　记账：　出纳：　审核：　制单：

2. 复式记账凭证

复式记账凭证是指将每一笔经济业务事项所涉及的全部会计科目及其发生额均在同一张凭证中反映的一种记账凭证。即一张记账凭证上登记一项经济业务所涉及的两个或者两个以上的会计科目,既有“借方”,又有“贷方”。专用记账凭证和通用记账凭证都属于复式记账凭证。复式记账凭证优点是可以集中一项经济业务的全貌,账户的对应关系清楚,同时还可以减少凭证的数量,减轻编制记账凭证的工作量,便于检验会计分录的正确性,审核和检查账务。其缺点是不便于汇总计算每一会计科目的发生额和进行分工记账,影响记账工作效益。

二、记账凭证的基本内容

记账凭证是会计人员根据审核后的原始凭证进行归类、整理,并确定会计分录而编制的会计凭证,是登记账簿的依据。由于原始凭证只表明经济业务的内容,而且种类繁多、数量庞大、格式不一,不能清楚地表明应记入的会计科目的名称和方向,因而不能直接记账。因此,为了便于登记账簿,做到分类反映经济业务的内容,必须按会计核算方法的要求,将其归类、整理、编制记账凭证,标明经济业务应记入的账户名称及应借应贷的金额,作为记账的直接依据。各单位依据自身经济业务的特点,可设计、使用不同格式的记账凭证。但根据记账凭证的共同目的,所有记账凭证都应当具备以下基本内容:

①记账凭证的名称。

②填制记账凭证的日期。记账凭证的日期一般稍后于原始凭证,为编制凭证的当天。

③记账凭证的编号。记账凭证要根据经济业务发生的先后顺序按月连续编号,按编号顺序记账,既便于装订保管和登记账簿,也便于日后检查。

④经济业务的内容摘要。摘要既要简明扼要,也要清晰反映经济业务内容。

⑤经济业务所涉及的会计科目及其记账方向。

⑥经济业务事项的金额。

⑦所附原始凭证的张数。记账凭证是依据原始凭证编制的,其审核也离不开所附原始凭证。

⑧填制凭证人员、稽核人员、记账人员、会计机构负责人、会计主管人员签名或者盖章。

收款和付款记账凭证还应当由出纳人员签名或者盖章。以自制的原始凭证或者原始凭证汇总表代替记账凭证的,也必须具备记账凭证应有的项目。

三、记账凭证的填制要求

记账凭证根据审核无误的原始凭证或原始凭证汇总表填制。记账凭证填制正确与否,直接影响整个会计系统最终提供信息的质量。与原始凭证的填制相同,记账凭证也有记录真实、内容完整、手续齐全、填制及时等要求。

(一)记账凭证填制的基本要求

①记账凭证各项内容必须完整。正确填制凭证摘要,一级科目、二级科目或明细科目,账户的对应关系、金额等都应正确无误。摘要栏所填的内容是对经济业务的简要说明,字数不能太多,应尽量做到意思完备、简明扼要。

②记账凭证的书写应当清楚、规范。

③除结账和更正错账可以不附原始凭证外,其他记账凭证必须附原始凭证,并在记账

凭证附单据栏内标明记账凭证所附原始凭证的张数,以便核对摘要及所编会计分录是否正确无误。如果同一张原始凭证填制数张记账凭证时,则应在未附原始凭证的记账凭证上注明"附件××张,见第××号记账凭证",以便查对。原始凭证另行保管时,则应在附件栏目内加以注明。另外当一张原始凭证所列的支出需要几个单位共同负担时,应当由保存原始凭证的单位开具原始凭证分割单给其他应负担的单位,其格式如表6-21所示。

表6-21　原始凭证分割单

<table>
<tr><td colspan="2">接收单位名称</td><td></td><td>地址</td><td colspan="2"></td></tr>
<tr><td rowspan="2">原始凭证</td><td>单位</td><td></td><td>地址</td><td colspan="2"></td></tr>
<tr><td>名称</td><td></td><td>日期</td><td></td><td>编号</td></tr>
<tr><td>总金额</td><td colspan="2">人民币(大写)</td><td colspan="3">人民币(小写)</td></tr>
<tr><td>分割金额</td><td colspan="2">人民币(大写)</td><td colspan="3">人民币(小写)</td></tr>
<tr><td>原始凭证主要内容、分割原因</td><td colspan="5"></td></tr>
<tr><td>备注</td><td colspan="5">该原始凭证在本单位　年　月　日第　号记账凭证</td></tr>
</table>

附件张数的计算方法有两种情形:一种是按构成记账凭证金额的原始凭证或原始凭证汇总表计算张数,如报销差旅费等零散票券,可以粘贴在一张纸上,作为一张原始凭证,另一种是以原始凭证的自然张数为准。

④记账凭证可以根据每一张原始凭证填制,或根据若干张同类原始凭证汇总填制,也可以根据原始凭证汇总表填制;但不得将不同内容和类别的原始凭证汇总填制在一张记账凭证上。

⑤记账凭证应连续编号。凭证应由主管该项业务的会计人员,按业务发生的顺序并按不同种类的记账凭证采用"字号编号法"连续编号。采用专用记账凭证的,按经济业务内容加以归类,可按收、付、转字三类编号或按现收字、现付字、银收字、银付字、转字五类进行编号,如现收字第1号,银付字第2号、转字第8号等。采用通用记账凭证的,可按经济业务发生的先后顺序统一编号,即每月从1号记账凭证起,依次编号。如果一笔经济业务需要填制两张以上(含两张)记账凭证的,可以采用"分数编号法"编号,即在原记账凭证号码后面用分数的形式表示。如第20号会计事项需要填制3张记账凭证,其编号可变为第20 1/3号,20 2/3号,20 3/3号。

⑥填制记账凭证时若发生错误,应当重新填制。已登记入账的记账凭证在当年内发现填写错误时,可以用红字填写一张与原内容相同的记账凭证,在摘要栏注明"注销某月某日某号凭证"字样,同时再用蓝字重新填制一张正确的记账凭证,注明"更正某月某日某号凭证"字样。如果会计科目没有错误,只是金额错误,也可将正确数字与错误数字之间的差额另编一张调整的记账凭证,调增金额用蓝字,调减金额用红字。发现以前年度记账凭证有错误的,应当用蓝字填制一张更正的记账凭证。

⑦记账凭证填制完成后,如有空行,应当自金额栏最后一笔金额数字下的空行处至合计数上的空行处划线注销,以堵塞漏洞,严密会计核算程序。

【例6-1】 2020年12月5日,甲公司收到向乙公司销售A产品的货款共计11 300元(含增值税),存入开户银行,附原始凭证2张,是甲公司12月第11笔业务。记账凭证的填制如表 6－22 所示。

表 6－22　记账凭证

2020 年 12 月 5 日　　　　记字 11 号

摘要	会计科目		借方金额	贷方金额	记账符号
	总账科目	明细科目			
收回货款	银行存款	建设银行	11 300.00		
收回货款	应收账款	乙公司		11 300.00	
合计			¥11 300.00	¥11 300.00	

附单据 2 张

会计主管：　　记账 ：　　出纳：　　审核：　　制单：

（二）收款凭证的填制要求

收款凭证是根据审核无误的现金和银行存款收款业务的原始凭证编制的。收款凭证左上角的“借方科目”按收款的性质填写“库存现金”或“银行存款”；日期填写填制本凭证的日期；右上角填写填制收款凭证的顺序号；“摘要”填写对所记录的经济业务的简要说明；“贷方科目”填写与收入“库存现金”或“银行存款”相对应的会计科目；“记账符号”是指该凭证已登记账簿的标记，防止经济业务重记或漏记；“金额”是指该项经济业务的发生额；该凭证右边“附件 × 张”是指本记账凭证所附原始凭证的张数；最下边分别由有关人员签章，以明确经济责任。

【例 6－2】　2020 年 12 月 8 日，甲公司销售 A 产品一批，取得销售收入 20 000 元存入银行，并开具增值税发票（甲公司为增值税一般纳税人），附原始凭证 3 张，是甲公司 12 月第 3 笔银行存款收款业务。收款凭证的填制如表 6－23 所示。

表 6－23　收款凭证

借方科目：银行存款　　2020 年 12 月 8 日　　银收字第 3 号

摘要	贷方科目		金额										记账符号
	总账科目	明细科目	千	百	十	万	千	百	十	元	角	分	
销售产品	主营业务收入	A 产品				2	0	0	0	0	0	0	
	应交税费	应交增值税（销项税）					2	6	0	0	0	0	
合计					¥	2	2	6	0	0	0	0	

附单据 3 张

会计主管：　　记账：　　出纳：　　审核：　　制单：

(三)付款凭证的填制要求

付款凭证是根据审核无误的有关库存现金和银行存款的付款业务的原始凭证填制的。付款凭证的填制方法与收款凭证基本相同,不同的是在付款凭证的左上角应填列贷方科目,即“库存现金”或“银行存款”科目,“借方科目”栏应填写与“库存现金”或“银行存款”相应的一级科目和明细科目。

对于涉及“库存现金”和“银行存款”之间的相互划转业务,为了避免重复记账,一般只填制付款凭证,不再填制收款凭证。

出纳人员在办理收款或付款业务后,应在原始凭证上加盖“收讫”或“付讫”的戳记,以免重收重付。

【例6-3】 2020年12月15日,甲公司行政部门购买办公用品支付现金500元,附原始凭证3张,是甲公司12月第8笔现金付款业务。付款凭证的填制如表6-24所示。

表6-24 付款凭证

贷方科目:库存现金　　　　2020年12月15日　　　　现付字第8号

摘要	借方科目		金额										记账符号
	总账科目	明细科目	千	百	十	万	千	百	十	元	角	分	
购入办公用品	管理费用	办公费						5	0	0	0	0	
合计							¥	5	0	0	0	0	

附单据3张

会计主管:　　记账:　　出纳:　　审核:　　制单:

(四)转账凭证的填制要求

转账凭证通常是根据有关转账业务的原始凭证填制的。转账凭证中“总账科目”和“明细科目”栏应填写应借、应贷的总账科目和明细科目,借方科目应记金额应在同一行的“借方金额”栏填列,贷方科目应记金额应在同一行的“贷方金额”栏填列,“借方金额”栏合计数与“贷方金额”栏合计数应相等。

【例6-4】 2020年12月20日,甲公司生产车间提取固定资产折旧3 000元;附原始凭证1张,是甲公司12月第36笔转账业务。转账凭证的填制如表6-25所示。

表6-25 转账凭证

2020年12月20日　　　　转字第36号

摘要	会计科目		借方金额	贷方金额	记账符号
	总账科目	明细科目			
车间计提折旧	制造费用	折旧费	3 000.00		
车间计提折旧	累计折旧			3 000.00	
合计			¥3 000.00	¥3 000.00	

附单据1张

会计主管:　　记账 :　　审核:　　制单:

此外，在同一经济业务中，如果既有现金或银行存款的收付业务，又有转账业务时，应相应地填制收、付款凭证和转账凭证。如李强出差回来，报销差旅费800元，预借1 000元，剩余款项交回现金。对于这项经济业务应根据收款收据的记账联填制现金收款凭证，同时根据差旅费报销凭单填制转账凭证。

【例6－5】 2020年12月28日，甲公司向乙公司购买一批价值30 000元的A材料，材料已验收入库，并支付20 000元货款，剩余部分尚未支付（假定不考虑增值税因素）。甲公司对这笔业务应填制两张记账凭证，如表6－26和表6－27所示。

表6－26 付款凭证

贷方科目：银行存款　　　　2020年12月28日　　　　银付字第8号

摘要	借方科目		金额										记账符号
	总账科目	明细科目	千	百	十	万	千	百	十	元	角	分	
购入A材料	原材料	A材料				2	0	0	0	0	0	0	
合计					¥	2	0	0	0	0	0	0	

附单据　张

会计主管：　　记账：　　出纳：　　审核：　　制单：

表6－27 转账凭证

2020年12月28日　　　　转字第37号

摘要	会计科目		借方金额	贷方金额	记账符号
	总账科目	明细科目			
购入A材料	原材料	A材料	10 000.00		
	应付账款	丙公司		10 000.00	
合计			¥10 000.00	¥10 000.00	

附单据　张

会计主管：　　记账：　　审核：　　制单：

（五）通用凭证的填制要求

通用凭证的编制与转账凭证基本相同。所不同的是，在凭证的编号上，采用按照发生经济业务的先后顺序编号的方法。

在实际工作中，规模较小、业务较少的单位也可以不根据经济业务的内容分别填制收款凭证、付款凭证和转账凭证，而统一使用单一格式的通用凭证，格式基本和转账凭证相同。格式如表6－28所示。

表6-28 通用记账凭证

年 月 日 记字 号

摘要	会计科目		借方金额	贷方金额	记账符号
	总账科目	明细科目			
合计					

附单据 张

会计主管: 记账: 出纳: 审核: 制单:

四、记账凭证的审核

记账凭证是登记账簿的直接依据。记账凭证编制以后,必须由专人进行审核,借以监督经济业务的真实性、合法性和合理性,并检查记账凭证的编制是否符合要求。特别要审核最初证明经济业务实际发生、完成的原始凭证。因此,对记账凭证的审核是一项严肃细致、政策性很强的工作。只有做好这项工作才能正确地发挥会计反映和监督的作用。记账凭证审核的基本内容包括以下几项。

(一)内容是否真实

审核记账凭证是否有原始凭证为依据,所附原始凭证的内容是否与记账凭证的内容一致,记账凭证汇总表的内容与其所依据的记账凭证的内容是否一致等。

(二)项目是否齐全

审核记账凭证各项目的填写是否齐全,如日期、凭证编号、摘要、金额、所附原始凭证张数及有关人员签章等。

(三)科目是否正确

审核记账凭证的应借、应贷科目是否正确,是否有明确的账户对应关系,所使用的会计科目是否符合国家统一的会计准则的规定等。

(四)金额是否正确

审核记账凭证所记录的金额与原始凭证的有关金额是否一致、计算是否正确,记账凭证汇总表的金额与记账凭证的金额合计是否相符等。

(五)书写是否规范

审核记账凭证中的记录是否文字工整、数字清晰,是否按规定进行更正等。

(六)手续是否完备

审核出纳人员在办理收款或付款业务后,应在凭证上加盖"收讫"或"付讫"的戳记,以免重收重付。

在审核过程中,如果发现不符合要求的地方,应要求有关人员采取正确的方法进行更正。只有经过审核无误的记账凭证,才能作为登记账簿的依据。

第四节 会计凭证的传递与保管

一、会计凭证的传递

会计凭证的传递，是指从会计凭证取得或填制起至归档保管时止，在单位内部有关部门和人员之间按照规定的时间、程序进行处理的过程。各种会计凭证，它们所记载的经济业务不同，涉及的部门和人员不同，办理的业务手续也不同，因此，应当为各种会计凭证规定一个合理的传递程序，即一张会计凭证填制后应交到哪个部门，哪个岗位，由谁办理业务手续等，直到归档保管为止。

会计凭证的传递，应当满足内部控制制度的要求，使传递程序合理有效，同时尽量节约传递时间，减少传递的工作量。各单位应根据具体情况确定每一种会计凭证的传递程序和方法。

会计凭证的传递具体包括传递程序和传递时间。各单位应根据经济业务特点、内部机构设置、人员分工和管理要求，具体规定各种凭证的传递程序；根据有关部门和经办人员办理业务的情况，确定凭证的传递时间。

（一）传递程序

各单位应根据经济业务的特点、机构设置和人员分工情况，明确会计凭证填制的联数和传递程序。既要保证会计凭证经过必要环节进行处理和审核，又要避免会计凭证在不必要的环节停留。使有关部门和人员及时了解情况，掌握资料，按规定手续进行工作。

例如，材料采购入库业务，要由采购部门、仓库部门和财会部门共同完成。因此，会计凭证也要随着经济业务的进程在这些部门之间进行传递。一般来说，根据采购材料取得的“发货票”等有关原始凭证并经采购人员、采购部门负责人签章后连同材料一并送交仓库以验收入库，并填制“收料单”原始凭证，一般一式三份，一份仓库留存，一份采购部门存查，一份连同“发货票”送交财会部门。财会部门经过审核、制证、会计主管批准手续后，即可填制记账凭证。若尚未付款，将“发货票”等交由出纳人员通过银行向供应单位办理货款结算，而后将“发货票”连同付款结算凭证交给记账人员据以填制付款记账凭证，并作为该记账凭证的附件。填好付款记账凭证后再交由出纳人员据以登记“银行存款日记账”。“收料单”原始凭证可据以填制收料、结转材料采购成本的转账记账凭证，并作为该记账凭证的附件。填好后的转账记账凭证可作为登记“原材料”“材料采购”账户的依据。材料采购的上述有关原始凭证、记账凭证登记入账后，就可装订归档保管。

（二）传递时间

会计凭证的传递时间是指各种凭证在各经办部门、环节所停留的时间。

在实际工作中，各单位应考虑各部门和有关人员的工作内容和工作量在正常情况下完成的时间，并根据有关部门和人员办理经济业务手续的需要，在调查研究和充分协调的基础上，明确规定各种凭证在各环节上停留的时间，会计凭证在各环节停留的时间应适当，既不宜过短，也不宜过长。为了保证核算的及时性，单位应明确规定各种凭证在各部门和业务环节停留的最长时间，不能拖延和积压会计凭证，以免影响会计工作的正常秩序。一切会计凭证的传递和处理，都应在报告期内完成，不允许跨期。否则将影响会计核算的准确性和及时性。

企业生产组织形式不同,经济业务的内容和管理要求不同,会计凭证的传递也有所不同。

为保证及时登记账簿和编制财务报告,有必要为每种会计凭证规定科学合理的传递程序,如有关凭证需要经过哪些部门,应由哪些人员办理业务手续,在多长时间内办理完毕等。在规定会计凭证的传递程序时,既要保证会计凭证经过必要的环节进行处理和审核,又要注意减少不必要的传递环节,以提高工作效率。

二、会计凭证的保管

会计凭证的保管是指会计凭证记账后的整理、装订、归档和存查工作。

会计凭证是记录经济业务、明确经济责任、具有法律效力的证明文件,又是登记账簿的依据,所以,它是重要的经济档案和历史资料。任何企业在完成经济业务手续和记账之后,必须按规定立卷归档,形成会计档案资料,妥善保管,以便日后随时查阅。

会计凭证整理保管的要求如下。

①会计凭证应定期装订成册,防止散失。会计部门在依据会计凭证记账以后,应定期(每天、每旬或每月)对各种会计凭证进行分类整理,将各种记账凭证按照编号顺序,连同所附的原始凭证一起加具封面和封底,装订成册,并在装订线上加贴封签,由装订人员在装订线封签处签名或盖章。

从外单位取得的原始凭证遗失时,应取得原签发单位盖有公章的证明,并注明原始凭证的号码、金额、内容等,由经办单位会计机构负责人(会计主管人员)和单位负责人批准后,才能代作原始凭证。若确实无法取得证明的,如车票丢失,则应由当事人写明详细情况,由经办单位会计机构负责人(会计主管人员)和单位负责人批准后,代作原始凭证。

②会计凭证封面应注明单位名称、凭证种类、凭证张数、起止号数、年度、月份、会计主管人员等有关事项,会计主管人员和保管人员应在封面上签章。会计凭证封面的一般格式如图6-3所示。

年	(会计主体名称)
	年　月　共　册第　册
月	收款
第	付款　凭证 第　号至第　号共　张
	转账　附:原始凭证共　张
册	
	会计主管(签章)　保管(签章)

图6-3　会计凭证封面示意图

③会计凭证应加贴封条,防止抽换凭证。原始凭证不得外借,其他单位如有特殊原因确实需要使用时,经本单位会计机构负责人(会计主管人员)批准,可以复制。向外单位提供的原始凭证复制件,应在专设的登记簿上登记,并由提供人员和收取人员共同签名、盖章。

④原始凭证较多时,可单独装订,但应在凭证封面注明所属记账凭证的日期、编号和种类,同时在所属的记账凭证上应注明“附件另订”及原始凭证的名称和编号,以便查阅。对各种重要的原始凭证,如押金收据、提货单等,以及各种需要随时查阅和退回的单据,应另编目录,单独保管,并在有关的记账凭证和原始凭证上分别注明日期和编号。

⑤每年装订成册的会计凭证,在年度终了时可暂由单位会计机构保管一年,期满后应当移交本单位档案机构统一保管;未设立档案机构的,应当在会计机构内部指定专人保管。出纳人员不得兼管会计档案。

⑥严格遵守会计凭证的保管期限要求,期满前不得任意销毁。企业和其他组织会计档案保管期限如表6－29所示。

表6－29 企业和其他组织会计档案保管期限表

序号	档案名称	保管期限	备注
一	会计凭证		
1	原始凭证	30年	
2	记账凭证	30年	
二	会计账簿		
3	总账	30年	
4	明细账	30年	
5	日记账	30年	
6	固定资产卡片		固定资产报废清理后保管5年
7	其他辅助性账簿	30年	
三	财务会计报告		
8	月度、季度、半年度财务会计报告	10年	
9	年度财务会计报告	永久	
四	其他会计资料		
10	银行存款余额调节表	10年	
11	银行对账单	10年	
12	纳税申报表	10年	
13	会计档案移交清册	30年	
14	会计档案保管清册	永久	
15	会计档案销毁清册	永久	
16	会计档案鉴定意见书	永久	

【知识拓展】

会计凭证装订的方法:

①将凭证封面和封底裁开,分别附在凭证前面和后面,再找一张凭证封皮,裁下一半放在封面上角,留待以后做成护角。在凭证的左上角画一边长为 5 厘米的等腰三角形,用夹子夹住,用装订机在底线上分布均匀地打两个眼儿,如图 6-4 所示。

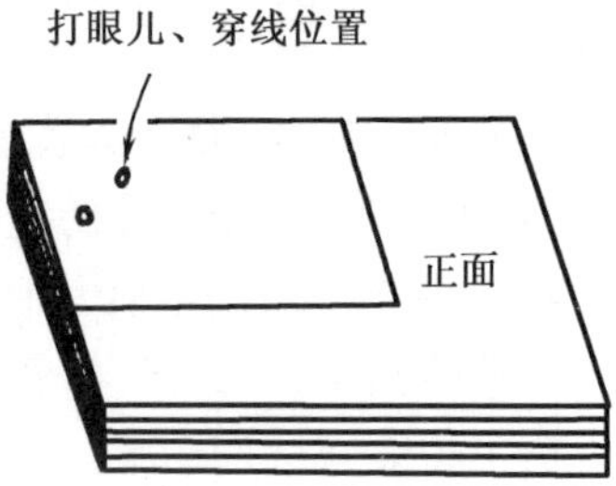

图 6-4　会计凭证装订示意图(一)

②将护角向左上侧折,并将一侧剪开至凭证的左上角,如图 6-5 所示。

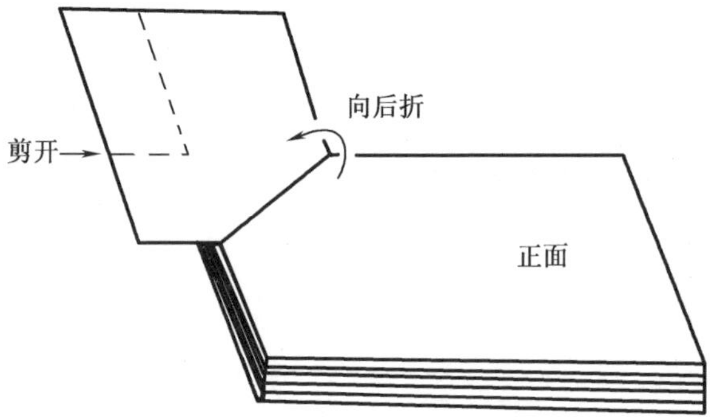

图 6-5　会计凭证装订示意图(二)

③用大针引线绳穿过两个眼儿。如果没有针,可以将回形别针顺直,然后将两端折向同一个方向,将线绳从中间穿过并夹紧,即可把线引过来。在凭证的背面打线结,线绳最好在凭证中端系上。如图 6-6 所示。

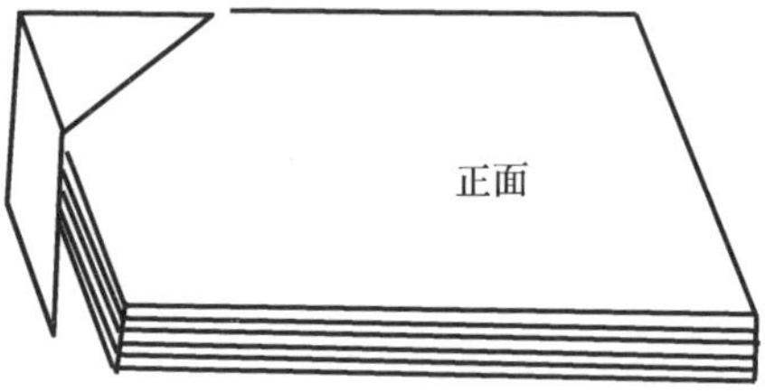

(a) 示意图

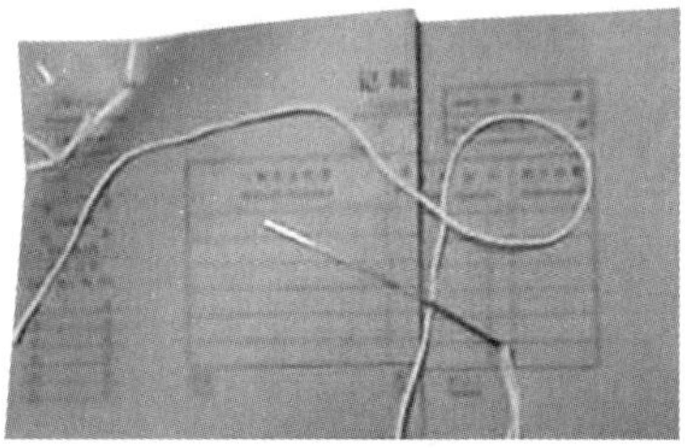

(b) 实例

图 6-6　会计凭证装订示意图(三)

④向后折叠,并将侧面和背面的线绳扣粘死,盖章,如图 6-7 所示。

⑤待晾干后,在凭证本的脊背上面写上某年某月第几册共几册的字样。装订人在装订线封签处签名或者盖章。现金凭证、银行凭证和转账凭证最好依次顺序编号,一个月从头编一次序号,如果单位的凭证少,可以全年顺序编号。

只有掌握熟悉了会计凭证装订方法,才能更好地提高会计人员工作效率。装订凭证厚度一般1.5厘米(图6－8),方可保证装订牢固,美观大方。

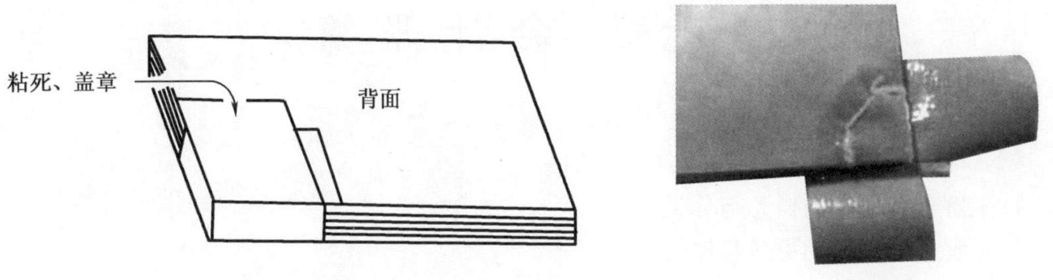

(a) 示意图　　(b) 实例

图6－7　会计凭证装订示意图(四)

图6－8　会计凭证装订实例图(五)

复习思考题

1. 什么是会计凭证？准确填制和严格审查会计凭证有什么意义？
2. 会计凭证分为哪几类？有什么区别？
3. 对原始凭证的填制和审核有哪些要求和内容？
4. 对记账凭证的填制和审核有哪些要求和内容？
5. 原始凭证的审核要求包括哪些？
6. 记账凭证的基本内容包括什么？
7. 收款凭证、付款凭证和转账凭证的填制要求分别是什么？
8. 正确合理地组织会计凭证的传递有什么作用？
9. 整理、保管会计凭证的要求是什么？

第七章　会计账簿

【基本要求】

1. 了解会计账簿的概念与分类
2. 了解会计账簿的更换与保管
3. 熟悉会计账簿的登记要求
4. 熟悉总分类账与明细分类账平行登记的要点
5. 掌握日记账、总分类账及有关明细分类账的登记方法
6. 掌握对账与结账的方法
7. 掌握错账查找与更正的方法

第一节　会计账簿概述

一、会计账簿的概念和作用

(一)会计账簿的概念

会计账簿简称账簿,是指由一定格式的账页组成的,以经过审核的会计凭证为依据,全面、系统、连续地记录各项经济业务的簿籍。对于账簿的概念,可以从两个方面理解:一是从外表形式看,账簿是由具有一定格式的账页联结而成的簿籍;二是从记录的内容看,账簿是对各项经济业务进行分类和序时记录的簿记。

(二)会计账簿的作用

一个企业在生产经营活动过程中,会连续地发生许多经济业务,这些经济业务首先是通过各种会计凭证的审核和填列,记录所涉及的详细内容。但由于会计凭证数量多而且零散,且每张凭证中只能反映其不同的经济业务,不能连续、系统、全面地对企业在一定时期内所发生的全部经济业务予以反映。因此,必须通过设置和登记账簿这一会计核算重要方法的运用,提供相关的必要数据,满足管理需要。

设置和登记账簿,是编制财务报表的基础,是连接会计凭证和财务报表的中间环节。

账簿的设置和登记在会计核算中具有重要的作用。

1. 记载和储存会计信息

在会计核算中,通过填制和审核会计凭证,可以详细记录每项经济业务,但填制的会计凭证都是零散地反映某一项或几项经济业务,所提供的信息是零散的、片段的、不连续的。通过设置账簿,并在账簿中进行登记,可以将分散的凭证资料进行整理、归类和汇总,从而能系统、全面地反映一定时期经济业务的发生情况及其结果。

2. 分类和汇总会计信息

账簿由不同的相互关联的账户所构成。通过账簿记录,一方面可以分门别类地反映各项会计信息,提供一定时期内经济活动的详细情况;另一方面可以通过发生额、余额计算,提供各方面所需的总括会计信息,反映财务状况及经营成果的综合价值指标。

3. 检查和校正会计信息

账簿记录是会计凭证信息的进一步整理。如在永续盘存制下,通过有关盘存账户余额与实际盘点或核查结果的核对,可以确认财产的盘盈或盘亏,并根据实际结存数额调整账簿记录,做到账实相符,提供如实、可靠的会计信息。

4. 编报和输出会计信息

为了反映一定日期的财务状况以及一定时期的经营成果,应定期进行结账工作,进行有关账簿之间的核对,计算出本期发生额和余额,据以编制会计报表,向有关各方提供所需要的会计信息。

二、会计账簿的基本内容

为了科学地反映和记录经济业务的内容,各经济单位应根据经济业务的特点和管理要求,科学、合理地设置账簿,并认真做好记账工作。在实际工作中,虽然各种会计账簿所记录的经济业务不同,账簿的格式也多种多样,但各种账簿都应具备以下基本内容。

(一)封面

封面主要用来标明账簿的名称,如总分类账、各种明细分类账、现金日记账、银行存款日记账等。

(二)扉页

扉页主要列明科目索引、账簿启用和经管人员一览表。内容包括单位名称、账簿名称、账簿编号、账簿页数;启用日期、经管账簿单位会计机构负责人(会计主管人员)、经管人员、移交人和移交日期、接管人和接管日期、账户目录等,如表7-1和表7-2所示。

表7-1 科目索引(目录)

页数	科目名称	页数	科目名称	页数	科目名称	页数	科目名称

表7-2 账簿启用登记和经管人员一览表

<table>
<tr><td></td><td>单位名称</td><td></td><td>印签</td></tr>
<tr><td></td><td>账簿名称</td><td></td><td rowspan="4"></td></tr>
<tr><td></td><td>账簿编号</td><td></td></tr>
<tr><td></td><td>账簿页数</td><td>本账簿共计 页</td></tr>
<tr><td></td><td>启用日期</td><td>年 月 日</td></tr>
</table>

表7-2(续)

责任者		主管	会计	记账	审核
经管人姓名及交接日期	接管　年　月　日				
	交出　年　月　日				
	接管　年　月　日				
	交出　年　月　日				
	接管　年　月　日				

(三)账页

账页是账簿用来记录经济业务事项的载体,包括账户的名称、登记账户的日期栏、凭证种类和号数栏、摘要栏、金额栏、总页次和分户页次等基本内容。

三、会计账簿与账户的关系

账簿与账户的关系是形式和内容的关系。账簿是由若干账页组成的一个整体,账簿中的每一账页就是账户的具体存在形式和载体,没有账簿,账户就无法存在;账簿序时、分类地记录经济业务,是在各个具体的账户中完成的。因此,账簿只是一个外在形式,账户才是它的实质内容。

四、会计账簿的种类

会计账簿的种类很多,不同类别的会计账簿可以提供不同的信息,满足不同的需要。

(一)按用途分类

会计账簿按其用途的不同,可以分为序时账簿、分类账簿和备查簿等,如图7-1所示。

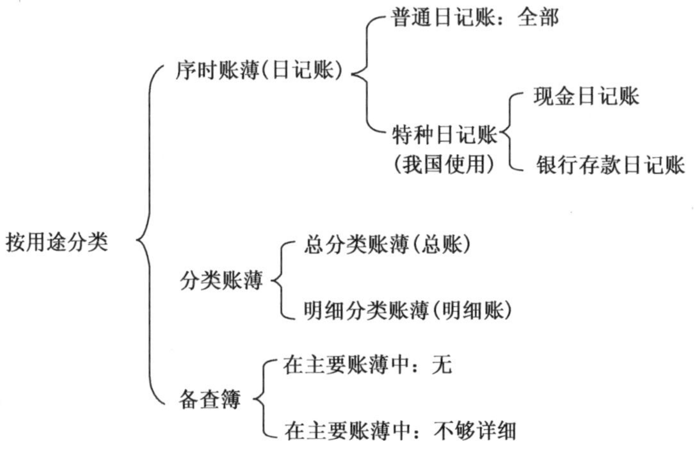

图7-1　会计账簿按用途分类示意图

1. 序时账簿

序时账簿也称日记账,是对各项经济业务按其发生时间的先后顺序,逐日逐笔进行及时登记的账簿。序时账簿按其所记录的内容不同,分为普通日记账和特种日记账。

(1)普通日记账 是对全部经济业务按其发生的时间先后顺序逐日逐笔登记的账簿,核算和监督全部经济业务的发生和完成情况。登记普通日记账只能由一个人负债,并且每笔会计记录都需要逐笔转记到分类账中,工作量大。特别是随着企业规模的扩大,经济业务的增多及记账凭证的出现,普通日记账不便于登记分类账和登账工作量大的缺陷逐渐显露。而且由于普通日记账不是分类记录经济业务,不便于日后查阅,不利于对重要经济业务的严格管理。因此,目前已经较少使用普通日记账。普通日记账的格式如表 7-3 所示。

表 7-3 普通日记账

单位:元

2020 年		凭证		会计科目	摘要	借方金额	贷方金额	记账符号
月	日	字	号					
11	1	转	1	材料采购	购入材料	200 000		√
				应交税费	增值税	2 600		√
				应付账款	雨馨公司		202 600	√

(2)特种日记账 是用来核算和监督某一特定种类的经济业务按其发生时间的先后顺序逐日逐笔登记的账簿。我国会计准则规定,发生频繁且要求严格管理和控制的业务,应设置特种日记账。在会计实务中,通常只对库存现金和银行存款设置日记账,进行序时核算,以加强对货币资金的管理。

①三栏式现金日记账 三栏式现金日记账设借方、贷方、余额三个基本的金额栏式,分别称为收入、支出和结余三个基本栏目。在金额栏与摘要栏之间常常插入“对方科目”,以便记账时标明现金收入的来源和现金支出的用途科目。三栏式现金日记账的格式如表 7-4 所示。

表 7-4 现金日记账(三栏式)

单位:元

2020 年		凭证		摘要	对方科目	收入	支出	余额
月	日	字	号					
12	1			月初余额				1 500
	2	银付	略	提现	银行存款	500		2 000
	2	现付	略	预支差旅费	其他应收款		300	1 700
	5	现付	略	购买办公用品	管理费用		100	1 600
	6	现收	略	收回差旅费用	其他应收款	50		1 650
	6	现收	略	出售废旧物资	其他业务收入	20		1 670

②多栏式现金日记账 多栏式现金日记账是在三栏式现金日记账基础上发展起来的,日记账的借方(收入)和贷方(支出)金额栏都按对方科目设专栏,也就是按收入的来源和支出的用途设专栏。多栏式现金日记账的格式如表 7-5 和表 7-6 所示。

表7-5　库存现金收入日记账(多栏式)

第　页
单位:元

2020年		凭证		摘要	贷方科目			收入合计	支出合计	结余
月	日	字	号		银行存款	其他应收账款	其他业务收入			

表7-6　库存现金支出日记账(多栏式)

第　页
单位:元

年		凭证		摘要	借方科目					
月	日	字	号		银行存款	其他应收款	管理费用	应付职工薪酬	…	支出合计

采用多栏式库存现金日记账时,按收入、付出的对应科目分栏逐笔登记,到月末结账时,分栏加计发生额,对全月现金的收入来源、支出去向都可以一目了然,能够为全企业的经济活动分析和财务收支分析提供详细具体的资料。但是,在使用会计科目比较多的情况下,多栏式日记账的账页过宽,不便于分工登记,而且容易发生错栏串行的错误。为此,在实际工作中可以将多栏式库存现金日记账分设两本,即分为多栏式现金收入日记账和多栏式现金支出日记账。

③银行存款日记账　银行存款日记账如表7-7所示。

表7-7　银行存款日记账(三栏式)

单位:元

2020年		凭证		摘要	对方科目	收入	支出	结余
月	日	字	号					
12	1			期初余额				38 000
	2	现付		存入现金	库存现金	2 500		40 500
	2	银付		采购材料	原材料		23 000	17 500
	2	银付		付进项税	应交税费		2 990	14 510
	3	银收		收回应收款	应收账款	10 000		24 510
	4	银付		偿还欠款	应付账款		5 000	19 510

2. 分类账簿

分类账簿是对全部经济业务按照会计要素的具体类别而设置的分类账户进行分类登记的账簿。按照反映经济业务的详细程度，分为总分类账簿和明细分类账簿。

(1)总分类账簿　简称总账，是根据总分类账户开设的，能够全面地反映企业的经济活动。总分类账簿提供的核算信息是编制会计报表的主要依据，主要采用三栏式，其格式如表7－8 所示。

表 7－8　总分类账（三栏式）

账户名称：　　　　　　　　　　　　　　　　　　　　　　　　单位：元

年		凭证		摘要	借方	贷方	借或贷	余额
月	日	字	号					

(2)明细分类账簿　简称明细账，是根据明细分类账户开设的，用来提供明细的核算资料。明细分类账按所采用的格式分为三栏式明细账、数量金额式明细账和多栏式明细账等。分类账簿是会计账簿的主体，也是编制会计报表的主要依据。

3. 备查账簿

备查账簿又称辅助登记簿或补充登记簿，是指在某些序时账簿和分类账簿中未能记载或者记载不够详细的经济业务事项进行补充登记的账簿。备查账簿没有固定格式，可由各单位根据管理的需要自行设置与设计。如“租入固定资产登记簿”“应收票据备查簿”“受托加工来料登记簿”和“代管商品物资登记簿”等。

备查账簿只是对其他账簿记录的一种补充，与其他账簿之间不存在严密的依存和勾稽关系。备查账簿根据企业的实际需要设置，没有固定的格式要求。应收票据备查簿如表7－9 所示。

表 7－9　应收票据备查簿

单位：元

收票日期		凭证号	承兑单位	票据种类	票面金额	利率	到期日	到期值	收款日期	转入应收账款	备注

（二）按账页格式分类

会计账簿按其账页的格式不同，可以分为两栏式账簿、三栏式账簿、多栏式账簿、数量金额式账簿和横线登记式账簿等，如图 7－2 所示。

按账页格式分类（金额）
- 两栏式：借方　贷方
- 三栏式：借方　贷方　余额
- 多栏式：借方　贷方　余额（借方 贷方设若干专栏）
- 数量金额式：借方　贷方　余额（都分设数量、单价和金额栏）

图 7－2　会计账簿按账页格式分类示意图

1. 两栏式账簿

两栏式账簿是指只有借方和贷方两个金额栏目的账簿,如表 7－10 所示。

表 7－10　两栏式账簿

会计科目:　　　　单位:元

年		凭证		摘要	借方金额	贷方金额
月	日	种类	编号			

2. 三栏式账簿

三栏式账簿是指其账页的格式主要部分为借方、贷方和余额三栏的账簿。三栏式账簿又可分为设对方科目和不设对方科目两种。区别是在摘要栏和借方科目栏之间是否有一栏“对方科目”栏。有“对方科目栏”的,称为设对方科目的三栏式账簿;不设“对方科目”栏的,称为不设对方科目的三栏式账簿。它主要适用于各种日记账、总分类账以及资本、债权和债务明细账等,其格式如表 7－11 所示。

表 7－11　三栏式明细分类账

应收账款明细账

明细科目:甲公司　　　　单位:元

年		凭证		摘要	借方	贷方	借或贷	余额
月	日	种类	编号					

3. 多栏式账簿

多栏式账簿是指根据经济业务的内容和管理的需要,在账页的"借方"和"贷方"栏内再分别按照明细科目或某明细科目的各明细项目设置若干专栏的账簿。这种账簿可以按"借方"和"贷方"分别设专栏,也可以只设"借方"专栏,"贷方"的内容在相应的借方专栏内用红字登记,表示冲减。收入、成本、费用明细账一般均采用这种格式的账簿,如表 7－12 所示。

表 7－12　多栏式明细分类账格式

制造费用明细分类账

明细科目:一车间　　　　　　　　　　　　　　　　单位:元

2020 年		凭证号	摘要	借方						贷方	余额
月	日			材料费	水电费	人工费	职工教育经费	折旧费	合计		

4. 数量金额式账簿

数量金额式,是指在账页中分设"借方""贷方"和"余额"或者"收入""发出"和"结存"三大栏,并在每一大栏内分设数量、单价和金额等三小栏的账簿,数量金额式账簿能够反映出财产物资的实物数量和价值量。原材料和库存商品等明细账一般采用数量金额式账簿,如表 7－13 所示。

表 7－13　原材料明细账分类账

明细账户:甲材料　　　　　计量单位:千克　　　　　金额单位:元

2020 年		凭证号码	摘要	收入			发出			结存		
月	日			数量	单价	金额	数量	单价	金额	数量	单价	金额
12	1	略	月初结存							1 000	100	100 000
	5	略	购入材料	2 000	100	200 000				3 000	100	300 000
	8	略	领用材料				500	100	50 000	2 500	100	250 000

5. 横线登记式账簿

横线登记式账簿又称平行式账簿,是指将前后密切相关的经济业务登记在同一行上,以便检查每笔业务的发生和完成情况的账簿,登记材料采购、在途物资、应收票据和一次性备用金等明细账一般采用横线登记式账簿。

(三)按外形特征分类

会计账簿按其外形特征不同,可以分为订本式账簿、活页式账簿和卡片式账簿,如图 7－3 所示。

- 按外形特征分类
  - 订本账
    - 现金日记账
    - 银行存款日记账
    - 总账
  - 活页账：各种明细账
  - 卡片账：也是一种活页账，固定资产明细账

图7－3　会计账簿按外形特征分类示意图

1. 订本式账簿

订本式账簿也称订本账,是指在账簿启用前就把具有账户基本结构并连续编号的若干张账页固定地装订成册的账簿。这种账簿的优点是:可以避免账页散失,防止账页被随意抽换,比较安全;其缺点是:由于账页固定,不能准确为各账户预留账页,不便于按需要调整各账户的账页,也不便于分工记账。这种账簿一般适用于总分类账、库存现金日记账和银行存款日记账。

2. 活页式账簿

活页式账簿也称活页账,是指年度内账页不固定装订成册,而是将其放置在活页账夹中的账簿。可根据记账内容的变化而随时增加或减少部分账页账簿。当账簿登记完毕之后(通常是一个会计年度结束之后),才能将账页予以装订,加具封面,并给各账页连续编号。这种账簿的优点是:随时取放,便于账页的增加和重新排列,便于分工记账;缺点是:账页容易散失和被随意抽换。活页账在年度终了时,应及时装订成册,妥善保管。各种明细分类账一般采用活页账式。

3. 卡片式账户

卡片式账簿又称卡片账,是指由许多具有一定格式的卡片组成,存放在一定卡片箱内的账簿。卡片账的卡片一般装在卡片箱内,不用装订成册,随时可存放,也可跨年度长期使用。这种账簿的优点是:便于随时查阅,也便于按不同要求归类整理,不易损坏;其缺点是:账页容易散失和随意抽换。因此,在使用时应对账页连续编号,并加盖有关人员图章,卡片箱应由专人保管,更换新账后也应封扎保管,以保证其安全。在我国,单位一般只对固定资产明细账采用卡片账形式,但也有少数企业在材料核算中使用材料卡片。

第二节　会计账簿的启用与登记要求

一、会计账簿的启用

启用会计账簿时,应当在账簿封面上写明单位名称和账簿名称,并在账簿扉页上附启用表。启用订本式账簿应当从第一页到最后一页顺序编定页数,不得跳页、缺号。使用活页式账簿应当按账户顺序编号,定期装订成册,装订后再按实际使用的账页顺序编定页码,另加目录以便于记明每个账户的名称和页次。

二、会计账簿的登记要求

为了保证账簿记录的正确性，必须根据审核无误的会计凭证登记会计账簿，并符合有关法律、行政法规和国家统一的会计准则制度的规定。

（一）准确完整

登记账簿时，应当将会计凭证日期、编号、业务内容摘要、金额和其他有关资料逐项记入账内，做到数字准确、摘要清楚、登记及时、字迹工整。账簿中的日期，应当填写记账凭证上的日期；以自制原始凭证（如收料单等）。作为记账依据的，账簿记录中的日期应当按有关自制凭证上的日期填列。

（二）注明记账符号

账簿记录完毕后，应在记账凭证上签名或盖章，并注明已经登账的符号表示已经记账，可避免重记、漏记。

（三）书写留空

账簿中书写的文字和数字应紧靠底线书写，上面要留有适当空格，不要写满格，一般应占格距的1/2。这样，在发生登记错误时，能比较容易地进行更正，方便查账工作。

（四）正常记账使用蓝黑墨水

为了保持账簿记录的持久性，防止涂改，登记账簿应当用蓝黑墨水或者碳素墨水书写，不得使用圆珠笔（银行的复写账簿除外）或者铅笔书写。

（五）特殊记账使用红墨水

下列情况下，可以用红色墨水记账：

①按照红字冲账的记账凭证，冲销错误记录；

②在不涉及借贷栏的多栏式账页中，登记减少数；

③在三栏式账户的余额栏前，如未印明余额方向的，在余额栏内登记负数余额；

④根据统一的会计准则的规定可以用红字登记的其他会计记录。

由于会计中的红字表示负数，因而除上述情况外，不得使用红字记录。

（六）顺序连续登记

各种账簿应按页次顺序连续登记，不得跳行、隔页。如果发生跳行、隔页，应当将空行、空页划线注销，或者注明“此行空白”“此页空白”字样，并由记账人员和会计机构负责人（会计主管人员）在更正处签名或者盖章。

（七）结出余额

凡需要结出余额的账户，结出余额后，应当在“借”或“贷”等栏内写明“借”或者“贷”等字样，以示余额的方向；对于没有余额的账户，应在“借或贷”栏内写“平”字，并在“余额”栏“元”位处用“-0-”表示（或用“0”表示）。库存现金日记账和银行存款日记账必须逐日结出余额。

（八）过次承前

每一账页登记完毕结转下页时，应当结出本页发生合计数及余额，写在本页最后一行和下页第一行有关栏内，并在摘要栏内注明“过次页”，并将这一金额记入下一页第一行有关金额栏内，在该摘要栏注明“承前页”字样，以保持账簿记录的连续性，便于对账和结账。

对需要结计本月发生额的账户，结计“过次页”的本页合计数应当为自本月初起至本页末止的发生额合计数；对需要结计本年累计发生额的账户，结计“过次页”的本页合计数应当为自年初起至本页末止的累计数；对既不需要结计本月发生额，也不需要结计本年累计发生额的账户,可以只将每页末的余额结转次页。

(九)不得涂改、刮擦、挖补

记账时,如果账簿发生错误,不得涂改、挖补、刮擦,或者用褪色药水消除字迹,不得重新抄写,必须根据错误的具体情况,采用正确的更正方法予以更正。

对实现电算化的单位,用计算机打印的会计账簿必须连续编号,经审核无误后装订成册,并由记账人员和会计机构负责人(或会计主要人员)签字或盖章,以防止账页丢失或被抽换,保证会计资料的完整性。总账和明细账应当定期打印。发生收款和付款业务的,在输入收款凭证和付款凭证的当天,必须打印出现金日记账和银行存款日记账,并与库存现金核对无误。

第三节　会计账簿的格式和登记方法

一、日记账的格式与登记方法

日记账是按照经济业务发生或完成的时间先后顺序逐日逐笔进行登记的账簿。设置日记账的目的是为了使经济业务的时间顺序清晰地反映在账簿记录中。日记账按其所核算和监督经济业务的范围,可分为特种日记账和普通日记账。在我国,大多数企业一般只设现金日记账和银行存款日记账。

(一)现金日记账的格式和登记方法

1. 现金日记账的格式

现金日记账是用来核算和监督库存现金日常收、付和结存情况的序时账簿。现金日记账的格式主要有三栏式和多栏式两种,库存现金日记账必须使用订本账。

(1)三栏式库存现金日记账　是用来登记现金的增减变动及其结果的日记账。设借方、贷方和余额三个金额栏目,一般将其分别称为收入、支出和结余三个基本栏目。

三栏式库存现金日记账是由出纳人员根据现金收款凭证、现金付款凭证以及银行存款的付款凭证,按照现金收、付款业务和银行存款付款业务发生时间的先后顺序逐日逐笔登记。

(2)多栏式库存现金日记账　是在三栏式库存现金日记账基础上发展起来的。这种日记账的借方(收入)和贷方(支出)金额栏都按对方科目设专栏,也就是按收入的来源和支出的用途设专栏。这种格式在月末结账时,可以结出各收入来源专栏和支出用途专栏的合计数,便于对现金收支的合理性、合法性进行审核分析,便于检查财务收支计划的执行情况,其全月发生额还可以作为登记总账的依据。多栏式库存现金日记账的格式如表7-14所示。

表7-14　库存现金日记账(多栏式)

单位:元

年		凭证		摘要	收入的对方科目				支出的对方科目				结余
月	日	字	号		主营业务收入	应收账款	…	合计	材料采购	银行存款	…	合计	

2. 现金日记账的登记方法

(1)三栏式库存现金日记账的登记方法 库存现金日记账是专门用来记录库存现金每天的收入、支出以及结余情况的会计账簿。

库存现金日记账通常由出纳员根据审核后的库存现金收款凭证、库存现金付款凭证以及与库存现金有关的银行存款付款凭证,按照经济业务的发生顺序逐日逐笔进行登记(如果是通用记账凭证、则按与库存现金收入与支出业务有关的记账凭证进行登记)。

库存现金收款凭证登记在借方栏,库存现金付款凭证的金额登记在贷方栏。值得注意的是,对于从银行提取库存现金的经济业务,由于按照规定只能编制银行付款凭证,所以,应根据相关的银行付款凭证登记库存现金的收入金额。每日终了,出纳人员应该计算出当日现金收入、支出合计数以及结余额,并与库存现金实际数目相核对,务必做到账实相符。

现金日记账的登记方法和要求如下:

①日期栏。用于登记记账凭证的日期,应与现金实际收付的日期一致。

②凭证号码栏。用于登记入账收付款凭证的种类和编号。如"现金收(付)凭证"简写为"现收(付)","银行收(付)凭证"简写为"银收(付)",凭证栏还要登记凭证编号,便于以后查账和核对。

③摘要栏。用于简要说明入账经济业务的内容,文字要简练但能说明问题。

④对方科目栏。用于登记库存现金收入来源的科目或库存现金支出用途的科目,如用库存现金支付前欠收购个人农产品货款,库存现金支出的对方科目就是应付账款。

⑤借方、贷方、余额栏。指记账凭证上对应的现金借方或贷方金额,借方反映库存现金的收入、贷方反映库存现金的支出。每日终了,应分别计算库存现金借方和贷方合计数,逐日结出余额。同时将余额与库存现金核对,以检查每日库存现金收付是否有误,做到"日清"。如果账款不符必须查明原因,并记录备案。月终同样要计算每月的库存现金收、付合计数及结存余额,通常称为"月结"。

(2)多栏式库存现金日记账的登记方法 企业如果设置多栏式库存现金日记账,一般需要按照库存现金收入业务和支出业务分设"库存现金收入日记账"和"库存现金支出日记账"(表7-5、表7-6)。其中,库存现金收入日记账按对应的贷方科目设专栏,并另设"支出合计"栏和"结余"栏;库存现金支出日记账则只按支出的对方科目设专栏,不设"收入合计"栏和"结余"栏。

登记多栏式现金日记账时,应根据有关现金收入业务的记账凭证登记库存现金收入日记账,根据有关现金支出业务的记账凭证登记库存现金支出日记账。每日终了,根据库存现金支出日记账结出的支出合计数,一笔转入库存现金收入日记账的"支出合计"栏中,并结出当日余额填入"结余"栏,然后与库存现金实有数核对。

(二)银行存款日记账的格式与登记方法

银行存款日记账是用来核算和监督银行存款每日的收入、支出和结余情况的账簿。银行存款日记账应按企业在银行开立的账户和币种分别设置,每个银行账户设置一本日记账。银行存款日记账应由出纳人员根据审核无误的涉及银行收、付的记账凭证按经济业务发生的时间的先后顺序,逐日逐笔进行登记。根据银行存款收款凭证和有关的现金付款凭证登记银行存款收入栏,根据银行存款付款凭证登记支出栏,每日结出存款余额。

1. 银行存款日记账的格式

银行存款日记账是用来核算和监督银行存款每日的收入、支出和结余情况的账簿。银行存款日记账应按企业在银行开立的账户和币种分别设置,每个银行账户设置一本日记账。由出纳员根据与银行存款收付业务有关的记账凭证,按时间先后顺序逐日逐笔进行登记。根据银行存款收款凭证和有关的库存现金付款凭证登记银行存款收入栏,根据银行存款付款凭证登记其支出栏,每日结出存款余额。

银行存款日记账的格式和登记方法与现金日记账大致相同,既可以采用三栏式,也可以采用多栏式。银行存款采用三栏式时格式如表7-7所示。

2. 银行存款日记账的登记方法

银行存款日记账通常由出纳员根据审核后的银行存款收款凭证、银行存款付款凭证以及与银行存款有关的现金付款凭证,按照经济业务的发生顺序逐日逐笔进行登记(如果是通用记账凭证、则按与银行存款收入与支出业务有关的记账凭证进行登记)。

银行存款收款凭证的金额登记在借方栏,银行存款付款凭证的金额登记在贷方栏。值得注意的是,对于库存现金送存银行的经济业务,由于按照规定只能编制库存现金付款凭证,所以,应根据相关的库存现金付款凭证登记银行存款的收入数额。每日终了,出纳人员应该计算出当日银行存款的收入、支出合计数以及结余数,以便于定期或不定期与银行对账单进行核对,务必做到账实相符。

银行存款日记账的登记方法和要求如下:

(1)日期栏　根据涉及银行存款收、付的记账凭证的日期登记。

(2)凭证号码栏　登记入账凭证的种类和编号。如果凭证分类为收款凭证、付款凭证和转账凭证,则前两种凭证简写为“收”“付”,转账凭证业务通常与银行存款业务无关,不登记。如果凭证分类为库存现金收付凭证、银行存款收付凭证和转账凭证,则现金收(付)凭证简写为“现收(付)”、银行存款收付凭证简写为“银收(付)”,凭证栏还要登记凭证的编号,便于以后查账和核对。

(3)摘要栏　用于简要说明入账经济业务的内容,文字要简练但能说明问题。

(4)对方科目栏　指记账凭证上除了银行存款之外对应的科目,反映银行存款收入的来源或支出的用途。如收到销售产品的货款,对方科目为“主营业务收入”。说明银行存款的增加来源于销售产品的货款。

(5)借方、贷方、余额栏　指记账凭证上除了银行存款之外对应的科目,借方反映银行存款的收入、贷方反映银行存款的支出。每日终了,应分别计算银行存款借方和贷方合计数,并结出余额,做到“日清”,以便检查监督各项收入和支出款项,避免出现透支现象。月终应计算出全月银行存款收入、支出合计数和余额,做到“月结”。同时,每月月末要将银行存款日记账余额与银行对账单余额进行核对,核查是否相符。如日记账金额与对账单余额不符。应查明原因并记录备案。

在实际工作中,无论是设置三栏式还是多栏式,一般还应在银行存款日记账适当位置增加一栏“结算凭证”,以便记账时标明每笔业务的结算凭证及编号,便于与银行核对账目。

二、总分类账户的格式和登记方法

(一)总分类账的格式

总分类账是指按照总分类账户分类登记以提供总括会计信息的账簿。总分类账最常用的格式为三栏式，设有借方、贷方和余额三个金额栏目。

（二）总分类账的登记方法

总分类账的登记方法因登记的依据不同而有所不同。经济业务少的小型单位的总分类账可以根据记账凭证逐笔登记；经济业务多的大中型单位的总分类账可以根据记账凭证汇总表（又称科目汇总表）或汇总记账凭证等定期登记。

表 7－15 所示总分类账采用的是记账凭证账务处理程序，如表 7－16 所示的总分类账采用的是科目汇总表账务处理程序。

表 7－15 总分类账（一）

账户名称：应付账款　　　　第　页

单位：元

2020 年		凭证		摘要	借方	贷方	借或贷	余额
月	日	字	号					
12	1			月初余额			贷	50 000
	5	转字	1	购材料款未付		25 000	贷	75 000
	8	银付	1	支付前欠货款	25 000		贷	50 000

表 7－16 总分类账（二）

账户名称：应付账款　　　　第　页

单位：元

2020 年		凭证		摘要	借方	贷方	借或贷	余额
月	日	字	号					
12	1			月初余额			贷	50 000
	10	科汇	1	1—10 日发生	25 000	30 000	贷	55 000

三、明细分类账的格式和登记方法

明细分类账是根据有关明细分类账户设置并登记的账簿。它能提供交易或事项比较详细、具体的核算资料，以补充总账所提供核算资料的不足。因此，各企业单位在设置总账的同时，还应设置必要的明细账。明细分类账一般采用活页式账簿、卡片式账簿。明细分类账一般根据记账凭证和相应的原始凭证来登记。

（一）明细分类账的格式

明细分类账是根据二级账户开设账页、分类、连续地登记经济业务以提供详细核算资料的账簿。

根据各种明细分类账所记录经济业务的特点，明细分类账的常用格式主要有以下四种。

1. 三栏式明细分类账

三栏式账页是设有借方、贷方和余额三个栏目，用以分类核算各项经济业务，提供详细核算资料的账簿，其格式与三栏式总账格式相同。适用于只进行金额核算的账户，如债权、债务结算账户的明细账等。三栏式明细账的格式如表7-11所示。

2. 多栏式明细分类账

多栏式账页是将属于同一个总账科目的各个明细科目合并在一张账页上进行登记,即在这种格式账页的借方或贷方金额栏内按照明细项目设若干专栏。这种格式适用于收入、成本、费用类科目的明细核算。多栏式明细账的格式如表7-17所示。

表7-17　制造费用明细分类账

明细科目:一车间　　　　单位:元

2020年		凭证号码	摘要	借方					贷方	余额
月	日			职工薪酬	折旧费	水电费	办公费	材料费		
12	5	略	分配工资	5 000						5 000
	10	略	领用材料					600		5 600
	12	略	支付办公费				400			6 000
	15	略	支付水电费			500				6 500
	30	略	计提折旧费		2 000					8 500
	31	略	转入生产成本	5 000	2 000	500	400	600	8 500	0

在实际工作中,为减少栏次,成本、费用类科目的明细账也可以只按借方发生额设专栏,贷方发生额由于每月发生的笔数很少,可以直接用红字冲减,其格式如表7-18所示。

表7-18　制造费用明细分类账

明细科目:一车间　　　　单位:元

月	日	凭证号码	摘要	职工薪酬	折旧费	水电费	办公费	材料费	余额
12	5	略	分配工资	5 000					5 000
	10	略	领用材料					600	5 600
	12	略	支付办公费				400		6 000
	15	略	支付水电费			500			6 500
	30	略	计提折旧费		2 000				8 500
	31		转入生产成本	(5 000)	(2 000)	(500)	(400)	(600)	(8 500)

3. 数量金额式明细分类账

数量金额式账页适用于既要进行金额核算又要进行数量核算的账户,如原材料、库存商品等存货账户,其借方(收入)、贷方(发出)和余额(结存)都分别设有数量、单价和金额三个专栏。

数量金额式账页提供了企业有关财产物资数量和金额收、发、存的详细资料,从而能加强财产物资的实物管理和使用监督,保证这些财产物资的安全完整。数量金额式明细账的格式如表7-13所示。

4. 横线登记式

横线登记式账页采用横线登记,即将每一相关的业务登记在一行,从而可依据每一行各个栏目的登记是否齐全来判断该项业务的进展情况。这种格式适用于登记材料采购、在途物资等的明细核算,格式如表7-19所示。

表 7-19　在途物资明细分类账

第 1 页

明细科目:甲材料　　　　单位:元

2020 年		凭证号码	摘要	借方金额			贷方金额				结余金额
月	日			买价	采购费用	合计	月	日	凭证号码	金额	
12	5	略	购入材料	5 600	300	5 900	12	5	略	5 900	
	8	略	购入材料	7 200	600	7 800				7 800	
	10	略	购入材料	2 800	400	3 200				3 200	
	12	略	购入材料	1 000	300	1 300					

(二)明细分类账的登记

明细分类账常用的格式有三栏式明细账、多栏式明细账、数量金额式明细账和横线登记式明细账等几种。登记的方法基本相同,只不过各自侧重记录的会计信息不同而已。各种明细账的登记方法,应根据各会计主体经济业务量的大小、会计人员的多少、经济业务的内容以及经济管理的具体情况而定。

明细分类账通常由相关会计人员根据有关原始凭证、原始凭证汇总表或者记账凭证逐笔登记,也可以根据上述凭证逐日或者定期汇总登记。一般来说,固定资产、债权债务等明细账应逐日逐笔登记;库存商品、原材料、收入、费用等明细账可以逐笔登记,也可以定期汇总进行登记。

四、备查账簿的格式和登记

备查账簿也称辅助账簿,是对某些在序时账簿和分类账簿等主要账簿中未能记载的会计事项进行补充登记的账簿。它是为备忘备查而设置的,可以为某些经济业务的内容提供必要的参考资料,因而它与序时账簿和分类账簿有所不同,不同之处主要有:它登记的依据不是记账凭证,并且没有固定的格式,它注重以文字方式记叙某项经济业务的发生和完成情况。

五、总分类账和明细分类账的平行登记

(一)总分类账户与明细分类账户的关系

总分类账户是所属明细分类账户的统驭账户,对所属明细分类账户起着控制作用;明细分类账户则是总分类账户的从属账户,对其所隶属的总分类账户起着辅助作用。总分类账户及其所属明细分类账户的核算对象是相同的,它们所提供的核算资料互相补充,只有把二者结合起来,才能既总括又详细地反映同一核算内容。因此,总分类账户和明细分类账户必须平行登记。

1. 总分类账户和明细分类账户的联系

(1)反映经济业务的内容相同　如“原材料”账户与其所属的“原料及主要材料”“辅助材料”等明细账户都用来反映原材料收发及结存业务。

(2)登记账簿的原始依据相同　登记总分类账户与登记其所属的明细分类账户的原始凭证是相同的。

2. 总分类账与明细分类账户的区别

总分类账与明细分类账户的区别主要表现在两个方面：

(1)反映经济业务内容的详细程度不同　总分类账户是概括地反映会计对象的具体内容，提供的是总括性指标；明细分类账户是详细地反映会计对象的具体内容，提供的是比较详细具体的指标。

(2)作用不同　总分类账户对明细分类账户具有统驭控制作用；明细分类账户对总分类账户具有补充说明作用。总分类账户与其所属明细分类账户在总金额上是相等的。

(二)总分类账户与明细分类账户平行登记的要点

为了使总分类账户与所属明细分类账户之间能起到统驭与补充作用，便于科学核对，并确保核算资料的正确、完整，必须采用平行登记的方法，在总分类账户及其所属明细分类账户中进行记录。

所谓平行登记是指对所发生的每项经济业务都要以会计凭证为依据，一方面记入有关总分类账户，另一方面记入所属明细分类账户的方法。

总分类账户与明细分类账户平行登记的要点如下。

1. 依据相同

在将发生的交易或事项记入总分类账户及其所属明细账户时，所依据的会计凭证(特别是原始凭证)相同。虽然登记总分类账户及其所属明细分类账户的直接依据不一定相同，但原始依据是相同的。

2. 方向相同

在交易或事项记入总分类账户和明细分类账户时，记账方向必须相同。也就是说，如果总分类账户记入借方，所属明细分类账户也应记入借方；如果总分类账户记入贷方，则所属明细分类账户也应记入贷方。

3. 期间相同

对每项交易或事项在记入总分类账和明细分类账户过程中，可以有先有后，但必须在统一会计期间(一般在同一个月份)全部登记入账。

4. 金额相等

记入总分类账户的金额与记入其所属的各明细分类账户的金额合计数相等。总分类账户提供总括指标，明细分类账户提供总分类账户所记内容的具体指标，所以，记入总分类账户的金额与记入明细分类账户的金额合计数必须相等。

企业可以根据总分类账户与其所属的明细分类账户的发生额和余额必须相等的原理，通过总分类账户和明细分类账户的相互核对，来检查总分类账户及其所属的明细分类账户的记录是否正确。

(三)总分类账和明细分类账平行登记方法(实例)

1. 资料一

2020年1月1日，江南公司的“原材料”和“应付账款”总分类账户及其所属的明细分类账户的有关资料如表7-20至表7-22所示。

表 7－20　原材料和应付账款总分类账户余额表

名称	期初余额
原材料	20 000 元
应付账款	16 500 元

表 7－21　原材料明细分类账户余额表

名称	数量	单价	期初余额
甲材料	100 千克	50 元	5 000 元
乙材料	15 000 只	1 元	15 000 元
合计			20 000 元

表 7－22　应付账款明细分类账户余额表

名称	期初余额
江南永红公司	12 000 元
江南华天公司	4 500 元
合计	16 500 元

2. 资料二

1 月份发生的有关经济业务如下(此处仅说明总账与所属明细账的平行登记方法,所以暂不考虑税金):

①购入甲材料 8 千克,每千克 50 元,乙材料 600 只,每只 1 元。以库存现金支付货款 1 000 元,材料已验收入库。

②以银行存款偿还前欠江南永红公司货款 1 000 元,江南华天公司货款 2 000 元

③购入甲材料 20 千克,每千克 50 元,乙材料 4 000 只,每只 1 元。共计货款 5 000 元。其中甲材料从江南永红公司购买,货款尚未支付;乙材料从江南华天公司购买,货款已用银行存款支付,材料验收入库。

④以银行存款偿还前欠江南永红公司货款 2 000 元,欠江南华天公司货款 2 500 元。

3. 要求

(1)设账　根据资料一开设“原材料”和“应付账款”总分类账及所属各明细分类账,填入期初余额。

(2)编制会计分录并记账　根据资料二编制会计分录,并根据会计分录登记“原材料”和“应付账款”总分类账户及所属各明细分类账户。

(3)结账和对账　月末,结出各账户的本期发生额和期末余额。编制“原材料”和“应付账款”明细分类账户本期发生额及余额表,并分别与“原材料”和“应付账款”总分类账户的本期发生额及期末余额进行核对。

4. 操作步骤

(1)设账,如表 7－23 至表 7－28 所示。

表7－23　总分类账

账户名称:原材料　　　　　　　　　　　　　　　　　　　　　　　　　　　单位:元

2020年		凭证号	摘要	借方	贷方	借或贷	余额
月	日						
1	1		上年结转			借	20 000
			①购入材料	1 000		借	21 000
			③购入材料	5 000		借	26 000
1	31		本月合计	6 000		借	26 000

表7－24　原材料明细分类账

账户名称:甲材料　　　　　　　　计量单位:千克　　　　　　　　金额单位:元

2020年		凭证号	摘要	借方			贷方			余额		
月	日			数量	单价	金额	数量	单价	金额	数量	单价	金额
1	1		上年结转							100	50	5 000
			①购入	8	50	400				108	50	5 400
			③购入	20	50	1 000				128	50	6 400
1	31		本月合计	28	50	1 400				128	50	6 400

表7－25　原材料明细分类账

账户名称:乙材料　　　　　　　　计量单位:只　　　　　　　　金额单位:元

2020年		凭证号	摘要	借方			贷方			余额		
月	日			数量	单价	金额	数量	单价	金额	数量	单价	金额
1	1		上年结转							15 000	1	15 000
			①购入	600	1	600				15 600	1	15 600
			③购入	4 000	1	4 000				19 600	1	19 600
1	31		本月合计	4 600	1	4 600				19 600	1	19 600

表7－26　总分类账

账户名称:应付账款　　　　　　　　　　　　　　　　　　　　　　　　　单位:元

2020年		凭证号	摘要	借方	贷方	借或贷	余额
月	日						
1	1		上年结转			贷	165 00
			②偿还货款	3 000		贷	13 500
			③购料		1 000	贷	14 500
			④偿还货款	4 500		贷	10 000
1	31		本月合计	7 500	1 000	贷	10 000

表 7－27　应付账款明细分类账

账户名称:江南永红公司　　　　单位:元

2020 年		凭证号	摘要	借方	贷方	借或贷	余额
月	日						
1	1		上年结转			贷	12 000
			②偿还货款	1 000		贷	11 000
			③购料		1 000	贷	12 000
			④偿还货款	2 000		贷	10 000
1	31		本月合计	3 000	1 000	贷	10 000

表 7－28　应付账款明细分类账

账户名称:江南华天公司　　　　单位:元

2020 年		凭证号	摘要	借方	贷方	借或贷	余额
月	日						
1	1		上年结转			贷	4 500
			②偿还货款	2 000		贷	2 500
			④偿还货款	2 500		贷	0
1	31		本月合计	4 500		贷	0

(2)会计分录的编制。

①借:原材料——甲材料　　400
　　　　　——乙材料　　600
　贷:库存现金　　1 000

②借:应付账款——江南永红公司　　1 000
　　　　　——江南华天公司　　2 000
　贷:银行存款　　3 000

③借:原材料——甲材料　　1 000
　　　　　——乙材料　　4 000
　贷:应付账款——江南永红公司　　1 000
　　　银行存款　　4 000

④借:应付账款——江南永红公司　　2 000
　　　　　——江南华天公司　　2 500
　贷:银行存款　　4 500

(3)根据以上会计分录登记有关账簿(表 7－23～表 7－28)。

(4)月末,结出各账户的本期发生额和期末余额,并编制“明细分类账户本期发生额及余额表”,核对平行登记的结果是否正确(表 7－29、表 7－30)。

表7-29 原材料明细分类账户本期发生额及余额表

2020年1月　　　　单位:元

明细账	计量单位	单价	期初余额		本期发生额				期末余额	
					收入		发出			
			数量	金额	数量	金额	数量	金额	数量	金额
甲材料	千克	50	100	5 000	28	1 400			128	6 400
乙材料	只	1	15 000	15 000	4 600	4 600			19 600	19 600
合计				20 000		6 000				26 000

表7-30 应付账款明细分类账户本期发生额及余额表

2020年1月　　　　单位:元

明细账	期初余额		本期发生额		期末余额	
	借方	贷方	借方	贷方	借方	贷方
江南永红公司		12 000	3 000	1 000		10 000
江南华天公司		4 500	4 500			0
合计		16 500	7 500	1 000		10 000

第四节　对账和结账

一、对账

(一)对账的概念

登记账簿作为会计核算的方法之一,它除了包括记账外,还包括对账和结账两项工作。

对账,就是核对账目,是保证会计账簿记录质量的重要程序。在会计工作中,由于种种原因,难免会发生记账、计算等差错,也难免会出现账实不符的现象。为了保证各账簿记录和会计报表的真实、完整和正确,如实地反映和监督经济活动,各单位必须做好对账工作。

对账工作一般在月末进行,即在记账之后结账之前进行。

(二)对账的内容

账簿记录的准确与真实可靠,不仅取决于账簿的本身,还涉及账簿与凭证的关系,账簿记录与实际情况是否相符的问题等。所以,对账应包括账簿与凭证的核对、账簿与账簿的核对、账簿与实物的核对。把账簿记录的数字核对清楚,做到账证相符、账账相符和账实相符。对账的主要内容如下。

1. 账证核对

账簿是根据经过审核之后的会计凭证登记的,但实际工作中仍有可能发生账证不符的情况,记账后,应将账簿记录与会计凭证核对,核对账簿记录与原始凭证,记账凭证的时间、凭证字号、内容、金额等是否一致,记账方向是否相符,做到账证相符。

会计期末,如果发现账证不符,也可以再将账簿记录与有关会计凭证进行核对,以保证账证相符。

2. 账账核对

账账核对是指将各种会计账簿之间相对应的记录进行核对。由于会计账簿之间相对应的记录存在着内在联系,因此,通过账账相对,可以检查、验证会计账簿记录的正确性,以

便及时发现错账,予以更正,保证账账相符。账账核对的内容主要包括:

(1)总分类账簿之间的核对 总分类账簿之间的核对是指总分类账簿中全部账户的本期借方发生额合计数和贷方发生额合计数,期末借方余额合计数和贷方余额合计数应分别核对相符,以检查总分类账户的登记是否正确。

(2)总分类账簿与所属明细分类账簿之间的核对 总分类账簿与其所属明细分类账簿核对是指总分类账户的期末余额应与所属明细分类账户的期末余额之和核对相符,以检查两者的登记是否正确。

(3)总分类账簿与序时账簿之间的核对 由于序时账簿中库存现金日记账和银行存款日记账需要设置总分类账,所以要求在对账时,总分类账与序时账也需要进行核对,即库存现金日记账和银行存款日记账期末余额应分别同有关总分类账户的期末余额核对相符。

(4)明细分类账簿之间的核对 会计部门各种财产物资明细分类账的期末余额应与财产物资保管或使用部门有关明细账的期末余额核对相符。

(三)账实核对

账实核对是指各项财产物资、债权债务等账面余额与实有数额之间的核对。

账实核对的内容主要包括:

①库存现金日记账账面余额与库存现金实际库存数逐日核对是否相符;

②银行存款日记账账面余额与银行对账单的余额定期核对是否相符;

③各项财产物资明细账账面余额与财产物资的实有数额定期核对是否相符;

④有关债权债务明细账账面余额与对方单位的账面记录核对是否相符等。

在实际工作中,造成账实不符的原因多种多样。如财产物资保管过程中发生的自然损耗;财产收发过程中由于计量或检验不准,造成多收或少收的差错;由于管理不善、制度不严造成的财产损坏、丢失和被盗等;在账簿记录中发生的重记、漏记和错记等;由于有关凭证未到,形成未达账项,造成结算双方账实不符;发生意外灾害等。因此,需要通过定期的财产清查来弥补漏洞,保证会计信息真实可靠,提高企业管理水平。

二、结账

(一)结账的概念

结账是一项将账簿记录定期结算清楚的账务工作。在一定时期结束时(如月末、季末或年末),为了编制财务报表,需要进行结账,具体包括月结、季结和年结。结账的内容通常包括两个方面:一是结清各种损益类账户,并据以计算确定本期利润;二是结出各资产、负债和所有者权益账户的本期发生额合计和期末余额。

(二)结账的程序

①结账前,将本期发生的经济业务全部登记入账,并保证其正确性。对于发现的错误,应采用适当的方法进行更正。

②在本期经济业务全面入账的基础上,根据权责发生制的要求,调整有关账项,合理确定应计入本期的收入和费用。

a. 应计收入和应计费用的调整。应计收入是指那些已在本期实现、因款项未收而未登记入账的收入。企业发生的应计收入,主要是本期已经发生且符合收入确认标准,但尚未收到相应款项的销售商品或提供劳务收入。对于这类调整事项,应确认为本期收入,借记“应收账款”等账户,贷记“主营业务收入”等账户;待以后收妥款项时,借记“库存现金”“银行存款”等账户,贷记“应收账款”等账户。应计费用是指已经发生但尚未支付的费用。企业发生的应计费用,本期已经受益,如应付未付的借款利息等。由于这些费用已经发生,应当在本期确认为费用,借记“管理费用”“财务费用”等账户,贷记“应付利息”等账户;待以后支付款项时,借记“应付利息”等账户,贷记“银行存款”“库存现金”等账户。

b.收入分摊和成本分摊的调整。收入分摊是指企业已经收取有关款项,但未完成或未全部完成销售商品或提供劳务,需在期末按本期已完成的比例,分摊确认本期已实现收入的金额,并调整以前预收款项时形成的负债。如企业销售商品预收定金、提供劳务预收佣金。在收到预收款项时,应借记“银行存款”等账户,贷记“预收账款”等账户;在以后根据销售商品或提供劳务确认当期收入时,进行期末账项调整,借记“预收账款”等账户,贷记“主营业务收入”等账户。

成本分摊是指为了正确计算各个会计期间的盈亏,将已经发生且能使若干个会计期间受益的支出在其受益的会计期间进行合理分配。如企业已经支出,但应由本期和以后各期负担的预付款项,应借记“其他应付款”等账户,贷记“银行存款”等账户;在会计期末进行账项调整时,借记“管理费用”等账户,贷记“其他应付款”等账户。

③将各损益类账户余额全部转入“本年利润”账户,结平所有损益类账户。

④结出资产、负债和所有者权益账户的本期发生额和余额,并转入下期。

上述工作完成后,就可以根据总分类账和明细分类账的本期发生额和期末余额,分别进行试算平衡。

(三)结账的方法

结账方法如图7-4所示。

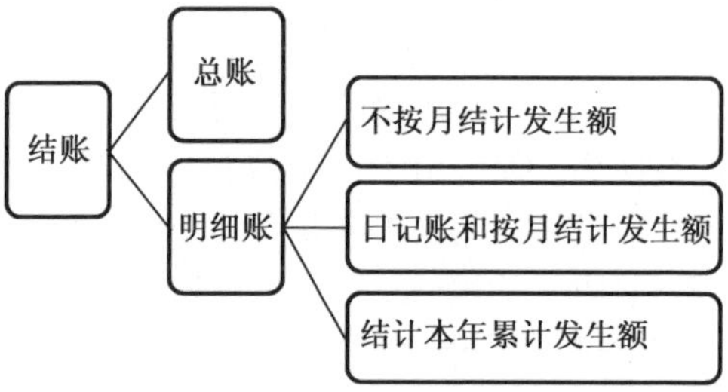

图7-4 结账方法

结账方法的要点主要有:

①对不需按月结计本期发生额的账户,每次记账以后,都要随时结出余额,每月最后一笔余额是月末余额,即月末余额就是本月最后一笔经济业务记录的同一行内余额。月末结账时,只需要在最后一笔经济业务记录之下通栏划单红线,不需要再次结计余额,如表7-31所示。

②库存现金、银行存款日记账和需要按月结计发生额的收入、费用等明细账,每月结账时,要在最后一笔经济业务记录下面通栏划单红线,结出本月发生额和余额,在摘要栏内注明“本月合计”字样,并在下面通栏划单红线,如表7-32所示。

③对于需要结计本年累计发生额的明细账户,每月结账时,应在“本月合计”行下结出自年初起至本月末止的累计发生额,登记在月份发生额下面,在摘要栏内注明“本年累计”字样,并在下面通栏划单红线。12月末的“本年累计”就是全年累计发生额,全年累计发生额下通栏划双红线,如表7-33所示。

④总账账户平时只需结出月末余额。年终结账时,为了总括地反映全年各项资金运动情况的全貌,核对账目时要将所有总账账户结出全年发生额和年末余额,在摘要栏内注明“本年合计”字样,并在合计数下通栏划双红线,如表7-34所示。

⑤年度终了结账时,有余额的账户,应将其余额结转下年,并在摘要栏注明“结转下年”字样;在下一会计年度新建有关账户的第一行余额栏内填写上年结转的余额,并在摘要栏注明“上年结转”字样,使年末有余额账户的余额如实地在账户中加以反映,以免混淆有余额的账户和无余额的账户,如表7-35所示。

表 7－31 应收账款——红星公司

账号			
货款			

年		凭证		摘要	借方									贷方									借或贷	余额									
月	日	种类	号数		百	十	万	千	百	十	元	角	分	百	十	万	千	百	十	元	角	分		百	十	万	千	百	十	元	角	分	
				承前页																			借				4	0	0	0	0	0	
11	07	记	15	收到货款,存入银行													4	0	0	0	0	0	平							θ			
	08	记	23	销售产品,款未收				9	3	0	1	5	0										借				9	3	0	1	5	0	
	14	记	43	收到货款,存入银行													9	3	0	1	5	0	平							θ			
	20	记	55	销售产品,款未收			2	8	2	5	5	5	0										借			2	8	2	5	5	5	0	
	25	记	63	收到货款,存入银行												2	8	2	5	5	5	0	平							θ			
12	08	记	21	销售产品,款未收			1	0	5	3	0	0	0										借			1	0	5	3	0	0	0	
	26	记	65	销售产品,款未收			1	9	4	2	2	0	0										借			1	9	4	2	2	0	0	

表7－32　银行存款日记账

年		凭证		对方科目	摘要	收入金额										支出金额										结存金额									
月	日	种类	号数			千	百	十	万	千	百	十	元	角	分	千	百	十	万	千	百	十	元	角	分	千	百	十	万	千	百	十	元	角	分
					承前页			3	5	4	2	5	3	3	0			2	5	1	0	7	7	6	0			2	9	6	6	2	5	7	0
11	24	记	61	库存现金	提现备用															1	0	0	0	0	0			2	9	5	6	2	5	7	0
	25	记	62	营业外支出	时外捐款															2	0	0	0	0	0			2	9	3	6	2	5	7	0
	25	记	63	应收账款	收到货款,存入银行				2	8	2	5	5	5	0													3	2	1	8	8	1	2	0
	26	记	64	应付账款	偿付前欠货款														2	5	6	7	2	0	0			2	9	6	2	0	9	2	0
	26	记	66	管理费用	支付水电费															2	9	0	0	0	0			2	9	3	3	0	9	2	0
	27	记	67	原材料等	购进材料,验收入库,款已付															1	8	6	5	2	0			2	9	1	4	4	4	0	0
	29	记	69	主管业务收入等	销售产品,货款收存银行				7	6	5	1	8	0	0													3	6	7	9	6	2	0	0
	31				本月合计			4	5	9	3	2	6	8	0			2	8	4	5	1	4	8	0			3	6	7	9	6	2	0	0

表 7－33 主营业务收入——甲产品

账号			
货款			

年		凭证		摘要	借方									贷方									借或	余额								
月	日	种类	号数		百	十	万	千	百	十	元	角	分	百	十	万	千	百	十	元	角	分	贷	百	十	万	千	百	十	元	角	分
				承前页		3	5	7	2	1	0	0	0			3	7	4	9	1	0	0	0	贷		1	7	7	0	0	0	0
11	24	记	60	销售产品，收到部分货款													3	7	5	0	0	0	贷			2	1	4	5	0	0	0
	26	记	65	销售产品，款未收													3	0	0	0	0	0	贷			2	4	4	5	0	0	0
	29	记	69	销售产品，货款收存银行												1	2	0	0	0	0	0	贷			3	6	4	5	0	0	0
	30	记	81	结转本月收入			3	6	4	5	0	0	0										平							θ		
	30			本月合计			3	6	4	5	0	0	0			3	6	4	5	0	0	0	平							θ		
	30			本年累计		3	9	3	6	6	0	0	0		3	9	3	6	6	0	0	0	平								θ	
12	13	记	39	销售产品，贷款收存银行												1	5	8	4	0	0	0	贷			1	5	8	4	0	0	0
	16	记	46	销售产品，款未收													5	4	0	0	0	0	贷			2	1	2	4	0	0	0
	20	记	51	销售产品，款未收												5	4	0	0	0	0	贷				2	6	6	4	0	0	0
	22	记	59	销售产品，收到部分货款													3	9	6	0	0	0	贷			3	0	6	0	0	0	0
	26	记	65	销售产品，款未收													3	0	0	0	0	0	贷			2	4	4	5	0	0	0
	28	记	72	销售产品，贷款收存银行												1	4	4	0	0	0	0	贷			4	8	6	0	0	0	0
	31	记	81	结转本月收入			4	8	6	0	0	0	0										平							θ		
	31			本月合计			4	8	6	0	0	0	0			4	8	6	0	0	0	0	平							θ		
	31			本年累计		4	4	2	2	6	0	0	0		4	4	2	2	6	0	0	0	平							θ		

表 7－34　库存现金

账号			
货款			

年		凭证		摘要	借方									贷方									借或贷	余额								
月	日	种类	号数		百	十	万	千	百	十	元	角	分	百	十	万	千	百	十	元	角	分		百	十	万	千	百	十	元	角	分
				承前页		2	1	7	4	4	1	0	0		2	1	7	1	1	0	0	0	借				1	1	3	0	0	0
11	20	记汇	32	11—20 日发生额			1	9	2	0	0	0	0			2	0	1	0	0	0	0	借					2	3	0	0	0
	30	记汇	33	21—30 日发生额				1	0	1	0	0	0										借				1	2	4	0	0	0
12	10	记汇	34	1—10 日发生额				1	0	8	0	0	0					9	0	0	0	0	借				1	4	2	0	0	0
	20	记汇	35	11—20 日发生额			1	7	2	8	0	0	0			1	8	0	9	0	0	0	借					6	1	0	0	0
	31	记汇	36	21—31 日发生额					9	0	9	0	0										借				1	5	1	9	0	0
				本年合计		2	5	6	9	2	0	0	0		2	5	6	2	0	0	0	0					1	5	1	9	0	0
				结账下年																												

表 7－35 库存现金

账号			
货款			

年		凭证		摘要	借方									贷方									借或贷	余额								
月	日	种类	号数		百	十	万	千	百	十	元	角	分	百	十	万	千	百	十	元	角	分		百	十	万	千	百	十	元	角	分
				承前页		2	1	7	4	4	1	0	0		2	1	7	1	1	0	0	0	借				1	1	3	0	0	0
11	20	记汇	32	11—20 日发生额			1	9	2	0	0	0	0			2	0	1	0	0	0	0	借					2	3	0	0	0
	30	记汇	33	21—30 日发生额				1	0	1	0	0	0										借				1	2	4	0	0	0
12	10	记汇	34	1—10 日发生额				1	0	8	0	0	0					9	0	0	0	0	借				1	4	2	0	0	0
	20	记汇	35	11—20 日发生额			1	7	2	8	0	0	0			1	8	0	9	0	0	0	借					6	1	0	0	0
	31	记汇	36	21—31 日发生额					9	0	9	0	0										借				1	5	1	9	0	0
				本年合计		2	5	6	9	2	0	0	0		2	5	6	2	0	0	0	0	借				1	5	1	9	0	0
				结账下年																												

第五节　错账查找与更正的方法

一、错账查找方法

在记账过程中,可能发生各种各样的差错,产生错账,如重记、漏记、数字颠倒、数字错位、数字记错和借贷方向记反等,从而影响会计信息的准确性,应及时找出差错,并予以更正。错账查找的主要方法介绍如下。

1. 差数法

差数法是指按照错账的差数查找错账的方法。

差数法适用于查找总账与所属明细账之间产生的漏记或重记错误。总账与所属明细账试算出现差额,可能是因漏记或重记产生的。如果是漏记,则哪方数额小,漏记就在哪方,如果是重记,则哪方数额大,重记就在哪方。

2. 尾数法

尾数法是指对于发生的差错只查找末位数,以提高查错效率的方法。这种方法适合于借贷方金额其他位数都一致,而只有末位数出现差错的情况。

3. 除2法

除2法是指以差数除以2来查找错账的方法。当某个借方金额错记入贷方(或相反)时,出现错账的差数表现为错误的2倍,将此差数用2去除,得出的商即是反向的金额。例如,差数为36元,则36/2=18元,可以查找是否有一笔18元的业务,借贷金额记在同一方向了。但需注意,如果是单方面漏记账,则差数即为漏记的金额,这也是有可能的。

4. 除9法

除9法是指以差数除以9来查找错账的方法。该法适用于查找倒码、错位的错账,因数字倒码或错位造成的正误差数都是9的倍数。

(1)邻数颠倒　发生倒码错误可以借助于“邻位数字颠倒便查表”去查实,如表7-36所示。

表7-36　邻位数字颠倒便查表

大数									差额									
89	78	67	56	45	34	23	12	01	9	10	21	32	43	54	65	76	87	98
	79	68	57	46	35	24	13	02	18	20	31	42	53	64	75	86	97	
		69	58	47	36	25	14	03	27	30	41	52	63	74	85	96		
			59	48	37	26	15	04	36	40	51	62	73	84	95			
				49	38	27	16	05	45	50	61	72	83	94				
					39	28	17	06	54	60	71	82	93					
						29	18	07	63	70	81	92						
							19	08	72	80	91							
								09	81	90								

(2)错位　发生错位错误,可将正误的差数除以9或9的倍数,即可得到正确数或错误数。为此应注意两点:一是如果错移一位,则差数除以9;如果错移两位,则差数除以99,以此类推。二是小数错位成大数时,其商数是正确数;当大数错位成小数时,其商数是错误数。

例如,将380错记为38,其差数342除以9得38,38就是错误数。如果将68错记为6 800,其差数6 732除以99得68,68就是正确数。

查找错账时,对于已经查过的数字,分别标上正确或错误记号,并把错账的账页号码、记账日期、凭证字号、业务内容及差错情况进行详细记录,在查清错账后,要及时更正错账。

二、错账更正方法

登记会计账簿是一项很细致的工作。在记账工作中,由于种种原因可能会使账簿记录发生错误,有的是填制凭证和记账时发生的单纯笔误;有的是写错了会计科目、金额等;有的是合计时计算错误;有的是过账错误,登记账簿中发生的差错,一经查出就应立即更正。对于账簿记录错误,不准涂改、挖补、刮擦或者用药水消除字迹,不准重新抄写,而必须根据错误的具体情况和性质,采用规范的方法予以更正。错账更正方法通常有划线更正法、红字更正法和补充登记法等几种。

(一)划线更正法

记账凭证填制正确,在记账或结账过程中发现账簿记录中文字或数字有错误,应采用划线更正法。具体做法是:先在错误的文字或数字上画一条红线,表示注销,划线时必须使原有字迹仍可辨认;然后将正确的文字或数字用蓝字写在划线处的上方,并由记账人员在更正处盖章,以明确责任。对于文字的错误,可以只划去错误的部分,并更正错误的部分,对于错误的数字,应当全部画红线更正,不能只更正其中的个别错误数字。例如,把"3 457"元误记为"8 457"元时,应将错误数字"8 457"全部用红线注销后,再写上正确的数字"3 457",而不是只删改一个"8"字。

(二)红字更正法

在记账以后,如果发现记账凭证中应借、应贷科目或金额发生错误时,可以用红字更正法进行更正。具体做法是:先用红字金额,填写一张与错误记账凭证内容完全相同的记账凭证,且在摘要栏注明"更正某月某日第×号凭证",并据以用红字金额登记入账,以冲销账簿中原有的错误记录,然后再用蓝字重新填制一张正确的记账凭证,登记入账。这样,原来的错误记录便得以更正。

红字更正法一般适用于以下两种情况错账的更正。

1. 全部冲销法

记账后,如果发现记账凭证中的应借、应贷会计科目有错误,那么可以用红字更正法予以更正。

【例7-1】　一车间领用甲材料2 000元用于一般消耗。

①填制记账凭证时,误将借方科目写成"生产成本",并已登记入账。原错误记账凭证为

借:生产成本　　2 000

　贷:原材料——甲材料　　2 000

②发现错误后,用红字填制一张与原错误记账凭证内容完全相同的记账凭证,并登记入账。

借:生产成本　　(2 000)
　贷:原材料　　(2 000)

③用蓝字填制一张正确的记账凭证,并登记入账。

借:制造费用　　2 000
　贷:原材料　　2 000

红字更正法如图 7 – 5 所示。

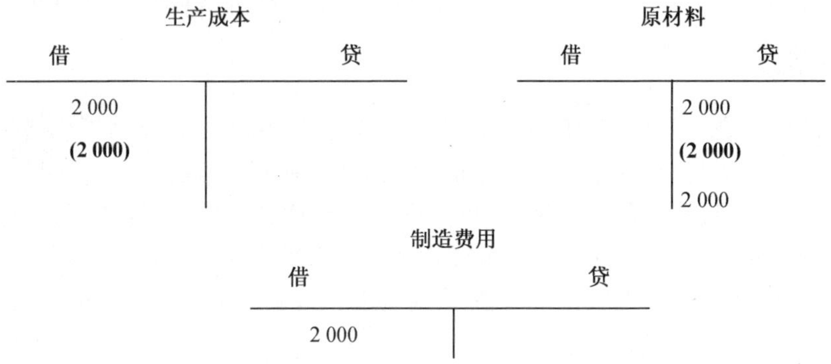

图 7 – 5　红字更正法

2. 部分冲销法

记账后,如果发现记账凭证和账簿记录中应借、应贷的账户没有错误,只是所记金额大于应记金额。对于这种账簿记录的错误,更正的方法是:将多记的金额用红字填制一张与原错误记账凭证会计科目相同的记账凭证,并在摘要栏注明"更正某月某日第 × 号凭证",并据以登记入账,以冲销多记的金额,使错账得以更正。

【例 7 – 2】　仍以**【例 7 – 1】**为例,假设在编制记账凭证时应借、应贷账户没有错误,只是金额由 2 000 元写成了 20 000 元,并且已登记入账。

该笔业务只需用红字更正法编制一张记账凭证将多记的金额 18 000 元用红字冲销即可。编制的记账凭证为

①借:制造费用　　20 000
　　贷:原材料　　20 000

②借:制造费用　　(18 000)
　　贷:原材料　　(18 000)

如图 7 – 6 所示。

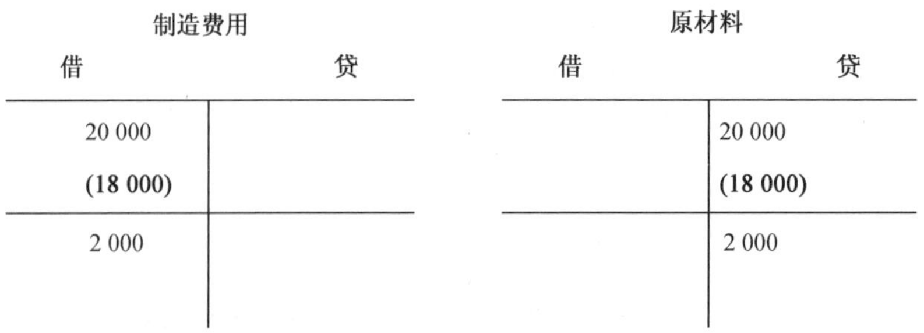

图 7 – 6　红字更正法

（三）补充登记法

在记账之后，如果发现记账凭证中应借、应贷的账户没有错误，但所记金额小于应记金额，造成账簿中所记金额也小于应记金额，这种错账应采用补充登记法进行更正。更正的方法是：将少记金额用蓝笔填制一张与原错误记账凭证会计科目相同的记账凭证，并在摘要栏内注明“补记某月某日第×号凭证”并予以登记入账，补足原少记金额，使错账得以更正。

【例7-3】 仍以**【例7-1】**为例，假设在编制记账凭证时应借、应贷账户没有错误，只是金额由2 000元写成了200元，并且已登记入账。

该笔业务只需用补充登记法编制一张记账凭证将少记的金额1 800元补足便可。其记账凭证为

①借：制造费用　　200
　贷：原材料　　200
②借：制造费用　　1 800
　贷：原材料　　1 800

如图7-7所示。

制造费用		原材料	
借	贷	借	贷
200			200
1 800			**1 800**
2 000			2 000

图7-7　补充登记法

错账更正的三种方法中红字更正法和补充登记法都是用来更正因记账凭证错误而产生的记账错误，如果非因记账凭证的差错而产生的记账错误，只能用划线更正法更正。

以上三种方法对当年内发现填写记账凭证或者登记账错误而采用的更正方法，如果发现以前年度记账凭证中有错误（指会计科目和金额）并导致账簿登记出现差错，应当用蓝字或黑字填制一张更正的记账凭证。因错误的账簿记录已经在以前会计年度终了进行结账或决算，不可能将已经决算的数字进行红字冲销，只能用蓝字或黑字凭证对除文字外的一切错误进行更正，并在更正凭证上特别注明“更正××年度错账”的字样。

第六节　会计账簿的更换与保管

一、会计账簿的更换

会计账簿是记录和反映经济业务的重要历史资料和证据。为了使每个会计年度的账簿资料明晰和便于保管，一般来说，总账、日记账和多数明细账要每年更换一次，这些账簿在每年年终按规定办理完结账手续后，就应更换、启用新的账簿，并将余额结转记入新账簿

中,结转时,要将旧账各账户年末余额直接转记到新账簿各账户的第一行中,并在“摘要”栏内加盖“上年结转”戳记。上年旧账各账户最后一行“摘要”栏内加盖“结转下年”戳记。旧账余额过入新账时,无须编制记账凭证。但有些财产物资明细账和债权、债务明细账,由于材料等财产物资的品种、规格繁多,债权、债务单位也较多,如果更换新账,重抄一遍的工作量相当大,因此,可以跨年度使用,不必每年更换一次。卡片式账簿,如固定资产卡片,以及各种备查账簿,也都可以连续使用。

二、会计账簿的保管

会计账簿同会计凭证和会计报表一样,都属于会计档案,是重要的经济档案,各单位必须按规定妥善保管,确保其安全与完整,并充分加以利用。

(一)会计账簿的装订整理

在年度终了更换新账簿后,应将使用过的各种账簿(跨年度使用的账簿除外)按时装订整理立卷。

装订前,首先要按账簿启用和经管人员一览表的使用页数核对各个账户是否相符,账页数是否齐全,序号排列是否连续;然后按会计账簿封面、账簿启用表、账户目录、该账簿按页数顺序排列的账页,以及装订封底的顺序装订。

对活页账簿,要保留已使用过的账页,将账页数填写齐全,除去空白页并撤掉账夹,用质地好的牛皮纸做封面和封底,装订成册。多栏式、三栏式和数量金额式等活页账不得混装,应按同类业务、同类账页装订在一起。装订好后,应在封面上填明账目的种类,编号卷号,并由会计主管人员和装订人员签章。

装订后会计账簿的封口要严密,封口处要加盖有关印章。封面要齐全、平整,并注明所属年度和账簿名称和编号。不得有折角、缺角、错页、掉页和加空白纸的现象。会计账簿要按保管期限分别编制卷号。

(二)按期移交档案部门进行保管

年度结账后,更换下来的账簿,可暂由本单位财务会计部门保管一年,期满后原则上应由财务会计部门移交本单位档案部门保管。移交时需要编制移交清册,填写交接清单,交接人员按移交清册和交接清单项目核查无误后签章,并在账簿使用日期栏内填写移交日期。

已归档的会计账簿作为会计档案为本单位提供利用,原件不得借出,如有特殊需要,须经上级主管单位或本单位领导、会计主管人员批准,在不拆散原卷册的前提下,可以提供查阅或者复制,并要办理登记手续。

会计账簿是重要的会计档案之一,必须严格按《会计档案管理办法》规定的保管年限妥善保管,不得丢失和任意销毁。通常总账(包括日记总账)和明细账保管期限为15年;日记账保管期限为15年,但现金和银行存款日记账保管期限为25年;固定资产卡片账在固定资产报废清理后保管5年;辅助账簿保管期限为15年。实际工作中,各单位可以根据实际利用的经验、规律和特点,适当延长有关会计档案的保管期限,但必须有较为充分的理由。

复习思考题

1. 会计账簿有什么作用？
2. 总账、明细账、日记账和辅助账有什么区别？各自的作用是什么？
3. 活页账和订本账各有什么特点？卡片账适用于哪几类账户？
4. 什么是特种日记账？为什么要设置特种日记账？
5. 明细分类账页有哪几种格式？
6. 登记账簿有哪些规则？如何更正错账？
7. 账簿的更换和保管要注意哪些方面？
8. 为什么要对账？应从哪几个方面进行对账？
9. 月度结账和年度结账的方法有什么区别？

第八章　账务处理程序

【基本要求】

1. 了解企业账务处理程序的概念与意义
2. 熟悉账务处理程序的一般步骤
3. 掌握企业账务处理程序的种类
4. 掌握记账凭证账务处理程序的内容
5. 掌握汇总记账凭证账务处理程序的内容
6. 掌握科目汇总表账务处理程序的内容

第一节　账务处理程序的概述

一、账务处理程序的概念与意义

账务处理程序，也称会计核算形式，是指从取得原始凭证到产生会计信息的步骤和方法。其主要内容包括整理、汇总原始凭证，填制记账凭证，登记各种账簿，编制会计报表这一整个过程的步骤和方法。

在会计工作中，不仅要了解会计凭证的填制、账簿的设置和登记，以及会计报表的编制，还必须明确规定各会计凭证、会计账簿和会计报表之间的关系，使之构成一个有机整体。而不同的账簿组织、记账程序和记账方法的有机结合，就构成了不同的账务处理程序。

一个单位由于业务性质、规模大小和经济业务的繁简程度各异，决定其适用账务处理程序也不同。为此，科学地组织账务处理程序，对提高会计核算质量和会计工作效率，充分发挥会计的核算和监督职能，具有重要意义。

①有利于规范会计工作，保证会计信息加工过程的严密性，提高会计信息质量；

②有利于保证会计记录的完整性和正确性，增强会计信息的可靠性；

③有利于减少不必要的会计核算环节，提高会计工作效率，保证会计信息的及时性。

二、账务处理程序的种类

我国会计准则并不硬性规定每个单位应采用何种账务处理程序，完全是由各单位自主选用或设计。

目前，我国企业、事业、机关等单位会计核算一般采用的主要账务处理程序有以下五种。

1. 记账凭证账务处理程序

记账凭证账务处理程序是指对发生的经济业务，先根据原始凭证或汇总原始凭证填制记账凭证，再直接根据记账凭证登记总分类账的一种账务处理程序。

2. 汇总记账凭证账务处理程序

汇总记账凭证账务处理程序是指先根据原始凭证或汇总原始凭证填制记账凭证，定期根据记账凭证分类编制汇总收款凭证、汇总付款凭证和汇总转账凭证,再根据汇总记账凭证登记总分类账的一种账务处理程序。

3. 科目汇总表账务处理程序

科目汇总表账务处理程序,又称记账凭证汇总表账务处理程序,是指根据记账凭证定期编制科目汇总表,再根据科目汇总表登记总分类账的一种账务处理程序。

4. 日记总账账务处理程序

日记总账账务处理程序,是指设置多栏式总分类账,依据记账凭证直接逐日逐笔登记日记总账,并定期编制会计报表的账务处理程序。

5. 多栏式日记账账务处理程序

多栏式日记账账务处理程序是根据原始凭证或原始凭证汇总表编制记账凭证,再根据收款凭证和付款凭证登记多栏式库存现金日记账和多栏式银行存款日记账,并据以登记总分类账的一种账务处理程序。

以上五种账务处理程序既有共同点,又有各自的特点。其中,记账凭证账务处理程序是最基本的一种,其他账务处理程序都是由此发展、演变而来的。在实际工作中,各经济单位可根据实际需要选择其中一种账务处理程序,也可将多种账务处理程序的优点结合起来使用,以满足本单位经营管理的需要。

第二节　记账凭证账务处理程序

一、记账凭证账务处理程序的一般步骤

记账凭证账务处理程序的一般步骤是:

①根据原始凭证填制汇总原始凭证;

②根据原始凭证或汇总原始凭证,填制收款凭证、付款凭证和转账凭证,也可以填制通用记账凭证;

③根据收款凭证和付款凭证逐笔登记库存现金日记账和银行存款日记账;

④根据原始凭证、汇总原始凭证和记账凭证,登记各种明细分类账;

⑤根据记账凭证逐笔登记总分类账;

⑥期末,将库存现金日记账、银行存款日记账和明细分类账的余额与有关总分类账的余额核对相符;

⑦期末,根据总分类账和明细分类账的记录,编制财务报表。

记账凭证账务处理程序如图 8－1 所示。

二、记账凭证账务处理程序的内容

(一)特点

记账凭证账务处理程序的特点是对发生的经济业务事项,都要根据原始凭证或汇总原始凭证编制记账凭证,然后直接根据记账凭证对总分类账进行逐笔登记。记账凭证账务处理程序是最基本的账务处理程序,其他账务处理程序都是在此基础上,根据核算的需要发展而来的。

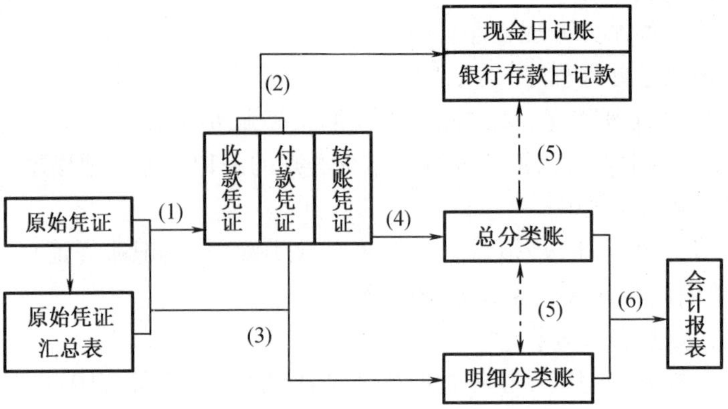

图8－1　记账凭证账务处理程序示意图

(二)优缺点

记账凭证账务处理程序的优点是简单明了,易于理解,总分类账可以较详细地反映经济业务的发生情况;缺点是登记总分类账的工作量较大。

(三)适用范围

对于经济业务较多,经营规模较大的企业,总分类账的登记工作过于繁重。因此,该账务处理程序适用于规模较小、经济业务量较少的单位。

三、记账凭证账务处理程序举例

【例8－1】 江南公司为一般纳税人,适用的增值税率为13%。该公司采用记账凭证账务处理程序,该公司2020年12月1日的总分类账户和有关明细分类账户余额如表8－1所示。

表8－1　账户余额表

单位:元

序号	账户名称	借方余额	贷方余额
1	库存现金	1 000	
2	银行存款	156 000	
3	应收账款	30 000	
	甲公司	20 000	
	乙公司	10 000	
4	原材料	54 000	
	A材料	30 000	
	B材料	24 000	
5	生产成本	6 000	
	甲产品	4 000	
	乙产品	2 000	

表 8-1(续)

序号	账户名称	借方余额	贷方余额
6	预付账款	7 000	
	甲公司	3 000	
	乙公司	4 000	
7	库存商品	20 000	
	甲产品	15 000	
	乙产品	5 000	
8	固定资产	160 000	
9	累计折旧		30 000
10	预收账款		8 500
	丙公司		4 500
	丁公司		4 000
11	应交税费		86 000
12	实收资本		243 000
13	本年利润		80 000
14	利润分配		64 000
	未分配利润		64 000

江南公司 12 月份发生如下经济业务：

①3 日，从银行提取 2 000 元现金作为备用金。

②6 日，从甲公司购入 A 原材料 200 千克，每千克 60 元，共计货款 12 000 元，增值税 1 560 元。材料已验收入库，款项尚未支付。

③8 日，从乙公司购入 B 原材料 400 千克，每千克 40 元，共计货款 16 000 元，增值税 2 080 元。材料已验收入库，已于 6 月用银行存款支付 4 000 元，余款尚未支付。

④10 日，生产车间为生产甲产品，领用 A 材料 300 千克，每千克 60 元。

⑤11 日，生产车间为生产乙产品，领用 B 材料 500 千克，每千克 40 元。

⑥14 日，向丁公司出售甲产品 50 箱，每箱售价 1 500 元，共计货款 75 000 元，增值税 9 750 元。其中已于 6 月预收 4 000 元，余款也已收讫。

⑦17 日，以现金支付采购办公用品 300 元。

⑧25 日，收到丙公司购买乙产品的预付款项 5 000 元，已存入银行。

⑨31 日，计提生产设备折旧费 2 000 元。

⑩31 日，甲产品完工入库 24 箱，其单位成本为 1 000 元，总成本为 24 000 元；乙产品完工入库 25 箱，其单位成本为 880 元，总成本为 22 000 元

⑪ 31 日，结转本月售出 30 箱甲产品的成本为 30 000 元。

⑫ 31 日，结转本月管理费用。

⑬ 31 日，结转本月收入、成本。

⑭ 31 日，预交本月所得税 5 000 元。

任务一 根据上述业务编制记账凭证,记账凭证如表8-2所示。

表8-2 记账凭证(简式)

单位:元

2020年		凭证号	摘要	会计科目		金额	
月	日			借方	贷方	借方	贷方
12	3	银付1	提取备用金	库存现金		2 000	
					银行存款		2 000
	6	转字1	购入原材料	原材料		12 000	
				应交税费		1 560	
					应付账款		13 560
	8	转字2	购入原材料	原材料		16 000	
				应交税费		2 080	
					预付账款		18 080
	10	转字3	领用原材料	生产成本		18 000	
					原材料		18 000
	11	转字4	领用原材料	生产成本		20 000	
					原材料		20 000
	14	转字5	销售商品	预收账款		84 750	
					主营业务收入		75 000
					应交税费		9 750
	14	银收1	收到销货款	银行存款		80 750	
					预收账款		80 750
	17	现付1	购买办公用品	管理费用		300	
					库存现金		300
	25	银收2	预收销货款	银行存款		5 000	
					预收账款		5 000
	31	转字6	计提折旧	制造费用		2 000	
					累计折旧		2 000
	31	转字7	结转制造费用	生产成本		2 000	
					制造费用		2 000
	31	转字8	结转商品成本	库存商品		46 000	
					生产成本		46 000
	31	转字9	结转出售商品成本	主营业务成本		30 000	
					库存商品		30 000
	31	转字10	结转管理费用	本年利润		300	
					管理费用		300
	31	转字11	结转收入	主营业务收入		75 000	
					本年利润		75 000

表 8-2(续)

2020 年		凭证号	摘要	会计科目		金额	
月	日			借方	贷方	借方	贷方
	31	转字 12	结转成本	本年利润		30 000	
					主营业务成本		30 000
12	31	银付 2	预交本月所得税	应交税费		5 000	
					银行存款		5 000

任务二 根据相应的记账凭证登记会计账簿,如表 8-3 至表 8-28 所示。

表 8-3 库存现金日记账

单位:元

2020 年		凭证种类及编号	摘要	对方科目	收入	支出	结余
月	日						
12	1		期初余额				1 000
	3	银付 1	提取现金	银行存款	2 000		3 000
	17	现付 1	购买办公用品	管理费用		300	2 700
12	31		本月合计		2 000	300	2 700

表 8-4 银行存款日记账

单位:元

2020 年		凭证种类及编号	摘要	结算凭证		对方科目	收入	支出	余额
月	日			字	号				
12	1		期初余额						156 000
	3	银付 1	提取备用金			库存现金		2 000	154 000
	14	银收 1	收到销货款			预收账款	80 750		234 750
	25	银收 2	预收销货款			预收账款	5 000		239 750
	31	银付 2	预付所得税			应交税费		5 000	234 750
12	31		本月合计				85 750	7 000	234 750

表 8-5 原材料明细账

原材料名称:A 材料　　　　计量单位:千克　　　　金额单位:元

2020 年		凭证种类及字号		摘要	收入			发出			余额		
月	日				数量	单价	金额	数量	单价	金额	数量	单价	金额
12	1			期初余额							500	60	30 000
	6	转字	1	购入	200	60	12 000				700	60	42 000
	10	转字	3	发出				300	60	18 000	400	60	24 000
12	31			本月合计	200	60	12 000	300	60	18 000	400	60	24 000

表 8－6　原材料明细账

原材料名称:B 材料　　计量单位:千克　　金额单位:元

2020 年		凭证种类及字号		摘要	收入			发出			余额		
月	日				数量	单价	金额	数量	单价	金额	数量	单价	金额
12	1			期初余额							600	40	24 000
	8	转字	2	购入	400	40	16 000				1 000	40	40 000
	11	转字	4	发出				500	40	20 000	500	40	20 000
12	31			本月合计	400	40	16 000	500	40	20 000	500	40	20 000

表 8－7　预付账款明细账

单位名称:乙公司　　单位:元

2020 年		凭证种类及编号	摘要	借方	贷方	借或贷	余额
月	日						
12	1		期初余额			借	4 000
	8	转字 2	购入原材料		18 080	贷	14 080
12	31		本月合计		18 080	贷	14 080

表 8－8　预收账款明细账

单位名称:丁公司　　单位:元

2020 年		凭证种类及编号	摘要	借方	贷方	借或贷	余额
月	日						
12	1		期初余额			贷	4 000
	8	转字 5	销售商品	84 750		借	80 750
	14	银收 1	收到销货款		80 750	平	0
12	14	银收 2	收到销货款	84 750	80 750	平	0

表 8－9　预收账款明细账

单位名称:丙公司　　单位:元

2020 年		凭证种类及编号	摘要	借方	贷方	借或贷	余额
月	日						
12	1		期初余额			贷	4 500
	25	银收 2	购入原材料		5 000	贷	9 500
12	31		本月合计		5 000	贷	9 500

表 8－10 总分类账

总账科目:库存现金　　单位:元

2020 年		凭证种类及编号	摘要	借方	贷方	借或贷	余额
月	日						
12	1		期初余额			借	1 000
	3	银付 1	提取备用金	2 000		借	3 000
	17	现付 1	购买办公用品		300	借	2 700
12	31		本月合计	2 000	300	借方	2 700

表 8－11 总分类账

总账科目: 银行存款　　单位:元

2020 年		凭证种类及编号	摘要	借方	贷方	借或贷	余额
月	日						
12	1		期初余额			借	156 000
	3	银付 1	提取备用金		2 000	借	154 000
	14	银收 1	收到销售货款	80 750		借	234 750
	25	银收 2	预收销货款	5 000		借	239 750
	31	银付 2	预付所得税		5 000	借	234 750
12	31		本月合计	85 750	7 000	借	234 750

表 8－12 总分类账

总账科目: 原材料　　单位:元

2020 年		凭证种类及编号	摘要	借方	贷方	借或贷	余额
月	日						
12	1		期初余额			借	54 000
	6	转字 1	购入原材料	12 000		借	66 000
	8	转字 2	购入原材料	16 000		借	82 000
	10	转字 3	发出材料		18 000	借	64 000
	11	转字 4	发出材料		20 000	借	44 000
12	31		本月合计	28 000	38 000	借	44 000

表 8－13 总分类账

总账科目: 应付账款　　单位:元

2020 年		凭证种类及编号	摘要	借方	贷方	借或贷	余额
月	日						
12	6	转字 1	购入原材料		13 560	贷	13 560
12	31		本月合计		13 560	贷	13 560

表8-14　总分类账

总账科目：预付账款　　　　单位:元

2020年		凭证种类及编号	摘要	借方	贷方	借或贷	余额
月	日						
12	1		期初余额			借	7 000
	8	转字2	购入原材料		18 080	贷	11 080
12	31		本月合计		18 080	贷	11 080

表8-15　应付账款明细账

单位名称:甲公司　　　　单位:元

2020年		凭证种类及编号	摘要	借方	贷方	借或贷	余额
月	日						
12	1		期初余额				
	6	转字1	购入原材料		13 560	贷	13 560
12	31		本月合计		13 560	贷	13 560

表8-16　总分类账

总账科目:预收账款　　　　单位:元

2020年		凭证种类及编号	摘要	借方	贷方	借或贷	余额
月	日						
12	1		期初余额			贷	8 500
	14	转字5	购入原材料	84 750		借	76 250
	14	银收1	结转预付账款		80 750	贷	4 500
	25	银收2	预收销售货款		5 000	贷	9 500
12	31		本月合计	84 750	85 750	贷	9 500

表8-17　总分类账

总账科目:应交税费　　　　单位:元

2020年		凭证种类及编号	摘要	借方	贷方	借或贷	余额
月	日						
12	1		期初余额			贷	8 600
	6	转字1	购入原材料	1 560		贷	7 040
	8	转字2	购入原材料	2 080		贷	4 960
	14	转字5	销售商品		9 750	贷	14 710
12	31		本月合计	3 640	9 750	贷	14 710

表 8－18　总分类账

总账科目:库存商品　　　　单位:元

2020 年		凭证种类及编号	摘要	借方	贷方	借或贷	余额
月	日						
12	1		期初余额			借	20 000
	6	转字 8	结转完工商品成本	46 000		借	66 000
	8	转字 9	结转出售商品成本		30 000	借	36 000
12	31		本月合计	46 000	30 000	借	36 000

表 8－19　总分类账

总账科目: 固定资产　　　　单位:元

2020 年		凭证种类及编号	摘要	借方	贷方	借或贷	余额
月	日						
12	1		期初余额			借	160 000

表 8－20　总分类账

总账科目:累计折旧　　　　单位:元

2020 年		凭证种类及编号	摘要	借方	贷方	借或贷	余额
月	日						
12	1		期初余额			贷	30 000
	6	转字 6	计提折旧		2 000	贷	32 000
12	31		本月合计		2 000	贷	32 000

表 8－21　总分类账

总账科目:制造费用　　　　单位:元

2020 年		凭证种类及编号	摘要	借方	贷方	借或贷	余额
月	日						
12	31	转字 6	计提生产车间折旧	2 000		借	2 000
	31	转字 7	结转制造费用		2 000	平	0

表 8－22　总分类账

总账科目:生产成本　　　　单位:元

2020 年		凭证种类及编号	摘要	借方	贷方	借或贷	余额
月	日						
12	1		期初余额			借	6 000
	6	转字 3	生产领用材料	18 000		借	24 000
	8	转字 4	生产领用材料	20 000		借	44 000
	31	转字 7	结转制造费用	2 000		借	46 000
	31	转字 8	结转商品成本		46 000	平	0
12	31		本月合计	40 000	46 000	平	0

表8-23　总分类账

总账科目:主营业务收入　　单位:元

2020年		凭证种类及编号	摘要	借方	贷方	借或贷	余额
月	日						
12	14	转字5	销售商品		75 000	贷	75 000
12	31	转字11	结转收入	75 000		平	0

表8-24　总分类账

总账科目:主营业务成本　　单位:元

2020年		凭证种类及编号	摘要	借方	贷方	借或贷	余额
月	日						
12	31	转字9	结转出售商品成本	30 000		借	30 000
12	31	转字12	结转成本到利润		30 000	平	0

表8-25　总分类账

总账科目:管理费用　　单位:元

2020年		凭证种类及编号	摘要	借方	贷方	借或贷	余额
月	日						
12	31	现付字1	购买办公用品	300		借	300
12	31	转字10	结转管理费用		300	平	0

表8-26　总分类账

总账科目:实收资本　　单位:元

2020年		凭证种类及编号	摘要	借方	贷方	借或贷	余额
月	日						
12	1		期初余额			贷	243 000

表8-27　总分类账

总账科目:本年利润　　单位:元

2020年		凭证种类及编号	摘要	借方	贷方	借或贷	余额
月	日						
12	1		期初余额			贷	80 000
	31	转字10	结转管理费用	300		贷	79 700
	31	转字11	结转收入		75 000	贷	154 700
	31	转字12	结转成本	30 000		贷	124 700
12	31		本月合计	30 300	75 000	贷	124 700

表 8－28　总分类账

总账科目：利润分配　　　　　　　　　　　　　　　　　　　　　　　单位：元

2020 年		凭证种类及编号	摘要	借方	贷方	借或贷	余额
月	日						
8	1		期初余额			贷	64 000

任务三　编制资产负债表和利润表

（略）

第三节　汇总记账凭证账务处理程序

一、汇总记账凭证的编制方法

汇总记账凭证是指对一段时期内同类记账凭证进行定期汇总而编制的记账凭证。汇总记账凭证可以分为汇总收款凭证、汇总付款凭证和汇总转账凭证，三种凭证有不同的编制方法。

（一）汇总收款凭证的编制

汇总收款凭证根据“库存现金”和“银行存款”账户的借方进行编制。汇总收款凭证是在对各账户对应的贷方分类之后，进行汇总编制。总分类账根据各汇总收款凭证的合计数进行登记，分别记入“库存现金”“银行存款”总分类账户的借方，并将汇总收款凭证上各账户贷方的合计数分别记入有关总分类账户的贷方。

（二）汇总付款凭证的编制

汇总付款凭证根据“库存现金”和“银行存款”账户的贷方进行编制。汇总付款凭证是在对各账户对应的借方分类之后，进行汇总编制。总分类账根据各汇总付款凭证的合计数进行登记，分别记入“库存现金”“银行存款”总分类账户的贷方，并将汇总付款凭证上各账户借方的合计数分别记入有关总分类账户的借方。

（三）汇总转账凭证的编制

汇总转账凭证通常根据所设置账户的贷方进行编制。汇总转账凭证是在对所设置账户相对应的借方账户分类之后，进行汇总编制。总分类账根据各汇总转账凭证的合计数进行登记，分别记入对应账户的总分类账户的贷方，并将汇总转账凭证上各账户借方的合计数分别记入有关总分类账户的借方。值得注意的是，在编制的过程中贷方账户必须唯一，借方账户可一个或多个，即转账凭证必须一借一贷或多借一贷。

如果在一个月内某一贷方账户的转账凭证不多，可不编制汇总转账凭证，直接根据单个的转账凭证登记总分类账。

其格式如表 8－29 至表 8－31 所示。它是根据收款凭证、付款凭证和转账凭证定期汇总编制而成，间隔天数视业务量多少而定，一般 5 天或 10 天汇总填制一次，每月编制一张。

表8-29　汇总收款凭证

借方科目：　　　　　　　　　　　　年　　月　　　　　　　　　　　　汇收　　号

贷方科目	金额(元)				总账页数	
	1—10日	11—20日	21—31日	合计	借方	贷方
合计						

附　(1)自________日至________日凭证　共________张

　　(2)自________日至________日凭证　共________张

件　(3)自________日至________日凭证　共________张

表8-30　汇总付款凭证

贷方科目：　　　　　　　　　　　　年　　月　　　　　　　　　　　　汇付　　号

借方科目	金额(元)				总账页数	
	1—10日	11—20日	21—31日	合计	借方	贷方
合计						

附　(1)自________日至________日凭证　共________张

　　(2)自________日至________日凭证　共________张

附　(3)自________日至________日凭证　共________张

表8-31　汇总转账凭证

贷方科目：　　　　　　　　　　　　年　　月　　　　　　　　　　　　汇转　　号

借贷方科目	金额(元)				总账页数	
	1—10日	11—20日	21—31日	合计	借方	贷方
合计						

附　(1)自________日至________日凭证　共________张

　　(2)自________日至________日凭证　共________张

附　(3)自________日至________日凭证　共________张

二、汇总记账凭证账务处理程序的一般步骤

汇总记账凭证账务处理程序的一般步骤是：

①根据原始凭证填制汇总原始凭证；

②根据原始凭证或汇总原始凭证，填制收款凭证、付款凭证和转账凭证，也可以填制通用记账凭证；

③根据收款凭证、付款凭证逐笔登记库存现金日记账和银行存款日记账；

④根据原始凭证、汇总原始凭证和记账凭证，登记各种明细分类账；

⑤根据各种记账凭证编制有关汇总记账凭证；

⑥根据各种汇总记账凭证登记总分类账；

⑦期末，将库存现金日记账、银行存款日记账和明细分类账的余额与有关总分类账的余额核对相符；

⑧期末，根据总分类账和明细分类账的记录，编制财务报表。

汇总记账凭证账务处理程序如图 8－2 所示。

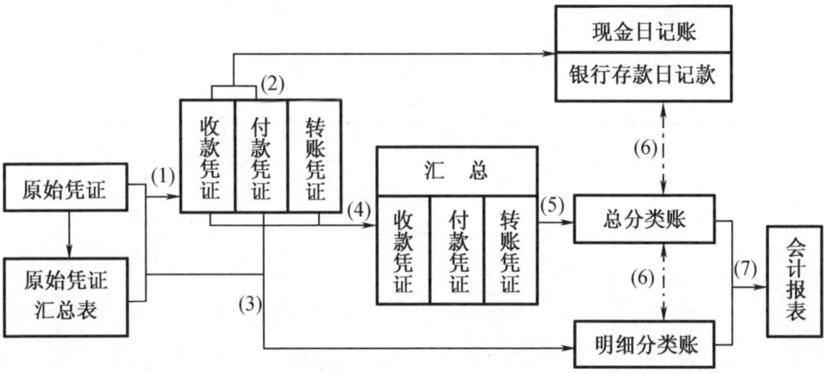

图 8－2　汇总记账凭证账务处理程序示意图

三、汇总记账凭证账务处理程序的内容

（一）特点

汇总记账凭证账务处理程序的特点是先根据记账凭证编制汇总记账凭证，再根据汇总记账凭证登记总分类账。

（二）优缺点

汇总记账凭证账务处理程序的优点是减轻了登记总分类账的工作量；缺点是当转账凭证较多时，编制汇总转账凭证的工作量较大，并且按每一贷方账户编制汇总转账凭证，不利于会计核算的日常分工。

（三）适用范围

该账务处理程序适用于规模较大、经济业务较多的单位。

四、汇总记账凭证账务处理程序举例

【例 8－2】　承接**【例 8－1】**　假设江南公司采用汇总记账凭证账务处理程序，则应编制汇

总记账凭证作为登记总分类账的依据。记账凭证、日记账、明细账和会计报表的编制方法不变。

任务一 编制汇总记账凭证,如表8-32至表8-35所示(仅列示一部分)。

表8-32 汇总收款凭证

借方科目:银行存款　　2020年12月31日　　汇收字1号

贷方科目	金额(元)				总账页数
	1—10日	11—20日	21—31日	合计	略
预收账款		80 750	5 000	85 750	略
					略
					略
					略
合计		80 750	5 000	85 750	略

附 (1)自______日至______日凭证 共______张
(2)自______日至______日凭证 共______张
附 (3)自______日至______日凭证 共______张

表8-33 汇总付款凭证

贷方科目:银行存款　　2020年12月31日　　汇付字1号

借方科目	金额(元)				总账页数
	1—10日	11—20日	21—31日	合计	略
库存现金	2 000			2 000	
应交税费			5 000	5 000	
合计	2 000		5 000	7 000	

附 (1)自______日至______日凭证 共______张
(2)自______日至______日凭证 共______张
件 (3)自______日至______日凭证 共______张

表8-34 汇总付款凭证

贷方科目:库存现金　　2020年12月31日　　汇付字1号

借方科目	金额(元)				总账页数
	1—10日	11—20日	21—31日	合计	略
管理费用		300		300	
合计		300		300	

附 (1)自______日至______日凭证 共______张
(2)自______日至______日凭证 共______张
件 (3)自______日至______日凭证 共______张

表 8－35　汇总转账凭证

贷方科目：应付账款　　2020 年 12 月 31 日　　汇转字 1 号

借方科目	金额（元）				总账页数
	1—10 日	11—20 日	21—31 日	合计	略
原材料	12 000			12 000	略
应交税费	1 560			1 560	略
					略
合计	13 560			13 560	略

附　(1)自________日至________日凭证　共________张
　　(2)自________日至________日凭证　共________张
件　(3)自________日至________日凭证　共________张

任务二　根据汇总凭证登记总账，如表 8－36 至表 8－38 所示。

表 8－36　总账

会计科目：银行存款　　单位：元

2020 年		凭证编号	摘要	对方科目	借方	贷方	借或贷	余额
月	日							
12	1		期初余额				借	156 000
	31	汇收 1	本月收款	预收账款	85 750		借	241 750
	31	汇付 1	本月付款	库存现金		2 000	借	239 750
	31			应交税费		5 000	借	234 750
12	31		本月合计		85 750	7 000	借	234 750

表 8－37　总账

会计科目：库存现金　　单位：元

2020 年		凭证编号	摘要	对方科目	借方	贷方	借或贷	余额
月	日							
12	1		期初余额				借	1 000
	31	汇付 1	本月收款	银行存款	2 000		借	3 000
	31	汇付 1	本月付款	管理费用		300	借	2 700
12	31		本月合计		2 000	300	借	2 700

表8-38 总账

会计科目:应付账款　　　　单位:元

2020年		凭证编号	摘要	对方科目	借方	贷方	借或贷	余额
月	日							
12	31	汇转1	本月应付	原材料		12 000	贷	12 000
	31	汇转1	本月付款	应交税费		1 560	贷	13 560
12	31		本月合计			13 560	贷	13 560

第四节　科目汇总表账务处理程序

一、科目汇总表的编制方法

科目汇总表,又称记账凭证汇总表,是企业通常定期对全部记账凭证进行汇总后,按照不同的会计科目分别列示各账户借方发生额和贷方发生额的一种汇总凭证。科目汇总表的编制方法是,根据一定时期内的全部记账凭证,按照会计科目进行归类,定期汇总出每一个账户的借方本期发生额和贷方本期发生额,填写在科目汇总表的相关栏内。科目汇总表可每月编制一张,按旬汇总,也可每旬汇总一次编制一张。任何格式的科目汇总表,都只反映各个账户的借方本期发生额和贷方本期发生额,不反映各个账户之间的对应关系。

科目汇总表(表8-39、表8-40)的填制方法是:先将汇总期内各项经济业务所涉及的会计科目填列在科目汇总表的"会计科目"栏内,填列的顺序最好与总分类账上会计科目的顺序相同,以便于登记总分类账;然后,依据汇总期内所有的记账凭证,按照相同的会计科目归类,分别计算各会计科目的借方发生额和贷方发生额,并将其填入科目汇总表的相应栏内;最后,进行本期发生额试算平衡。试算无误后,据以登记总分类账。

表8-39 科目汇总表(格式一——按月)

会计科目	总账页数	本期发生额		记账凭证起讫号数
		借方	贷方	
合计				

会计主管:　　　　会计:　　　　复核:　　　　制表:

表 8-40　科目汇总表(格式二——按旬)

会计科目	总账页数	记账凭证起讫号数	1—10 日		11—20 日		21—30 日	
			借方	贷方	借方	贷方	借方	贷方
合计								

会计主管:　　　　　　　　会计:　　　　　　　　复核:　　　　　　　　制表:

二、科目汇总表账务处理程序的一般步骤

科目汇总表账务处理程序的一般步骤是:

①根据原始凭证填制汇总原始凭证;

②根据原始凭证或汇总原始凭证填制记账凭证;

③根据收款凭证、付款凭证逐笔登记库存现金日记账和银行存款日记账;

④根据原始凭证、汇总原始凭证和记账凭证,登记各种明细分类账;

⑤根据各种记账凭证编制科目汇总表;

⑥根据科目汇总表登记总分类账;

⑦期末,将库存现金日记账、银行存款日记账和明细分类账的余额同有关总分类账的余额核对相符;

⑧期末,根据总分类账和明细分类账的记录,编制财务报表。

科目汇总表账务处理程序如图表 8-3 所示。

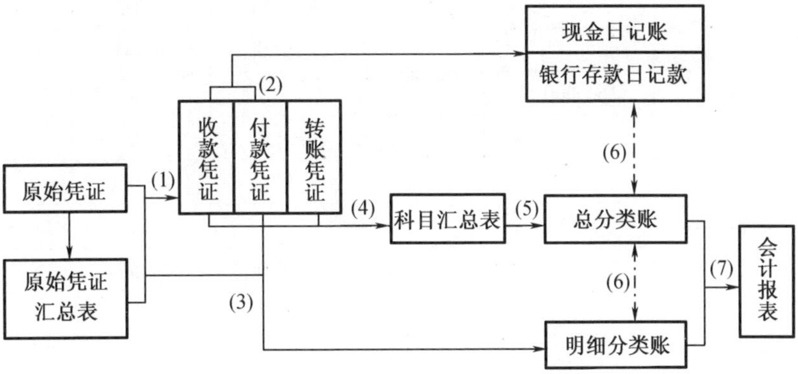

图 8-3　科目汇总表账务处理程序示意图

三、科目汇总表账务处理程序的内容

(一)特点

科目汇总表账务处理程序的特点是先将所有记账凭证汇总编制成科目汇总表,然后以科目汇总表为依据登记总分类账。

(二)优缺点

科目汇总表账务处理程序的优点是减轻了登记总分类账的工作量,易于理解,方便学习,并可做到试算平衡;缺点是科目汇总表不能反映各个账户之间的对应关系,不利于对账目进行检查。

(三)适用范围

该账务处理程序适用于经济业务较多的单位。

四、科目汇总表账务处理程序举例

【例8-3】 江南公司2020年1月各账户期初余额如表8-41所示。

表8-41 期初余额表

单位:元

序号	总分类账户			明细分类账户		
	账户名称	借方余额	贷方余额	账户名称	借方余额	贷方余额
1	库存现金	6 000				
2	银行存款	975 000				
3	应收账款	20 000				
				A公司	30 000	
				B公司		10 000
4	其他应收款	1 000				
5	坏账准备		500			
6	在途物资	99 000				
				甲材料	55 000	
				乙材料	44 000	
7	原材料	161 000				
				甲材料	91 000	
				乙材料	70 000	
8	周转材料	20 000				
				低值易耗品	12 500	
				包装物	7 500	
9	生产成本	19 000				
				A产品	11 000	
				B产品	8 000	
10	库存商品	185 000				
				A产品	105 000	
				B产品	80 000	
11	固定资产	1 115 000				
12	累计折旧		230 000			

表 8－41(续)

序号	总分类账户			明细分类账户		
	账户名称	借方余额	贷方余额	账户名称	借方余额	贷方余额
13	短期借款		300 000			
14	应付账款		12 000			
				C 公司	12 000	
				D 公司		24 000
15	其他应付款		800			
16	应付职工薪酬		6 690			
17	应交税费		5 710			
18	实收资本		1 800 000			
19	资本公积		5 000			
20	盈余公积		142 500			
				法定盈余公积		52 100
				任意盈余公积		90 400
21	利润分配		97 800			
				未分配利润		97 800
	合计	2 601 000	2 601 000			

江南公司 2020 年 1 月发生的经济业务如下：

①2 日，从银行支付所欠上月税费 5 710 元。

②3 日，收某股东追加投资 300 000 元，已存入银行。

③4 日，借入 3 个月期限的借款 200 000 元。

④6 日，购入汽车一辆，价款、进项税、运保费等共 60 000 元，开出转账支票。

⑤6 日，以存款购买股票 30 000 元，每股公允价值 5 元，打算视价格变化随时卖出。

⑥7 日，收到 A 公司归还前欠货款 20 000 元，存入银行。

⑦8 日，职工张强报销差旅费 1 000 元，以现金支付。

⑧9 日，从 C 公司购入甲材料 1 000 千克，价款每千克 10 元，进项税率 13%，原已预付 12 000 元。另以现金付借用包装物押金 600 元。

⑨10 日，上月采购的甲材料 5 500 千克、乙材料 5 500 千克，已验收入库，在途物资账面反映的采购成本分别为 55 000 元、44 000 元。

⑩12 日，张强借出差备用金 3 000 元，开给现金支票。

⑪12 日，收回上月支付 X 公司的借用包装物押金(库存现金)1 000 元。

⑫14 日，用银行存款支付广告宣传费 4 000 元。

⑬15 日，以库存现金支付本月法律顾问费 3 000 元。

⑭16 日，购买办公用品 1 000 元，其中行政部门 600 元，车间管理部门 100 元，销售部门 300 元，用库存现金支付。

⑮17 日，销售给 B 公司 A 产品 500 件，每件单价 100 元；B 产品 200 件，每件单价 150

元。税率13%,已预收10 000元(记入应收账款账户核算),余款未收。

⑯17日,以库存现金向困难职工补助1 000元。

⑰18日,从银行提取库存现金备用3 000元。

⑱19日,公关部报销接待费600元,用库存现金支付。

⑲21日,收到B公司支付购货款12万元,其中还原欠款83 600元。

⑳21日,销售甲材料200千克,价款4 000元,税款520元,已收款存入银行。

㉑23日,开出转账支票付救灾款10 000元。

㉒25日,收到某客户违约金8 000元,存入银行。

㉓29日,收出租包装物租金4 520元,存入银行。

㉔31日,计提本月借款利息2 500元。

㉕31日,本月耗用材料如表8-42所示。

表8-42　发料凭证汇总表

	甲材料		乙材料		合计金额(元)
	数量(千克)	金额(元)	数量(千克)	金额(元)	
A产品耗用	3 200	32 000	1 500	30 000	62 000
B产品耗用	1 000	10 000	1 500	30 000	40 000
车间一般性耗用	200	2 000			2 000
行政部门耗用	100	1 000			1 000
合计	4 500	45 000	3 000	60 000	105 000

㉖31日,本月工资、社保金、住房公积金、工会经费、教育经费等职工薪酬如表8-43所示(按目前规定,福利费在企业实际发生时计入当期损益或相关资产成本,住房公积金为8%~12%,工会经费为2%,社保金分别各按不同比例)。

表8-43　职工薪酬计算表

单位:元

	工资	社保金	住房公积金	其他	合计金额
A产品工人	10 000	1 000	1 000	30	12 030
B产品工人	6 000	600	600	18	7 218
车间管理人员	2 000	200	200	6	2 406
销售人员	4 000	400	400	12	4 812
行政人员	6 000	600	600	18	7 218
合计	28 000	2 800	2 800	84	33 684

㉗31日,计提本月固定资产折旧,车间负担8 000元,行政负担2 000元。

㉘31日,所购股票每股公允价值为7元,公允价值变动收入为120 000元。

㉙31日,本月制造费用发生额12 506元,按工人工资摊入生产成本。

㉚31 日,本月销售 A 产品的成本为 15 000 元,B 产品为了 10 000 元,结转销售成本。

㉛31 日,本月销售甲材料的采购成本为 2 000 元,结转销售成本。

㉜31 日,本月计提的应交城建税 700 元,教育费附加 300 元。

㉝31 日,结转本月各项收入。

㉞31 日,结转本月各项费用。

㉟31 日,按 25% 税率计提本月应交所得税。

㊱结转所得税费用。

按科目汇总表账务处理程序进行核算处理。

任务一　填制记账凭证(按收款凭证、付款凭证、转账凭证三种格式做记账凭证,如表 8－44 至表 8－82 所示)。

①

表 8－44　付款凭证

贷方科目:银行存款　　2020 年 1 月 2 号　　银付字第 1 号

摘要	借方科目		金额(元)	记账符号(√)
	总分类科目	明细分类科目		
上交税金	应交税费	应交增值税(未交)	5 200	
		应交城建税	364	
		应交教育费附加	146	
合　计			¥5 710	

附单据　张

会计主管:　记账:　出纳:　复核:　制单:

②

表 8－45　收款凭证

借方科目:银行存款　　2020 年 1 月 3 号　　银收字第 1 号

摘要	借方科目		金额(元)	记账符号(√)
	总分类科目	明细分类科目		
A 股东追加投资	实收资本	普通股(A 股东)	300 000	
合　计			¥300 000	

附单据　张

会计主管:　记账:　出纳:　复核:　制单:

③

表 8－46　收款凭证

借方科目:银行存款　　2020 年 1 月 4 号　　银收字第 2 号

摘要	借方科目		金额(元)	记账符号(√)
	总分类科目	明细分类科目		
借入 3 个月借款	短期借款	工商银行广场支行	200 000	
合　计			¥200 000	

附单据　张

会计主管:　记账:　出纳:　复核:　制单:

④

表8-47 付款凭证

贷方科目:银行存款　　2020年1月6号　　银付字第2号

摘要	借方科目		金额(元)	记账符号(√)
	总分类科目	明细分类科目		
购货车一辆	固定资产	生产用固定资产(汽车)	60 000	
合计			¥60 000	

附单据　张

会计主管:　记账:　出纳:　复核:　制单:

⑤

表8-48 付款凭证

贷方科目:银行存款　　2020年1月6号　　银付字第3号

摘要	借方科目		金额(元)	记账符号(√)
	总分类科目	明细分类科目		
购股票6 000股	交易性金融资产	A股	30 000	
合计			¥30 000	

附单据　张

会计主管:　记账:　出纳:　复核:　制单:

⑥

表8-49 收款凭证

借方科目:银行存款　　2020年1月7号　　银收字第3号

摘要	借方科目		金额(元)	记账符号(√)
	总分类科目	明细分类科目		
A公司支付欠款	应收账款	A公司	20 000	
合计			¥20 000	

附单据　张

会计主管:　记账:　出纳:　复核:　制单:

⑦

表8-50 付款凭证

贷方科目:库存现金　　2020年1月8号　　现付字第1号

摘要	借方科目		金额(元)	记账符号(√)
	总分类科目	明细分类科目		
张强报差旅费	管理费用	差旅费	1 000	
合计			¥1 000	

附单据　张

会计主管:　记账:　出纳:　复核:　制单:

⑧

表 8－51　转账凭证

2020 年 1 月 9 日　　　　转字第 1 号

摘要	科目		借方金额（元）	贷方金额（元）	记账符号(√)
	总分类科目	明细分类科目			
购入甲材料	在途物资	甲材料	10 000		
	应交税费	应交增值税(进项税)	1 300		
	应付账款	C 公司		11 300	
合　计			¥11 300	¥11 300	

附单据　张

会计主管：　记账：　出纳：　复核：　制单：

表 8－52　付款凭证

贷方科目:库存现金　　2020 年 1 月 9 号　　现付字第 2 号

摘要	借方科目		金额(元)	记账符号(√)
	总分类科目	明细分类科目		
付包装物押金	其他应收款	C 公司	600	
合　计			¥600	

附单据　张

会计主管：　记账：　出纳：　复核：　制单：

⑨

表 8－53　转账凭证

2020 年 1 月 10 日　　　　转字第 2 号

摘要	科目		借方金额（元）	贷方金额（元）	记账符号(√)
	总分类科目	明细分类科目			
甲、乙材料入库	原材料	甲材料	55 000		
	原材料	乙材料	44 000		
	在途物资	甲材料		55 000	
		乙材料		44 000	
合　计			¥99 000	¥99 000	

附单据　张

会计主管：　记账：　出纳：　复核：　制单：

⑩

表8-54 付款凭证

贷方科目:银行存款　　2020年1月12号　　银付字第4号

摘要	借方科目		金额(元)	记账符号(√)
	总分类科目	明细分类科目		
张强借差旅费	其他应收款	备用金(张强)	3 000	
合　计			¥3 000	

附单据　张

会计主管:　记账:　出纳:　复核:　制单:

⑪

表8-55 收款凭证

借方科目:库存现金　　2020年1月12号　　现收字第1号

摘要	借方科目		金额(元)	记账符号(√)
	总分类科目	明细分类科目		
收回包装物押金	其他应收账款	X公司	1 000	
合　计			¥1 000	

附单据　张

会计主管:　记账:　出纳:　复核:　制单:

⑫

表8-56 付款凭证

贷方科目:银行存款　　2020年1月14日　　银付字第5号

摘要	借方科目		金额(元)	记账符号(√)
	总分类科目	明细分类科目		
支付广告费	销售费用	广告费	4 000	
合　计			¥4 000	

附单据　张

会计主管:　记账:　出纳:　复核:　制单:

⑬

表8-57 付款凭证

贷方科目:库存现金　　2020年1月15日　　现付字第3号

摘要	借方科目		金额(元)	记账符号(√)
	总分类科目	明细分类科目		
付法律顾问费	管理费用	咨询费	3 000	
合　计			¥3 000	

附单据　张

会计主管:　记账:　出纳:　复核:　制单:

⑭

表 8－58　付款凭证

贷方科目:库存现金　　2020 年 1 月 16 日　　现付字第 4 号

摘要	借方科目		金额(元)	记账符号(√)
	总分类科目	明细分类科目		
购买办公用品	管理费用	办公费	600	
	制造费用	办公费	100	
	销售费用	办公费	300	
合　计			¥1 000	

附单据　张

会计主管:　　记账:　　出纳:　　复核:　　制单:

⑮

表 8－59　转账凭证

2020 年 1 月 17 日　　转字第 3 号

摘要	科目		借方金额(元)	贷方金额(元)	记账符号(√)
	总分类科目	明细分类科目			
销售产品	应收账款	B 公司	90 400		
	主营业务收入	A 产品		50 000	
	主营业务收入	B 产品		30 000	
	应交税费	应交增值税(销项税)		10 400	
合　计			¥90 400	¥90 400	

附单据　张

会计主管:　　记账:　　出纳:　　复核:　　制单:

⑯

表 8－60　付款凭证

贷方科目:库存现金　　2020 年 1 月 17 日　　现付字第 5 号

摘要	借方科目		金额(元)	记账符号(√)
	总分类科目	明细分类科目		
支付职工困难补助	应付职工薪酬	应付福利费	1 000	
合　计			¥1 000	

附单据　张

会计主管:　　记账:　　出纳:　　复核:　　制单:

⑰

表8-61　付款凭证

贷方科目:银行存款　　　　2020年1月18日　　　　银付字第6号

摘要	借方科目		金额(元)	记账符号(√)
	总分类科目	明细分类科目		
提取现金备用	库存现金		3 000	
合　计			¥3 000	

附单据　张

会计主管:　　记账:　　出纳:　　复核:　　制单:

⑱

表8-62　付款凭证

贷方科目:库存现金　　　　2020年1月19日　　　　现付字第6号

摘要	借方科目		金额(元)	记账符号(√)
	总分类科目	明细分类科目		
公关部报招待费	管理费用	业务招待费	600	
合　计			¥600	

附单据　张

会计主管:　　记账:　　出纳:　　复核:　　制单:

⑲

表8-63　收款凭证

借方科目:银行存款　　　　2020年1月21日　　　　银收字第4号

摘要	贷方科目		金额(元)	记账符号(√)
	总分类科目	明细分类科目		
收B公司购货款	应收账款	B公司	120 000	
合　计			¥120 000	

附单据　张

会计主管:　　记账:　　出纳:　　复核:　　制单:

⑳

表 8-64　收款凭证

借方科目:银行存款　　2020 年 1 月 21 日　　银收字第 5 号

摘要	贷方科目		金额(元)	记账符号(√)
	总分类科目	明细分类科目		
销售甲材料	其他业务收入	材料	4 000	
	应交税费	应交增值税(销项税费)	520	
合　计			¥4 520	

附单据　张

会计主管:　　记账:　　出纳:　　复核:　　制单:

㉑

表 8-65　付款凭证

贷方科目:银行存款　　2020 年 1 月 23 日　　银付字第 7 号

摘要	借方科目		金额(元)	记账符号(√)
	总分类科目	明细分类科目		
支付赈灾捐款	营业外支出	捐赠支出	10 000	
合　计			¥10 000	

附单据　张

会计主管:　　记账:　　出纳:　　复核:　　制单:

㉒

表 8-66　收款凭证

借方科目:银行存款　　2020 年 1 月 25 日　　银收字第 6 号

摘要	贷方科目		金额(元)	记账符号(√)
	总分类科目	明细分类科目		
收合同违约金	营业外收入	其他	8 000	
合　计			¥8 000	

附单据　张

会计主管:　　记账:　　出纳:　　复核:　　制单:

㉓

表 8-67　收款凭证

借方科目:银行存款　　2020 年 1 月 29 日　　银收字第 7 号

摘要	贷方科目		金额(元)	记账符号(√)
	总分类科目	明细分类科目		
收出租包装物租金	其他业务收入	租金	4 000	
	应交税费	应交增值税(销项税)	520	
合　计			¥4 520	

附单据　张

会计主管:　记账:　出纳:　复核:　制单:

㉔

表 8-68　转账凭证

2020 年 1 月 31 日　　转字第 4 号

摘要	科目		借方金额(元)	贷方金额(元)	记账符号(√)
	总分类科目	明细分类科目			
计提本月借款利息	财务费用	借款利息	2 500		
	应付利息	工行广场支行		2 500	
合　计			¥2 500	¥2 500	

附单据　张

会计主管:　记账:　出纳:　复核:　制单:

㉕

表 8-69　转账凭证

2020 年 1 月 31 日　　转字第 5 号

摘要	科目		借方金额(元)	贷方金额(元)	记账符号(√)
	总分类科目	明细分类科目			
本月耗用材料	生产成本	A 产品	62 000		
	生产成本	B 产品	40 000		
	制造费用	材料	2 000		
	管理费用	其他	1 000		
	原材料	甲材料		45 000	
		乙材料		60 000	
合　计			¥105 000	¥105 000	

附单据　张

会计主管:　记账:　出纳:　复核:　制单:

㉖

表 8－70　转账凭证

2020 年 1 月 31 日　　　　转字第 7 号

摘要	科目		借方金额（元）	贷方金额（元）	记账符号(√)
	总分类科目	明细分类科目			
分配本月职工薪酬	生产成本	A 产品(直接人工)	12 030		
		B 产品(直接人工)	7 218		
	制造费用	人工	2 406		
	销售费用	人工	4 812		
	管理费用	人工	7 218		
合　计					

附单据　张

会计主管：　记账：　出纳：　复核：　制单：

表 8－71　转账凭证

2020 年 1 月 31 日　　　　转字第 8 号

摘要	科目		借方金额（元）	贷方金额（元）	记账符号(√)
	总分类科目	明细分类科目			
分配本月职工薪酬	应付职工薪酬	职工工资		28 000	
		社会保险		2 800	
		住房公积金		2 800	
		其他		84	
合　计			￥33 684	￥33 684	

附单据　张

会计主管：　记账：　出纳：　复核：　制单：

㉗

表 8－72　转账凭证

2020 年 1 月 31 日　　　　转字第 9 号

摘要	科目		借方金额（元）	贷方金额（元）	记账符号(√)
	总分类科目	明细分类科目			
计提本月折旧	制造费用	固定资产折旧	8 000		
	管理费用	固定资产折旧	2 000		
	累计折旧			10 000	
合　计			￥10 000	￥10 000	

附单据　张

会计主管：　记账：　出纳：　复核：　制单：

㉘

表8-73 转账凭证

2020年1月31日 转字第10号

摘要	科目		借方金额（元）	贷方金额（元）	记账符号(√)
	总分类科目	明细分类科目			
股票升值	交易性金融资产	股票	12 000		
	公允价值变动损益	交易性金融资产		12 000	
合 计			¥12 000	¥12 000	

附单据 张

会计主管： 记账： 出纳： 复核： 制单：

㉙

表8-74 转账凭证

2020年1月31日 转字第11号

摘要	科目		借方金额（元）	贷方金额（元）	记账符号(√)
	总分类科目	明细分类科目			
制造费用分摊	生产成本	A产品	7 816.25		
	生产成本	B产品	4 689.75		
	制造费用			12 506	
合 计			¥12 506	¥12 506	

附单据 张

会计主管： 记账： 出纳： 复核： 制单：

㉚

表8-75 转账凭证

2020年1月31日 转字第12号

摘要	科目		借方金额（元）	贷方金额（元）	记账符号(√)
	总分类科目	明细分类科目			
结转产品销售成本	主营业务成本	A产品	15 000		
	主营业务成本	B产品	10 000		
	库存商品	A产品		15 000	
	库存商品	B产品		10 000	
合 计			¥25 000	¥25 000	

附单据 张

会计主管： 记账： 出纳： 复核： 制单：

㉛

表8-76　转账凭证

2020年1月31日　　　　转字第13号

摘要	科目		借方金额（元）	贷方金额（元）	记账符号(√)
	总分类科目	明细分类科目			
结转材料销售成本	其他业务成本	材料	2 000		
	原材料	甲材料			
				2 000	
合　计			¥2 000	¥2 000	

附单据　张

会计主管：　记账：　出纳：　复核：　制单：

㉜

表8-77　转账凭证

2020年1月31日　　　　转字第14号

摘要	科目		借方金额（元）	贷方金额（元）	记账符号(√)
	总分类科目	明细分类科目			
计提本月附加税费	税金及附加	城市维护建设税	700		
	税金及附加	教育费附加	300		
	应交税费	应交城建税		700	
	应交税费	应交教育费附加		300	
合　计			¥1 000	¥1 000	

附单据　张

会计主管：　记账：　出纳：　复核：　制单：

㉝

表8-78　转账凭证

2020年1月31日　　　　转字第15号

摘要	科目		借方金额（元）	贷方金额（元）	记账符号(√)
	总分类科目	明细分类科目			
结转各项收入	主营业务收入		80 000		
	其他业务收入		8 000		
	公允价值变动损益		12 000		
	营业外收入		8 000		
	本年利润			108 000	
合　计			¥108 000	¥108 000	

附单据　张

会计主管：　记账：　出纳：　复核：　制单：

㉞

表8-79　转账凭证

2020年1月31日　　转字第16号

摘要	科目		借方金额(元)	贷方金额(元)	记账符号(√)
	总分类科目	明细分类科目			
结转各项费用	本年利润		65 030		
	主营业务成本			25 000	
	其他业务成本			2 000	
	税金及附加			1 000	
	销售费用			9 112	
合　计					

附单据　张

会计主管:　　记账:　　出纳:　　复核:　　制单:

表8-80　转账凭证

2020年1月31日　　转字第17号

摘要	科目		借方金额(元)	贷方金额(元)	记账符号(√)
	总分类科目	明细分类科目			
结转各项费用	管理费用			15 418	
	财务费用			2 500	
	营业外支出			10 000	
合　计			¥65 030	¥65 030	

附单据　张

会计主管:　　记账:　　出纳:　　复核:　　制单:

㉟

表8-81　转账凭证

2020年1月31日　　转字第18号

摘要	科目		借方金额(元)	贷方金额(元)	记账符号(√)
	总分类科目	明细分类科目			
计提所得税费用	所得税费用		10 742.5		
	应交税费	应交所得税		10 742.5	
合　计			¥10 742.5	¥10 742.5	

附单据　张

会计主管:　　记账:　　出纳:　　复核:　　制单:

㊱

表 8－82　转账凭证

2020 年 1 月 31 日　　　　转字第 19 号

摘要	科目		借方金额（元）	贷方金额（元）	记账符号(√)
	总分类科目	明细分类科目			
结转所得税费用	本年利润		10 742.5		
	所得税费用			10 742.5	
合　计			¥10 742.5	¥10 742.5	

附单据　张

会计主管：　　记账：　　出纳：　　复核：　　制单：

任务二　根据审核无误的收款凭证、付款凭证序时登记库存现金日记账和银行存款日记账（均为三栏式）。具体登记内容和方法如表 8－83、表 8－84 所示。

表 8－83　现金日记账　　第 1 页

2020		凭证		摘要	对方科目	借方（元）	贷方（元）	余额
月	日	字	号					
1	1			期初余额				6 000
	8	现付	1	张强报销差旅费付现金	管理费用		1 000	5 000
	9	现付	2	支付包装物押金	其他应收款		600	4 400
	12	现收	1	收回押金	其他应收款	1 000		5 400
	15	现付	3	付法律顾问费	管理费用		3 000	2 400
	16	现付	4	购办公用品	管理费用等		1 000	1 400
	17	现付	5	付职工困难补助费	应付职工薪酬		1 000	4 00
	18	银付	6	提现金备用金	银行存款	3 000		3 400
	19	现付	6	支付招待费	管理费用		600	2 800
1	31			本月合计		4 000	7 200	2 800

表 8－84　银行存款日记账　　第 1 页

2020		凭证		摘要	对方科目	借方（元）	贷方（元）	余额
月	日	字	号					
1	1			期初余额				975 000
	2	银付	1	上交税费	应交税费		5 710	969 290
	3	银收	1	A 股东追加投资	实收资本	300 000		1 269 290
	4	银收	2	借入 3 个借款	短期借款	200 000		1 469 290

表8-84(续)

2020		凭证		摘要	对方科目	借方(元)	贷方(元)	余额
月	日	字	号					
	6	银付	2	支付购货车款	固定资产		60 000	1 409 290
	6	银付	3	购入股票	交易性金融资产		30 000	1 379 290
	7	银收	3	A公司还欠款	应收账款	20 000		1 399 290
	12	银付	4	张强借差旅费	其他应收款		3 000	1 396 290
	14	银付	5	支付广告费	销售费用		4 000	1 392 290
	18	银付	6	提取现金备用	库存现金		3 000	1 389 290
	21	银收	4	收B公司购货款	应收账款	120 000		1 509 290
	21	银收	5	收销售材料款	其他业务收入等	4 520		1 513 810
	23	银付	7	支付赈灾捐款	营业外支出		10 000	1 503 810
	25	银收	6	收合同违约金	营业外收入	8 000		1 511 810
	29	银收	7	收租金	其他业务收入等	4 520		1 516 330
1	31			本月合计		657 040	115 710	1 516 330

任务三 根据审核无误的收款凭证、付款凭证、转账凭证及原始凭证逐笔登记明细分类账。明细账包括三类。其中应收账款、应付账款等采用三栏式、原材料、库存商品等采用数量金额式,收入、成本、费用明细账采用多栏式。各种账的格式如表8-85~表8-89所示。

表8-85 在途物资明细账

材料名称:甲材料　　计量单位:千克　　金额单位:元

2020年		凭证		摘要	借方				贷方	余额
月	日	字	号		价款	采购费用		合计金额		
						运费	其他			
1	1			期初余额(5 500千克)	50 000	4 000	1 000	55 000		55 000
	9	转	1	购入材料(1 000千克)	10 000			10 000		65 000
	10	转	2	材料入库(5 500千克)					55 000	10 000
1	31			本月合计	10 000			10 000	55 000	10 000

表 8－86　原材料明细账

材料名称:甲材料　　计量单位:千克　　存放地点:一仓库　　金额单位:元

2020 年		凭证		摘要	收入			发出			结存		
月	日	字	号		数量	单价	金额	数量	单价	金额	数量	单价	金额
1	1			期初余额							9 100	10	91 000
	10	转	2	材料入库	5 500	10	55 000				14 600	10	146 000
	31	转	6	领用材料				4 500	10	45 000	10 100	10	101 000
	31	转	13	销售材料				200	10	2 000	9 900	10	99 000
1	31			本月合计	5 500	10	55 000	4 700	10	47 000	9 900	10	99 000

表 8－87　生产成本明细账

产品名称:A 产品　　计量单位:件　　金额单位:元

2020 年		凭证		摘要	借方			贷方	余额
月	日	字	号		直接材料	直接人工	制造费用		
1	1			期初余额	8 000	2 000	1 000		11 000
	31	转	5	领用材料	62 000				73 000
	31	转	7	本月薪酬		12 030			85 030
	31	转	11	结转制造费用			7 816.25		92 846.25
1	31			本月合计	62 000	12 030	7 816.25		92 846.25

表 8－88　应收账款明细账

账户名称:B 公司　　单位:元

2020		凭证		摘要	借方金额	贷方金额	借或贷	余额
月	日	字	号					
1	1			期初余额			贷	10 000
	17	转	3	应收货款	90 400		借	80 400
	21	银收	4	收到 B 公司购货款		120 000	贷	39 600
1	31			本月合计	90 400	120 000	贷	39 600

表 8－89　应付账款明细账

账户名称:C 公司　　单位:元

2020		凭证		摘要	借方金额	贷方金额	借或贷	余额
月	日	字	号					
1	1			期初余额			借	12 000
	9	转	1	应付材料款		11 300	借	700
1	31			本月合计		11 300	借	700

任务四 编制科目汇总表。根据记账凭证(收款凭证、付款凭证、转账凭证)按10天一汇总的方法编制本月科目汇总表。

①汇总1—10日的记账凭证,用T型账户汇总方法,如图8-4所示。

库存现金

	(7) 1 000
	(8) 600
	1 600

(a)

银行存款

(2) 300 000	(1) 5 710
(3) 200 000	(4) 60 000
(6) 20 000	(5) 30 000
520 000	95 710

(b)

交易性金融资产

(5) 30 000	
30 000	

(c)

应收账款

	(6) 20 000
	20 000

(d)

其他应收款

(8) 600	
600	

(e)

在途物资

(8) 10 000	(9) 99 000
10 000	99 000

(f)

原材料

(9) 99 000	
99 000	

(g)

固定资产

(4) 60 000	
60 000	

(h)

短期借款

	(3) 200 000
	200 000

(i)

应付账款

	(8) 11 300
	11 300

(j)

应交税费

(1) 5 710	
(8) 1 300	
7 010	

(k)

实收资本

	(2) 300 000
	300 000

(l)

管理费用

(1) 1 000	
1 000	

(m)

图8-4 1—10日科目汇总T型账户

②编制 1—10 日科目汇总表如表 8－90 所示。

表 8－90　科目汇总表

2020 年 1 月 1—10 日　　科汇 1 号

会计科目	总账页数	本期发生额(元)		记账起讫号数
		借方	贷方	
库存现金			1 600	
银行存款		520 000	95 710	
交易性金融资产		30 000		
应收账款			20 000	
其他应收款		600		
在途物资		10 000	99 000	
原材料		99 000		
固定资产		60 000		
短期借款			200 000	
应付账款			11 300	
应交税费		7 010		
实收资本			300 000	
管理费用		1 000		
合计		727 610	727 610	

会计主管：　　记账：　　复核：　　制单：

③汇总 11—20 日的记账凭证，用 T 型账户汇总方法(汇总方法与 1—10 日同)。

④编制 11—20 日科目汇总表如表 8－91 所示。

表 8－91　科目汇总表

2020 年 1 月 11—20 日　　科汇 2 号

会计科目	总账页数	本期发生额(元)		记账起讫号数
		借方	贷方	
库存现金		4 000	5 600	
银行存款			10 000	
应收账款		90 400		
其他应收款		3 000	1 000	
应付职工薪酬		1 000		
应交税费			10 400	
制造费用		100		
主营业务收入			80 000	
销售费用		4 300		
管理费用		4 200		
合计		107 000	107 000	

会计主管：　　记账：　　复核：　　制单：

⑤汇总本月21—31日的记账凭证,用T型账户汇总方法(汇总方法与1—10日同)。

⑥编制21—31日科目汇总表如表8-92所示。

表8-92　科目汇总表

2020年1月20—31日　　科汇3号

会计科目	总账页数	本期发生额(元)		记账起讫号数
		借方	贷方	
银行存款		137 040	10 000	
交易性金融资产		12 000		
应收账款			120 000	
原材料			107 000	
库存商品			25 000	
累计折旧			10 000	
应付职工薪酬			33 684	
应交税费			12 782.5	
应付利息			2 500	
其他应付款			4 680	
本年利润		75 772.5	108 000	
生产成本		133 754		
制造费用		12 406	12 506	
主营业务收入		80 000		
其他业务收入		8 000	8 000	
公允价值变动损益		12 000	12 000	
营业外收入		8 000	8 000	
主营业务成本		25 000	25 000	
其他业务成本		2 000	2 000	
税金及附加		1 000	1 000	
销售费用		4 812	9 112	
管理费用		10 218	15 418	
财务费用		2 500	2 500	
营业外支出		10 000	10 000	
所得税费用		10 742.5	10 742.5	
合计		545 245	545 245	

会计主管：　　记账：　　复核：　　制单：

任务五　登记总账。根据审核无误的科目汇总表登记总分类账户,如表8-93至表8-129所示。

表 8-93 总分类账

会计科目:库存现金 单位:元

2020		凭证		摘要	借方金额	贷方金额	借或贷	余额
月	日	字	号					
1	1			期初余额			借	6 000
	10	科汇	1	本月 1—10 日汇总		1 600	借	4 400
	20	科汇	2	本月 11—20 日汇总	4 000	5 600	借	2 800
1	31			本月合计	4 000	72 00	借	2 800

表 8-94 总分类账

会计科目:银行存款 单位:元

2020		凭证		摘要	借方金额	贷方金额	借或贷	余额
月	日	字	号					
1	1			期初余额			借	975 000
	10	科汇	1	本月 1—10 日汇总	520 000	95 710	借	1 399 290
	20	科汇	2	本月 11—20 日汇总		10 000	借	1 369 290
	31	科汇	3	本月 21—31 日汇总	137 040	10 000		1 516 330
1	31			本月合计	657 040	115 710	借	1 516 330

表 8-95 总分类账

会计科目:交易性金融资产 单位:元

2020		凭证		摘要	借方金额	贷方金额	借或贷	余额
月	日	字	号					
1	10	科汇	1	本月 1—10 日汇总	30 000		借	30 000
	31	科汇	3	本月 21—31 日汇总	12 000		借	42 000
	31			本月合计	42 000		借	42 000

表 8-96 总分类账

会计科目:应收账款 单位:元

2020		凭证		摘要	借方金额	贷方金额	借或贷	余额
月	日	字	号					
1	1			期初余额			借	20 000
	10	科汇	1	本月 1—10 日汇总		2 000	平	0
	20	科汇	2	本月 11—20 日汇总	90 400		借	90 400
	31	科汇	3	本月 21—31 日汇总		120 000	贷	29 600
1	31			本月合计	90 400	122 000	贷	29 600

表 8－97　总分类账

会计科目:其他应收款　　单位:元

2020		凭证		摘要	借方金额	贷方金额	借或贷	余额
月	日	字	号					
1	1			期初余额			借	1 000
	10	科汇	1	本月1—10日汇总	6 00		借	1 600
	20	科汇	2	本月11—20日汇总	3 000	1 000	借	3 600
1	31			本月合计	3 600	1 000	借	3 600

表 8－98　总分类账

会计科目:坏账准备　　单位:元

2020		凭证		摘要	借方金额	贷方金额	借或贷	余额
月	日	字	号					
1	1			期初余额			贷	500

表 8－99　总分类账

会计科目:在途物资　　单位:元

2020		凭证		摘要	借方金额	贷方金额	借或贷	余额
月	日	字	号					
1	1			期初余额			借	99 000
	10	科汇	1	本月1—10日汇总	10 000	99 000	借	10 000
1	31			本月合计	10 000	99 000	借	10 000

表 8－100　总分类账

会计科目:原材料　　单位:元

2020		凭证		摘要	借方金额	贷方金额	借或贷	余额
月	日	字	号					
1	1			期初余额			借	161 000
	10	科汇	1	本月1—10日汇总	99 000		借	260 000
1	31	科汇	3	本月21—31日汇总		107 000	借	153 000
				本月合计	99 000	107 000	借	153 000

表 8－101　总分类账

会计科目:周转材料　　单位:元

2020		凭证		摘要	借方金额	贷方金额	借或贷	余额
月	日	字	号					
1	1			期初余额			借	20 000

表 8－102　总分类账

会计科目:库存商品　　　　单位:元

2020		凭证		摘要	借方金额	贷方金额	借或贷	余额
月	日	字	号					
1	1			期初余额			借	185 000
	31	科汇	3	本月 21—31 日汇总		25 000	借	160 000
1	31			本月合计		25 000	借	160 000

表 8－103　总分类账

会计科目:固定资产　　　　单位:元

2020		凭证		摘要	借方金额	贷方金额	借或贷	余额
月	日	字	号					
1	1			期初余额			借	1 115 000
	10	科汇	1	本月 1—10 日汇总	60 000		借	1 175 000
1	31			本月合计		25 000	借	1 175 000

表 8－104　总分类账

会计科目:累计折旧　　　　单位:元

2020		凭证		摘要	借方金额	贷方金额	借或贷	余额
月	日	字	号					
1	1			期初余额			贷	230 000
	31	科汇	3	本月 21—31 日汇总		10 000	贷	240 000
1	31			本月合计		10 000	贷	240 000

表 8－105　总分类账

会计科目:短期借款　　　　单位:元

2020		凭证		摘要	借方金额	贷方金额	借或贷	余额
月	日	字	号					
1	1			期初余额			贷	300 000
	10	科汇	1	本月 1—10 日汇总		200 000	贷	500 000
1	31			本月合计		200 000	贷	500 000

表8-106　总分类账

会计科目:应付账款　　　　单位:元

2020		凭证		摘要	借方金额	贷方金额	借或贷	余额
月	日	字	号					
1	1			期初余额			贷	12 000
	10	科汇	1	本月1—10日汇总		11 300	贷	23 300
1	31			本月合计		11 300	贷	23 300

表8-107　总分类账

会计科目:应付职工薪酬　　　　单位:元

2020		凭证		摘要	借方金额	贷方金额	借或贷	余额
月	日	字	号					
1	1			期初余额			贷	6 690
	20	科汇	2	本月11—20日汇总	1 000		贷	5 690
	31	科汇	3	本月21—31日汇总		33 684	贷	39 374
1	31			本月合计	1 000	33 684	贷	39 374

表8-108　总分类账

会计科目:应付利息　　　　单位:元

2020		凭证		摘要	借方金额	贷方金额	借或贷	余额
月	日	字	号					
1	31	科汇	3	本月21—31日汇总		2 500	贷	2 500

表8-109　总分类账

会计科目:应交税费　　　　单位:元

2020		凭证		摘要	借方金额	贷方金额	借或贷	余额
月	日	字	号					
1	1			期初余额			贷	5 710
	10	科汇	1	本月1—10日汇总	7 010		借	1 300
	20	科汇	2	本月11—21日汇总		10 400	贷	9 100
1	31	科汇	3	本月21—31日汇总		12 782.5	贷	21 882.5
				本月合计	7 010	23 182.5	贷	21 882.5

表 8-110　总分类账

会计科目:其他应付款　　　　单位:元

2020		凭证		摘要	借方金额	贷方金额	借或贷	余额
月	日	字	号					
1	1			期初余额			贷	800

表 8-111　总分类账

会计科目:实收资本　　　　单位:元

2020		凭证		摘要	借方金额	贷方金额	借或贷	余额
月	日	字	号					
1	1			期初余额			贷	1800 000
	10	科汇	1	本月 1—10 日汇总		300 000	贷	2 100 000
	31			本月合计		300 000	贷	2 100 000

表 8-112　总分类账

会计科目:资本公积　　　　单位:元

2020		凭证		摘要	借方金额	贷方金额	借或贷	余额
月	日	字	号					
1	1			期初余额			贷	5 000

表 8-113　总分类账

会计科目:盈余公积　　　　单位:元

2020		凭证		摘要	借方金额	贷方金额	借或贷	余额
月	日	字	号					
1	1			期初余额			贷	142 500

表 8-114　总分类账

会计科目:利润分配　　　　单位:元

2020		凭证		摘要	借方金额	贷方金额	借或贷	余额
月	日	字	号					
1	1			期初余额			贷	97 800

表 8－115　总分类账

会计科目:本年利润　　　　单位:元

2020		凭证		摘要	借方金额	贷方金额	借或贷	余额
月	日	字	号					
1	31	科汇	3	本月 21—31 日汇总	75 772.5	108 000	贷	32 227.5

表 8－116　总分类账

会计科目:生产成本　　　　单位:元

2020		凭证		摘要	借方金额	贷方金额	借或贷	余额
月	日	字	号					
1	1			期初余额			借	19 000
1	31	科汇	3	本月 21—31 日汇总	133 754		借	152 754
	31			本月合计	133 754		借	152 754

表 8－117　总分类账

会计科目:制造费用　　　　单位:元

2020		凭证		摘要	借方金额	贷方金额	借或贷	余额
月	日	字	号					
1	20	科汇	2	本月 10—21 日汇总	100		借	100
	31	科汇	3	本月 21—31 日汇总	12 406	12 506	平	0
1	31			本月合计	12 506	12 506	平	0

表 8－118　总分类账

会计科目:主营业务收入　　　　单位:元

2020		凭证		摘要	借方金额	贷方金额	借或贷	余额
月	日	字	号					
1	20	科汇	2	本月 11—21 日汇总		80 000	贷	80 000
	31	科汇	3	本月 21—31 日汇总	80 000		平	0
1	31			本月合计			平	0

表 8－119 总分类账

会计科目:其他业务收入 单位:元

2020		凭证		摘要	借方金额	贷方金额	借或贷	余额
月	日	字	号					
1	31	科汇	3	本月 21—31 日汇总	8 000	8 000	平	0

表 8－120 总分类账

会计科目:公允价值变动损益 单位:元

2020		凭证		摘要	借方金额	贷方金额	借或贷	余额
月	日	字	号					
1	31	科汇	3	本月 21—31 日汇总	12 000	12 000	平	0

表 8－121 总分类账

会计科目:营业外收入 单位:元

2020		凭证		摘要	借方金额	贷方金额	借或贷	余额
月	日	字	号					
1	31	科汇	3	本月 21—31 日汇总	8 000	8 000	平	0

表 8－122 总分类账

会计科目:主营业务成本 单位:元

2020		凭证		摘要	借方金额	贷方金额	借或贷	余额
月	日	字	号					
1	31	科汇	3	本月 21—31 日汇总	25 000	25 000	平	0

表 8－123　总分类账

会计科目:其他业务成本　　　　单位:元

2020		凭证		摘要	借方金额	贷方金额	借或贷	余额
月	日	字	号					
1	31	科汇	3	本月21—31日汇总	2 000	2 000	平	0

表 8－124　总分类账

会计科目:税金及附加　　　　单位:元

2020		凭证		摘要	借方金额	贷方金额	借或贷	余额
月	日	字	号					
1	31	科汇	3	本月21—31日汇总	1 000	1 000	平	0

表 8－125　总分类账

会计科目:销售费用　　　　单位:元

2020		凭证		摘要	借方金额	贷方金额	借或贷	余额
月	日	字	号					
1	20	科汇	2	本月11—21日汇总	4 300		借	4 300
	31	科汇	3	本月21—31日汇总	4 812	9 112	平	0
1	31				9 112	9 112	平	0

表 8－126　总分类账

会计科目:管理费用　　　　单位:元

2020		凭证		摘要	借方金额	贷方金额	借或贷	余额
月	日	字	号					
1	10	科汇	1	本月1—10日汇总	1 000		借	1 000
	20	科汇	2	本月11—21日汇总	4 200		借	5 200
	31	科汇	3	本月21—31日汇总	10 218	15 418	平	0
1	31			本月合计	15 418	15 418	平	0

表 8－127　总分类账

会计科目：财务费用　　　　单位：元

2020		凭证		摘要	借方金额	贷方金额	借或贷	余额
月	日	字	号					
1	31	科汇	3	本月 21—31 日汇总	2 500	2 500	平	0

表 8－128　总分类账

会计科目：营业外支出　　　　单位：元

2020		凭证		摘要	借方金额	贷方金额	借或贷	余额
月	日	字	号					
1	31	科汇	3	本月 21—31 日汇总	10 000	10 000	平	0

表 8－129　总分类账

会计科目：所得税费用　　　　单位：元

2020		凭证		摘要	借方金额	贷方金额	借或贷	余额
月	日	字	号					
1	31	科汇	3	本月 21—31 日汇总	10 742.5	10 742.5	平	0

任务六　对账。对账的内容包括账证、账账、账实核对。账账核对中的总分类账试算平衡（即总分类账中的所有账户借方发生额合计是否等于所有账户贷方发生额合计）、总分类账各账户结账数与所属明细分类账结账数之和核对是月末对账的主要内容。本月根据总分类账各账户期初余额、本月借方发生额、本月贷方发生额、期末余额（表 8－93 至表 8－129）编制试算平衡表，如表 8－130 所示。

表 8－130　试算平衡表

单位：元

序号	会计科目	期初余额		本期发生额		期末余额	
		借方	贷方	借方	贷方	借方	贷方
1	库存现金	6 000		4 000	7 200	2 800	
2	银行存款	975 000		657 040	115 710	1 516 330	
3	交易性金融资产			42 000		42 000	

表8-130(续)

序号	会计科目	期初余额		本期发生额		期末余额	
		借方	贷方	借方	贷方	借方	贷方
4	应收账款	20 000		90 400	140 000		29 600
5	其他应收款	1 000		3 600	1 000	3 600	
6	坏账准备		500				500
7	在途物资	99 000		10 000	99 000	10 000	
8	原材料	161 000		99 000	107 000	153 000	
9	周转材料	20 000				20 000	
10	库存商品	185 000			25 000	160 000	
11	固定资产	1 115 000		60 000		1 175 000	
12	累计折旧		230 000		10 000		240 000
13	短期借款		300 000		200 000		500 000
14	应付账款		12 000		11 300		23 300
15	应付职工薪酬		6 690	1 000	33 684		39 374
16	应付利息				2 500		2 500
17	应交税费		5 710	7 010	23 182.5		21 882.5
18	其他应付款		800				800
19	实收资本		1 800 000		300 000		2 100 000
20	资本公积		5 000				5 000
21	盈余公积		142 500				142 500
22	利润分配		97 800				97 800
23	本年利润			75 772.5	108 000		32 227.5
24	生产成本	19 000		133 754		152 754	
25	制造费用			12 506	12 506		
26	主营业务收入			80 000	80 000		
27	其他业务收入			8 000	8 000		
28	公允价值变动损益			12 000	12 000		
29	营业外收入			8 000	8 000		
30	主营业务成本			25 000	25 000		
31	其他业务成本			2 000	2 000		
32	税金及附加			1 000	1 000		
33	销售费用			9 112	9 112		
34	管理费用			15 418	15 418		
35	财务费用			2 500	2 500		
36	营业外支出			10 000	10 000		
37	所得税费用			10 742.5	10 742.5		
	合计	2 601 000	2 601 000	1 379 855	1 379 855	3 235 484	3 235 484

任务七 编制会计报表。根据核对无误的总分类账各账户期末余额(或发生额)及相关明细账数据编制会计报表。会计报表包括资产负债表、利润表、现金流量表、所有者权益变动表和附注等。但是资产负债表、利润表是每月必编的基本报表。江南公司编制的资产负债表和利润表如表8-131、表8-132所示。

表 8-131　资产负债表

编制单位：江南公司　　　　2020 年 1 月 31 日　　　　单位：元

资产	期末余额	年初余额	负债和所有者权益（或股东权益）	期末余额	年初余额
流动资产：			流动负债：		
货币资金	1 519 130	981 000	短期借款	500 000	300 000
交易性金融资产	42 000		交易性金融负债		
衍生金融资产			衍生金融负债		
应收票据			应付票据		
应收账款	9 500	29 500	应付账款	24 000	24 000
应收款项融资			预收款项	39 600	10 000
预付款项	700	12 000	合同负债		
其他应收款	3 600	1 000	应付职工薪酬	39 374	6 690
存货	495 754	484 000	应交税费	21 882.5	5 710
合同资产			其他应付款	800	800
			应付利息	2 500	
持有待售资产			持有待售负债		
一年内到期的非流动资产			一年内到期的非流动负债		
其他流动资产			其他流动负债		
流动资产合计	2 070 684	1507 500	流动负债合计	628 156.5	347 200
非流动资产：			非流动负债：		
债权投资			长期借款		
其他债权投资			应付债券		
长期应收款			其中：优先股		
长期股权投资			永续股		
其他权益工具投资			租赁负债		
其他非流动金融资产			长期应付款		
投资性房地产			专项应付款		
固定资产	935 000	885 000	预计负债		
在建工程			递延收益		
生产性生物资产			递延所得税负债		
固定资产清理			其他非流动负债		
油气资产			非流动负债合计		
使用权资产			负债合计	628 156.5	347 200
无形资产			所有者权益（或股东权益）		
开发支出			实收资本（或股本）	2 100 000	1 800 000
商誉			其他权益工具		
长期待摊费用			其中：优先股		
递延所得税资产			永续股		
其他非流动资产			资本公积	5 000	5 000
非流动资产合计	935 000	885 000	减：库存股		
			其他综合收益		
			专项设备		
			盈余公积	142 500	142 500
			未分配利润	130 027.5	97 800
			所有者权益（或股东权益）合计	2 377 527.5	2 045 300
资产总计	3 005 684	2 392 500	负债和所有者权益（或股东权益）总计	3 005 684	2 392 500

单位负责人：　　　　会计主管：　　　　复核：　　　　制表人：

表8-132 利润表

编制单位:江南公司　　　　2020年1月　　　　单位:元

项目	本期金额	上期金额
一、营业收入	88 000	
减:营业成本	27 000	
税金及附加	1 000	
销售费用	9 112	
管理费用	15 418	
研发费用		
财务费用	2 500	
其中:利息费用		
利息收入		
加:其他收益		
投资收益(损失以"-"填列)		
其中:对联营企业和合营企业的投资收益		
以摊余成本计量的金融资产终止确认收益(损失以"-"填列)		
净敞口套期收益(损失以"-"填列)		
加:公允价值变动收益(损失以"-"填列)	12 000	
信用减值损失(损失以"-"填列)		
资产减值损失(损失以"-"填列)		
资产处置收益(损失以"-"填列)		
二、营业利润(损失以"-"填列)	44 970	
加:营业外收入	8 000	
减:营业外支出	10 000	
三、利润总额(损失以"-"填列)	42 970	
减:所得税费用	10 742.5	
四、净利润(净亏损以"-"填列)	32 227.5	
(一)持续经营净利润(净亏损以"-"填列)		
(二)终止经营净利润(净亏损以"-"填列)		
五、其他综合收益的税后净额	(略)	(略)
(一)不能重分类进损益的其他综合收益		
1. 重新计量设定受益计划变动额		
2. 权益法下不能转损益的其他综合收益		
3. 其他权益工具投资公允价值变动		
4. 企业自身信用风险公允价值变动		
……		

表 8－132(续)

项目	本期金额	上期金额
(二)将重分类进损益的其他综合收益		
1. 权益法下可转损益的其他综合收益		
2. 其他债权投资公允价值变动		
3. 金融资产重分类计入其他综合收益的金额		
4. 其他股权投资信用减值准备		
5. 现金流量套期		
6. 外币财务报表折算差额		
……		
六、综合收益总额	(略)	
七、每股收益	(略)	
(一)基本每股收益		
(二)稀释每股收益		

单位负责人:　　　　会计主管:　　　　复核:　　　　制表人:

第五节　日记总账账务处理程序

一、日记总账的编制方法

日记总账是将全部会计科目集中在一张账页上,根据记账凭证,将发生的经济业务逐笔进行登记,最后按各科目进行汇总,分别计算出借、贷方发生额和期末余额。它既是日记账,又是总分类账,其格式如表 8－133 所示。

表 8－133　日记总账

年　　月

年		凭证号	摘要	库存现金		银行存款		应收账款		库存商品		短期借款		制造费用		生产成本等	
月	日			借	贷	借	贷	借	贷	借	贷	借	贷	借	贷	借	贷
			本月合计														
			本月余额														

日记总账的填制方法是:根据收款凭证、付款凭证和转账凭证逐日、逐笔登记日记总账,对每一笔经济业务的借贷方发生额,都应分别登记到同一行对应科目的借方栏或贷方栏内。月终,结算出各科目本期借贷方发生额和余额,并核对相符。

二、日记总账账务处理程序的一般步骤

日记总账账务处理程序的一般步骤如下:

①根据原始凭证或原始凭证汇总表填制记账凭证;

②根据收款凭证和付款凭证逐笔登记现金日记账和银行存款日记账;

③根据原始凭证、原始凭证汇总表或记账凭证登记各种明细分类账;

④根据记账凭证逐日逐笔登记日记总账;

⑤月末,将现金日记账、银行存款日记账的余额,以及各种明细分类账的余额合计数,分别与日记总账中相关账户的余额核对相符;

⑥月末,根据核对无误的日记总账和明细分类账的相关资料,编制会计报表。

日记总账账务处理程序如图8-5所示。

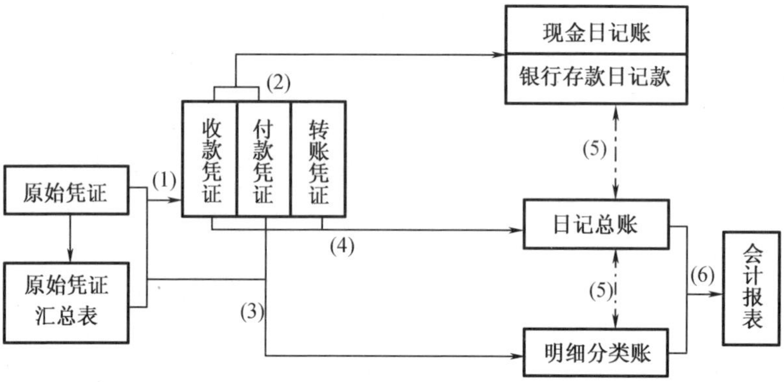

图8-5 日记总账账务处理程序

三、日记总账账务处理程序的内容

(一)特点

在日记总账账务处理程序下,不仅直接依据记账凭证逐笔登记总账,而且需要逐日逐笔序时地登记,同时要求把所有账目都在日记总账中进行登记。

(二)优缺点

在日记总账账务处理程序下,其优点是账务处理程序较简单,大大简化总分类账的登记手续,日记总账按全部总账科目分借贷方设置,且直接根据记账凭证逐日逐笔进行登记,便于了解各项经济业务的来龙去脉,并清晰地反映了会计账户之间的对应关系,有利于会计资料的分析和运用。其缺点是由于所有会计科目都集中在一张账页上,总分类账的账页过长,不便于记账的分工与查阅;对发生的每一笔经济业务都要根据记账凭证逐笔在日记总账中登记,实际上与登记日记账和明细分类账是一种重复登记,势必也会增加日记总账的工作量。

(二)适用范围

日记总账账务处理程序主要适用于规模小、业务量少、经济业务简单、使用会计科目不多的企业。但在使用电子计算机进行账务处理的企业,由于账簿的登记等是由计算机来完成,因而很容易克服这种会计核算程序的缺点,因而在一些大中型企业也可以应用这种核算程序。

第六节　多栏式日记账账务处理程序

一、多栏式库存现金、银行存款日记账的编制方法

多栏式现金、银行存款日记账是根据收款凭证和付款凭证逐笔登记的，其格式如表 8－134 所示。现金和银行存款日记账都按对应账户设置专栏，具有科目汇总表的作用，月终可根据多栏式日记账借方、贷方合计栏的本月发生额，记入现金及银行存款总分类账的借方和贷方。采用这种程序时要注意现金和银行存款之间的划转业务，避免重复计算。

表 8－134　多栏式现金（银行存款）日记账

单位：元

年		摘要	收入				付出				余额
			对应账户贷方			借方合计	对应账户借方			贷方合计	
月	日		预收账款	短期借款	产品销售收入		原材料	管理费用	应付账款		

二、多栏式日记账账务处理程序的一般步骤

多栏式日记账账务处理程序的一般程序如下：

①根据原始凭证或原始凭证汇总表填制记账凭证；

②根据收款凭证和付款凭证逐笔登记多栏式现金和银行存款日记账；

③根据原始凭证、原始凭证汇总表或记账凭证登记各种明细分类账；

④根据转账凭证填制转账凭证科目汇总表，（转账业务不多的单位可不必编制科目汇总表）；

⑤月末，根据多栏式现金日记账、多栏式银行存款日记账以及转账凭证科目汇总表（或转账凭证）登记总分类账；

⑥月末，将各种明细分类账的余额合计数，分别与总分类账中相关账户的余额相核对；

⑦月末，根据核对无误的总分类账和明细分类账的相关资料，编制会计报表。

多栏式日记账账务处理程序的一般程序如图 8－6 所示。

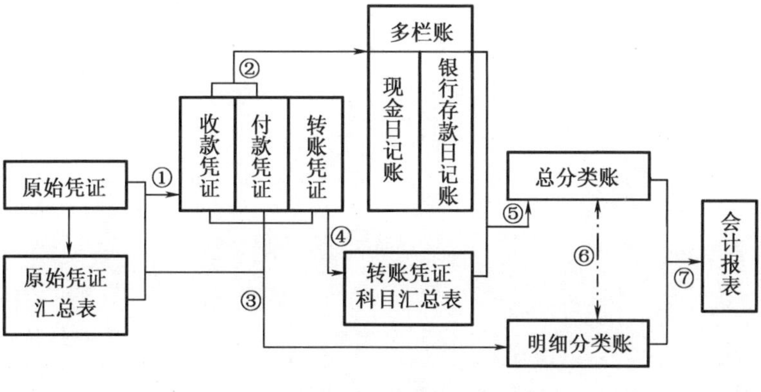

图 8－6　多栏式日记账账务处理程序

三、多栏式日记账账务处理程序的内容

(一)特点

在多栏式日记账账务处理程序下,要求现金日记账和银行存款日记账都采用多栏式日记账,并据以登记总账。对于转账业务,则根据转账凭证逐笔登记总账,或根据转账凭证编制科目汇总表,据以登记总账。

(二)优缺点

多栏式日记账账务处理程序优点是可以简化总分类账的登记工作;同时,多栏式现金、银行存款日记账较好地反映了账户的对应关系。缺点是多栏式日记账与三栏式日记账相比较,工作量大。如果企业经济业务繁杂,则必然会造成日记账栏目过多,账页庞大、不便于登记。

(三)适用范围

多栏式日记账账务处理程序主要适用于企业规模虽大、业务虽多,但所涉及会计科目不多的企业。

复习思考题

1. 我国企业的账务处理程序有哪几种?各有什么特点?
2. 记账凭证账务处理程序的一般步骤是什么?
3. 简述记账凭证账务处理程序的特点、优点、缺点以及适用范围。
4. 汇总记账凭证账务处理程序和科目汇总表账务处理程序的特点和核算要求有什么区别?
5. 多栏式日记账账务处理程序有什么优缺点?
6. 试述确定账务处理程序的要求。

第九章　财 产 清 查

【基本要求】

1. 了解财产清查的意义与种类
2. 熟悉财产清查的一般程序
3. 熟悉货币资金、实物资产和往来款项的清查方法
4. 掌握银行存款余额调节表的编制
5. 掌握财产清查结果的账务处理

第一节　财产清查概述

一、财产清查的概念与意义

财产清查是指通过货币资金、实物资产和往来款项的盘点或核对，确定其实存数，查明各账存数和实存数是否相符的一种会计核算的专门方法。

在实际会计工作中，企业财产物资的账存数与实存数常出现不符的状况，造成不符的原因很多，一般可归纳为以下几种情况：

①在收发物资中，由于计量、检验不准确而造成品种、数量或质量上的差错；

②财产物资在运输、保管、收发过程中，在数量上发生自然增减变化；

③在财产增减变动中，由于手续不齐或计算、登记上发生错误；

④由于管理不善或工作人员失职，造成财产损失、变质或短缺等；

⑤在账簿记录中发生的重记、漏记、错记；

⑥自然灾害造成的非常损失；

⑦未达账项引起的账实不符等。

为了保证会计信息的真实性，企业必须定期或不定期地对实物财产进行盘点，并与账存数进行核对，做到账实相符。适当运用财产清查的方法，对保证账簿记录与财产物资的实际状况相符合，并提供内容完整、数字准确、资料可靠的会计信息，具有重要的意义。

（一）保证账实相符，提高会计资料的准确性

通过财产清查可以确定各项财产物资的实际结存数，将账面结存数和实际结存数进行核对，可以揭示各项财产物资的盈亏情况，从而及时地调整账面结存数，保证账簿记录真实、可靠。

（二）切实保障各项财产物资的安全完整

通过财产清查，可以查明企业单位财产、商品、物资是否完整，有无缺损、霉变现象，以便堵塞漏洞，改进和健全各种责任制，切实保证财产的安全和完整。

（三）加速资金周转，提高资金使用效益

通过财产清查可以及时查明各种财产物资的结存和利用情况。如发现企业有限制不用的财产物资应及时加以处理，以充分发挥他们的效能；如发现企业有呆滞积压的财产物资，也应及时加以处理，并分析原因，采取措施，改善经营管理。这样，可以使财产物资得到

充分合理的利用,加速资金周转,提高企业的经济效益。

二、财产清查的种类

财产清查由于清查对象和范围的不同,清查时间的不一致,可以有以下分类。

(一)按照清查的对象和范围分,可分为全面清查和局部清查

1. 全面清查

全面清查是指对所有的财产和资金进行全面盘点与核对。其清查的内容主要包括:货币资金,机器设备、房屋、建筑物等固定资产,原材料、在产品、自制半成品、库存商品、包装物、低值易耗品、委托加工物资等存货,应收、应付、预收、预付等往来款项,股票、债券等对外投资项目。由于全面清查具有内容多、范围广,工作量大等特点,不可能经常进行,一般只在以下情况进行:①在年终决算之前;②单位撤销、合并或改变隶属关系时进行;③中外合资、国内合资前;④企业股份制改制前;⑤进行前面的资产评估、清产合资前;⑥单位主要领导调离工作前等进行。

2. 局部清查

局部清查也称重点清查,是指根据需要只对财产中某些重点部分进行的清查。局部清查主要是对货币资金、存货等流动性较大的财产进行清查。例如,库存现金应每日清点一次,银行存款每月至少同银行核对一次;债权债务每年至少核对一至两次;各项存货应有计划、有重点地抽查;贵重物资要每月至少清查一次等。其特点是:清查范围小,内容少,时间短,参与人员少,专业性强。

(二)按照清查的时间分,可以分为定期清查和不定期清查

1. 定期清查

定期清查是指按照预先计划安排的时间对财产物资进行的清查。一般是在年末、季末、月末结账前进行,以保证账实相符,会计报表真实可靠。定期清查根据不同需要,可以进行全面清查,也可以进行局部清查。

2. 不定期清查

不定期清查也称临时清查,是指根据实际需要临时进行的财产清查。一般是在更换财产物资保管人员、企业撤销、合并或发生非常灾害和意外损失等情况时所进行的清查。

不定期清查的范围应视具体情况而定,可全面清查也可局部清查。

(三)按照清查的执行系统分,可分为内部清查和外部清查

1. 内部清查

内部清查是指由本单位内部自行组织清查工作小组所进行的财产清查工作。大多数财产清查都是内部清查。

2. 外部清查

外部清查是指由上级主管部门、审计机关、司法部门、注册会计师根据国家有关规定或情况需要对本单位所进行的财产清查。一般来讲,进行外部清查时应有本单位相关人员参加。

三、财产清查的一般程序

财产清查既是会计核算的一种专门方法,又是财产物资管理的一项重要制度。企业必须有计划、有组织地进行财产清查。

财产清查一般包括以下程序:

①建立财产清查组织；

②组织清查人员学习有关政策规定，掌握有关法律、法规和相关业务知识，以提高财产清查工作的质量；

③确定清查对象、范围，明确清查任务；

④制定清查方案，具体安排清查内容、时间、步骤、方法，以及必要的清查前准备；

⑤清查时本着先清查数量、核对有关账簿记录等，后认定质量的原则进行；

⑥填制盘存清单；

⑦根据盘存清单，填制实物、往来账项清查结果报告表。

【知识拓展】

财产清查的盘存制度

为了使盘点工作顺利进行，企业应在平时的会计核算中建立财产物资的盘存制度即永续盘存制和实地盘存制。

1. 永续盘存制

是指企业对各项财产物资收入和发出的数量和金额，都必须根据原始凭证和记账凭证在有关账簿中进行连续登记，并随时结出账面余额的一种盘存制度。其计算公式如下：

期末账面结存数 = 账面期初结存数 + 本期增加数 − 本期减少数

采用永续盘存制，对各项财产物资平时在账簿中既登记增加数，又登记减少数，并随时结出财产物资结存数量，因此可随时反映出财产物资的收入、发出和结存情况，从数量和金额上双重控制，加强了财产物资的管理，在实际工作中广泛应用该方法。

在永续盘存制下，对存货仍须定期或不定期地进行实地盘点，以便核对账存数和实存数是否相符。

2. 实地盘存制

是指平时只在账簿中登记财产物资的增加数，不登记减少数，月末，对财产物资进行实地盘存，将盘点的实存数作为账面结存数，然后倒挤出本期减少数，据以登记账簿的一种盘存制度。其计算公式如下：

本期减少数 = 账面期初结存数 + 本期增加数 − 期末实地盘存数

采用这种盘存制度，可以简化平时财产物资的明细分类核算工作。但是平时对各项财产物资的减少没有严密的手续，对于可能存在的耗损、差错、短缺等情况都计入在本期耗用或销售成本中，不利于进行日常的财产物资的管理和监督。因此。实地盘存制通常只适用于一些数量大、价值低、收发频繁的存货。

通过实例来说明这两种盘存制度。

【例 9－1】 假设某公司月初库存甲材料 100 千克，单位成本 1 000 元；本月购入甲材料 140 千克，单位成本 1 000 元；本期领用甲材料 90 千克。期末经实地盘点，查明甲材料实存 145 千克。

①在永续盘存制下，月末甲材料账面余额计算如下：

领用甲材料的成本 = 1 000 × 90 = 90 000（元）

月末甲材料账面余额 = 1 000 × 100 + 1 000 × 140 − 90 000 = 150 000（元）

②在实地盘存制下，月末甲材料账面余额计算如下：

发出甲材料的成本 = 1 000 × 100 + 1 000 × 140 − 1 000 × 145 = 95 000（元）

月末甲材料账面余额=1 000×145=145 000(元)

可见,在永续盘存制下,通过实地盘点可以查明实存金额(145 000 元)和账存金额(150 000 元)不符。因此,可以通过财产清查,确定财产物资实有数,并确定盘盈盘亏数。

在实地盘存制下,本期发出金额是倒推得到的,无法确定盘盈、盘亏,并将盘亏金额5 000 元(150 000-145 000=5 000 元),也作为本期耗用数计算确认。

通过上述分析可以看出,实地盘存制具有以下缺陷:①它所确定的本期耗用量不一定符合实际情况,成分复杂,除正常耗用量外可能还包括毁损和丢失的;②平时在账面上不能反映出各项财产物资的减少数和结存数,难以加强对资产物资的管理。

因此,在会计核算中大部分财产物资均采用永续盘存制、非特殊原因,一般不宜采用实地盘存制。

第二节 财产清查的方法

由于货币资金、实物、往来款项的特点各有不同,在进行财产清查时,应采用与其特点和管理要求相适应的方法。

一、货币资金的清查方法

(一)库存现金的清查

库存现金的清查是采用实地盘点法确定库存现金的实存数,然后与库存现金日记账的账面余额相核对,确定账实是否相符。

现金业务收支繁杂,容易出错,每日业务终了,出纳人员应将库存现金日记账的账面余额与库存现金的实存数进行核对,做到账实相符;同时,还应成立清查小组,对库存现金进行定期或不定期清查。

①在清查小组盘点时,出纳人员必须在场,现金应逐张清点,清点出各种面值钞票的张数和硬币的个数。

②清查人员还应认真审核现金收付凭证和有关账簿,检查账务处理是否合理合法,账簿记录有无错误,以确定账存与实存是否相符。

③清查时,还要检查库存现金管理制度的遵守情况,如库存现金有无超过其限额,有无白条抵库、挪用舞弊等情况。

④盘点完成后,应填制“库存现金盘点报告表”作为重要原始凭证,它也具有实存账存对比表的作用,其格式如表9-1所示,并由盘点人员和出纳人员共同签章,并据以调整现金日记账的账面记录。

表9-1 库存现金盘点报告表

年 月 日 单位:元

实存金额	账存金额	实存与账存对比		备注
		盘盈	盘亏	

盘点人员签章: 出纳人员签章:

（二）银行存款的清查

银行存款的清查，与实物和现金的清查方法不同，它是采用与银行核对账目的方法来进行的。即将企业单位的银行存款日记账与从银行取得的对账单逐笔核对，以查明银行存款的收入、付出和结余的记录是否正确。

开户银行送来的银行对账单是银行在收付企业单位存款时复写的账页，它完整地记录了企业单位存放在银行的款项的增减变动情况及结存余额，是进行银行存款清查的重要依据。

1. 银行存款日记账与银行对账单不一致的原因

将截止到清查日所有银行存款的收付业务都登记入账后，对发生的错账、漏账应及时查清更正，再与银行的对账单逐笔核对。如果二者余额相符，通常说明没有错误；如果二者余额不相符，则可能是企业或银行一方或双方记账过程有错误或者存在未达账项。

所谓“未达账项”，是指由于双方记账时间不一致而发生的一方已经入账，而另一方尚未入账的款项。企业单位与银行之间的未达账项，有以下四种情况。

①企业送存银行的款项，企业已做存款增加入账，但银行尚未入账。如，企业在同城销售产品，收到购货方自带的转账支票，开出销货发票后企业就可以做银行存款增加，但此时购货方的转账支票尚未送存银行，因而银行未入账。如果在此时对账，就会形成企业已收款而银行未收款的情况。

②企业开出支票或其他付款凭证，企业已作为存款减少入账，但银行尚未付款、未记账。如，企业开出一张转账支票购入材料，该企业可根据转账支票的存根、发货票和收料单等凭证，记银行存款的减少，而银行由于没收到支付款项的凭证尚未入账，如果在此时对账，就会形成企业已付款而银行未付款的情况。

③银行代企业收进的款项，银行已作为企业存款的增加入账，但企业尚未收到通知，因而未入账。如，企业委托其他单位代销商品的货款，银行已经收到记银行存款增加，而企业尚未接到有关凭证入账。如果在此时对账，就会形成银行已收而企业未收的情况。

④银行代企业支付的款项，银行已作为企业存款的减少入账，但企业尚未收到通知，因而未入账。如，银行收到电力公司向企业采用托收无承付方式收取的电费单据，银行将电费划转付出后立即记入银行存款的减少，而企业尚未收到电费的付款通知尚未入账，如果在此时对账，就会形成银行已付而企业未付的情况。

上述任何一种情况的发生，都会使双方的账面存款余额不一致。因此，为了查明企业单位和银行双方账面记录有无差错，同时也是为了发现未达账项，在进行银行存款清查时，必须将企业单位的银行存款日记账与银行对账单逐笔核对；核对的内容包括收付金额、结算凭证的种类和号数、收入来源、支出的用途、发生的时间、某日止的金额等。通过核对，如果发现企业单位有错账或漏账，应立即更正；如果发现银行有错账或漏账，应通知银行查明更正；如果发现有未达账项，则应据以编制银行存款余额调节表进行调节，并验证调节后余额是否相等，并确定企业银行存款实有数，如表 9 - 2 所示。

表9-2　银行存款余额调节表

年　　月　　日　　　　单位:元

项目	金额	项目	金额
企业银行存款日记账余额		银行对账单余额	
加:银行已收,企业未收 减:银行已付,企业未付		加:企业已收,银行未收 减:企业已付,银行未付	
调节后的存款余额		调节后的存款余额	

【例9-2】 2020年6月30日某企业银行存款日记账的账面余额为31 000元,银行对账单的余额为36 000元,经逐笔核对,发现有下列未达账项:

①29日,企业销售产品收到转账支票一张计2 000元,将支票存入银行,银行尚未办理入账手续。

②29日,企业采购原材料开出转账支票一张计1 000元,企业已作银行存款付出,银行尚未收到支票而未入账。

③30日,企业开出现金支票一张计250元,银行尚未入账。

④30日,银行代企业收回货款8 000元,收款通知尚未到达企业,企业尚未入账。

⑤30日,银行代付电费1 750元,付款通知尚未到达企业,企业尚未入账。

⑥30日,银行代付水费500元,付款通知尚未到达企业,企业尚未入账。

根据以上资料编制银行存款余额调节表如表9-3所示。

表9-3　银行存款余额调节表

2020年6月30日　　　　单位:元

项目	金额	项目	金额
企业银行存款账面余额	31 000	银行对账单账面余额	36 000
加:银行已记增加,企业未记增加的账项 银行代收货款 减:银行已记减少,企业未记减少的账项 银行代付电费 银行代付水费	8 000 1 750 500	加:企业已记增加,银行未记增加的账项 存入的转账支票 减:企业已记减少,银行未记减少的账项 开出转账支票 开出现金支票	2 000 1 000 250
调节后存款余额	36 750	调节后存款余额	36 750

2.银行存款清查的步骤

银行存款的清查按以下四个步骤进行。

①将本单位银行存款日记账与银行对账单,以结算凭证的种类、号码和金额为依据,逐日逐笔核对。凡双方都有记录的,用铅笔在金额旁打上记号"√"。

②找出未达账项(即银行存款日记账和银行对账单中没有打"√"的款项)。

③将日记账和对账单的月末余额及找出的未达账项填入"银行存款余额调节表",并计

算出调整后的余额。

④将调整平衡的“银行存款余额调节表”,经主管会计签章后,呈报开户银行。

凡有几个银行户头以及开设有外币存款户头的单位,应分别按存款户头开设“银行存款日记账”。每月月底,应分别将各户头的“银行存款日记账”与各户头的“银行对账单”核对,并分别编制各户头的“银行存款余额调节表”。

银行存款余额调节表的编制,是以双方账面余额为基础,各自分别加上对方已收款入账而己方尚未入账的数额,减去对方已付款入账而己方尚未入账的数额,其计算公式如下:

企业银行存款日记账余额 + 银行已收企业未收款 - 银行已付企业未付款 =

银行对账单存款余额 + 企业已收银行未收款 - 企业已付银行未付款

3. 银行存款余额调节表的作用

①银行存款余额调节表是一种对账记录或对账工具,不能作为调整账面记录的依据,即不能根据银行存款余额调节表中的未达账项来调整银行存款账面记录,未达账项只有在收到有关凭证后才能进行有关的账务处理。

②调节后的余额如果相等,通常说明企业和银行的账面记录一般没有错误,该余额通常为企业可以动用的银行存款实有数。

③调节后的余额如果不相等,通常说明一方或双方记账有误,需进一步追查,查明原因后予以更正和处理。

二、实物资产的清查方法

实物资产的清查主要包括存货(如原材料、在产品、库存商品、半成品、低值易耗品等)和固定资产的清查。对这些物资的清查、不仅要从数量上核对账面数与实物数是否相符,而且应查明是否有损坏、变质的情况。实物资产具有种类繁多、数量大、储存情况复杂、计量单位不统一等特点,在清查时往往需要结合实际情况,合理选择清查范围,针对不同清查对象,选用不同的清查方法。

(一)存货的清查方法

对于各种实物如材料、半成品、在产品、产成品、低值易耗品、包装物等,都要从数量和质量上进行清查。由于实物的形态、体积、重量、堆放方式等不尽相同,因而所采用的清查方法也不尽相同。实物数量的清查方法,比较常用的有以下几种。

1. 实地盘点法

即通过逐一清点或用计量器具来确定实物的实存数量。其适用的范围较广,在多数财产物资清查中都可以采用这种方法。

2. 技术推算法

采用这种方法,对于财产物资不是逐一清点计数,而是通过量方、计尺等技术推算财产物资的结存数量。这种方法只适用于成堆量大而价值又不高难以逐一清点的财产物资的清查。例如,露天堆放的煤炭等。

对于实物的质量,应根据不同的实物采用不同的检查方法,例如有的采用物理方法,有的采用化学方法来检查实物的质量。

实物清查过程中,实物保管人员和盘点人员必须同时在场。对于盘点结果,应如实登记盘存单,并由盘点人和实物保管人签字或盖章,以明确经济责任。盘存单既是记录盘点结果的书面证明,也是反映财产物资实存数的原始凭证,其一般格式如表 9 - 4 所示。

表9－4　盘存单

单位名称：　　　　　　　　　　　　　存放地点：

财产类别：　　　　　　　　　　　　　盘点时间：　　　　　　　　　　　编号：

序号	名称	规格型号	计量单位	数量	单价	金额	备注

盘点人：　　　　　　　　　　　　　　　　　　　　　　保管人：

为了查明实存数与账存数是否一致，确定盘盈或盘亏情况，应根据盘存单和有关账簿的记录，编制实存账存对比表。实存账存对比表是用以调整账簿记录的重要原始凭证，也是分析产生差异的原因，明确经济责任的依据。实存账存对比表的一般格式如表9－5所示。

表9－5　实存账存对比表

单位名称：　　　　　　　　　　　　年　　月　　日

序号	名称	规格	计量单位	单价	实存		账存		盘盈		盘亏		备注
					数量	金额	数量	金额	数量	金额	数量	金额	

盘点人签名：　　　　　　　　　　　　　　　　　　　会计盖章：

对于委托外单位加工、保管的材料、商品、物资以及在途的材料、商品、物资等，可以用询证的方法与有关单位进行核对，以查明账实是否相符。

(二)固定资产的清查

固定资产的清查是对房屋、建筑物、机器设备、交通工具、仪器仪表等财产进行清查，通常也采用实地盘点法。固定资产大部分是在用的固定资产，分散在企业的各部门，所以清查起来更为烦琐，要求清查人员认真地盘点核对，不然容易遗漏。固定资产的清查应按以下步骤进行。

1. 清查前

在进行清查前会计部门应将固定资产总账的期末金额与固定资产明细账进行核对，保证固定资产总账与所属的明细账金额相一致。

2. 实地盘点

进行实地盘点，对固定资产的所处状况进行清查，要按固定资产明细账上所列的名称、类别、编号、使用或存放地点等内容进行逐一地清查核对，确认账实相符。

3. 核对

根据盘点结果，将那些在清查中发现的盘盈、盘亏和毁损的固定资产的情况，编制“固定资产盘盈盘亏报告表”，如表9－6所示。

固定资产投资支出较大，使用时间较长，存放地点复杂，在盘点时除了盘点数量是否相符外，还应注意固定资产的质量情况，是否有损坏、磨损、不配套、不符合实际需要的固定资产；在固定资产的使用情况方面要注意是否有不需要、未使用或使用不当的固定资产；还应对固定资产的维护与保养、附属设施是否有记录等进行清查。这样做是为了保证对固定资产的数量、质量、使用状况等有一个全面的了解，从而盘活固定资产的存量，提高利用率。

表 9－6 固定资产盘盈盘亏报告表

单位名称： 年 月 日

固定资产名称	规格和型号	账面		实存		对比结果					
						盘盈			盘亏		
		数量	原值	数量	原值	数量	原值	累计折旧	数量	原值	已提折旧
主管人员：					会计：				制表：		

三、往来款项的清查方法

往来款项主要包括应收、应付款项和预收、预付款项等。往来款项的清查一般采用发函询证的方法进行核对。往来款项清查以后，将清查结果编制“往来款项清查报告单”，填列各项债权、债务的余额。对于有争执的款项以及无法收回的款项，应在报告单上详细列明情况，以便及时采取措施进行处理，避免或减少坏账损失。

往来款项的清查，采用与对方单位核对账目的方法，一般采用发函询证的方法进行。具体程序如下：

①将本单位的往来账款核对清楚，确保总分类账户与明细分类账户的余额相符。

②在保证往来账户记录准确的基础上，编制“往来款项对账单”寄送各往来单位。往来款项对账单格式如图 9－1 所示。往来款项对账单一式两份，其中一联作回单，对方单位核对后，在回单上盖章退回，如发现数字不符，在回单联上注明，作为进一步核对的依据。

往来款项对账单

×××单位：

贵单位于××年××月××日从我单位购入甲产品 300 件，已付货款 40 000 元，尚有 20 000 元货款未支付，请核对后将回联单寄回。

清产单位：(盖章)

年 月 日

如核对相符，请在数据无误处盖章确认(沿此虚线剪下，将以下回联单寄回)；如数据存在差异，请注明贵单位记载的金额。

往来款项对账单(回联)

×××清查单位：

(1)贵单位寄来的“往来款项对账单”已收到，经核对相符无误。

(2)经核对，我单位的往来款项与贵单位送达的对账单金额不符，我单位账面金额如下：

×××单位：(盖章)

年 月 日

图 9－1 往来款项查询证函

(3)收到回单后,应编制“往来款项清查表”(表9-7),注明核对相符或不符的款项。尤其应注意查明有无争议款项、未达账款、无法收回款项等,并采取恰当的处理措施,避免或减少损失。

表9-7　往来款项清查表

总分类账户名称:　　　　　　　　　　　年　　月　　日

明细分类账户		清查结果		核对不符的原因			备注
名称	账面余额	核对相符金额	核对不符金额	未达账项金额	有争议款项金额	其他	

第三节　财产清查结果的处理

一、财产清查结果处理的要求

对于财产清查中发现的问题,如财产物资的盘盈、盘亏、毁损或其他各种损失,应核实情况,调查分析产生的原因,按照国家有关法律法规的规定,进行相应的处理。

财产清查结果处理的具体要求如下。

(一)分析产生差异的原因和性质,提出处理建议

对于财产清查所发生的盘盈、盘亏,应及时查明原因,明确经济责任,并依据有关规定进行处理。对于一些合理的物资损耗等,只要在规定的损耗标准和范围内,会计人员按照规定及时做出处理。对于超出规定职权范围,会计人员无权自行处理,应及时报请单位负责人做出处理。一般来说,个人造成的损失,应由个人赔偿;因管理不善原因造成的损失,应作为企业管理费用入账;因自然灾害造成的非常损失,列入企业的营业外支出。

(二)积极处理多余积压财产,清理往来款项

对于财产清查中发现的多余,积压物资,应分别按不同情况处理。属于盲目采购或者盲目生产等原因造成的积压,一方面积极利用或者改造出售,另一方面要停止采购或者生产。

(三)总结经验教训,建立和健全各项管理制度

财产清查后,要针对存在的问题和不足,总结经验教训,采用必要的措施,建立健全财产管理制度,进一步提高财产管理水平。

(四)及时调整账簿记录,保证账实相符

对于财产清查中发现的盘盈或盘亏,应及时调整账面记录,以保证账实相符。要根据清查中取得的原始凭证编制记账凭证,登记有关账簿,及时调整账面记录,使各种财产物资的账存数与实存数相一致,从而保证会计核算资料的真实可靠。

二、财产清查结果处理的步骤与方法

对于财产清查结果的处理可分为以下两种情况。

(一)审批之前的处理

根据“清查结果报告表”“盘点报告表”等已经查实的数据资料,填制记账凭证,记入有

关账簿，使账簿记录与实际盘存数相符，同时根据权限，将处理建议报股东大会或董事会，或经理（厂长）会议或类似机构批准。

（二）审批之后的处理

企业清查的各种财产的损益，应于期末前查明原因，并根据企业的管理权限，经股东大会或董事会，或经理（厂长）会议或类似机构批准后，在期末结账前处理完毕。企业应严格按照有关部门对财产清查结果提出的处理意见进行账务处理，填制有关记账凭证，登记有关账簿，并追回由于责任者原因造成的财产损失。

企业清查的各种财产的损益，如果在期末结账前尚未经批准，在对外提供财务报表时，先按上述规定进行处理，并在附注中做出说明；其后批准处理的金额与已处理金额不一致的，调整财务报表相关项目的年初数。

三、财产清查结果的账务处理

（一）设置“待处理财产损溢”账户

为了反映和监督企业在财产清查过程中查明的各种财产物资的盘盈、盘亏、毁损及其处理情况，应设置“待处理财产损溢”账户（但固定资产盘盈和毁损分别通过“以前年度损溢调整”“固定资产清理”账户核算）。该账户属于双重性质的资产类账户，下设“待处理流动资产损溢”和“待处理非流动资产损溢”两个明细分类账户进行明细分类核算。

该账户的借方登记财产物资的盘亏数、毁损数和批准转销的财产物资盘盈数；贷方登记财产物资的盘盈数和批准转销的财产物资盘亏及毁损数（图9－2）。企业清查的各种财产的盘盈、盘亏和毁损应在期末结账前处理完毕，所以“待处理财产损溢”账户在期末结账后没有余额。

待处理财产损溢

借方	贷方
财产物资的盘亏数、毁损数 批准转销的财产物资盘盈数	待处理财产盘盈数 批准转销的财产物资盘亏数及毁损数
待处理财产净损失	待处理财产净盈余

图9－2　待处理财产损溢T型账户

企业清查的各种财产盘盈、盘亏和毁损应在期末结账前处理完毕，所以“待处理财产损溢”账户在期末结账后没有余额。

（二）库存现金清查结果的账务处理

1.库存现金盘盈的账务处理

库存现金盘盈时，应及时办理库存现金的入账手续，调整库存现金账簿记录，即按盘盈的金额借记“库存现金”科目，贷记“待处理财产损溢——待处理流动资产损溢”科目。

对于盘盈的库存现金，应及时查明原因，按管理权限报经批准后，按盘盈的金额借记“待处理财产损溢——待处理流动资产损溢”科目，按需要支付或退还他人的金额贷记“其他应付款”科目，按无法查明原因的金额贷记“营业外收入”科目。

【例9－3】　江南公司进行现金清查，发现现金长款1 000元，编制会计分录如下：

借:库存现金　　1 000

　贷:待处理财产损溢——待处理流动资产损溢　　1 000

【例9-4】 经查核,原因不明,报经批准后做营业外收入处理,会计分录如下:

借:待处理财产损溢——待处理流动资产损溢　　1 000

　贷:营业外收入　　1 000

2. 库存现金盘亏的账务处理

库存现金盘亏时,应及时办理盘亏的确认手续,调整库存现金账簿记录,即按盘亏的金额借记"待处理财产损溢——待处理流动资产损溢"科目,贷记"库存现金"科目。

对于盘亏的库存现金,应及时查明原因,按管理权限报经批准后,按可收回的保险赔偿和过失人赔偿的金额借记"其他应收款"科目,按管理不善等原因造成净损失的金额借记"管理费用"科目,按自然灾害等原因造成净损失的金额借记"营业外支出"科目,按原记入"待处理财产损溢——待处理流动资产损溢"科目借方的金额贷记本科目。

【例9-5】 江南公司在财产清查中,查明现金短缺500元,编制会计分录如下:

借:待处理财产损溢——待处理流动资产损溢　　500

　贷:库存现金　　500

【例9-6】 经查核对,发现短缺属于出纳员张欢的责任,应由该出纳员赔偿,现金尚未收到,编制会计分录如下:

借:其他应收款——张欢　　500

　贷:待处理财产损溢——待处理流动资产损溢　　500

【例9-7】 出纳员张欢交来现金500元,会计分录如下:

借:库存现金　　500

　贷:其他应收款——张欢　　500

【例9-8】 如果上述现金短缺的具体原因无法查明,经批准后则应记入"管理费用",会计分录如下:

借:管理费用　　500

　贷:待处理财产损溢——待处理流动资产损溢　　500

(三)存货清查结果的账务处理

1. 存货盘盈的账务处理

存货盘盈时,应及时办理存货入账手续,调整存货账簿的实存数。盘盈的存货应按其重置成本作为入账价值借记"原材料""库存商品"等科目,贷记"待处理财产损溢——待处理流动资产损溢"科目。

对于盘盈的存货,应及时查明原因,按管理权限报经批准后,冲减管理费用,即按其入账价值,借记"待处理财产损溢——待处理流动资产损溢"科目,贷记"管理费用"科目。

【例9-9】 江南公司在财产清查中发现甲材料盘盈50千克,单位成本12元,盘盈金额为600元;又盘盈A产品20千克,单位成本25元,盘盈金额为500元。以上情况已报上级领导部门。

借:原材料——甲材料　　600

　　库存商品——A产品　　500

　贷:待处理财产损溢——待处理流动资产损溢　　1 100

【例9-10】 以上盘盈的存货经查属于计量差错造成的,经批准,甲材料与A产品盘盈均作为冲减“管理费用”处理。

借:待处理财产损溢——待处理流动资产损溢　　1 100

　贷:管理费用　　1 100

2. 存货盘亏的账务处理

存货盘亏时,应按盘亏的金额借记“待处理财产损溢——待处理流动资产损溢”科目,贷记“原材料”“库存商品”等科目。材料、产成品、商品采用计划成本(或售价)核算的,还应同时结转成本差异(或商品进销差价)。涉及增值税的,还应进行相应处理。

对于盘亏的存货,应及时查明原因,按管理权限报经批准后,按可收回的保险赔偿和过失人赔偿的金额借记“其他应收款”科目,按管理不善等原因造成净损失的金额借记“管理费用”科目,按自然灾害等原因造成净损失的金额借记“营业外支出”科目,按原记入“待处理财产损溢——待处理流动资产损溢”科目借方的金额贷记本科目。

【例9-11】　江南公司财产清查中发现毁损甲材料300千克,单位成本为100元。经查属于材料保管员的过失造成的,按规定由其个人赔偿20 000元,残料已办理入库手续,价值2 000元。假定不考虑相关税费。会计分录如下:

审批前:

借:待处理财产损溢　　30 000

　贷:原材料　　30 000

【例9-12】　上述毁损的材料经审批后

借:原材料——甲材料　　2 000

　　其他应收款　　20 000

　　管理费用　　8 000

　贷:待处理财产损溢——待处理流动资产损溢　　30 000

(四)固定资产清查结果的账务处理

1. 固定资产盘盈的账务处理

企业在财产清查过程中盘盈的固定资产,经查明确属企业所有,按管理权限报经批准后,应根据盘存凭证填制固定资产交接凭证,经有关人员签字后送交企业会计部门,填写固定资产卡片账,并作为前期差错处理,通过“以前年度损益调整”科目核算。盘盈的固定资产通常按其重置成本作为入账价值借记“固定资产”科目,贷记“以前年度损益调整”科目。

对于盘盈固定资产,报经批准后,借记“以前年度损益调整”,贷记“利润分配——未分配利润”“盈余公积——法定盈余公积”账户。

【例9-13】　江南公司在财产清查中发现账外设备一台,其质量完好,其重置完全价值为8 000元,七成新,已将情况上报有关部门批准,现作调整账项处理。

借:固定资产——某设备　　5 600

　贷:以前年度损益调整——账外设备　　5 600

2. 固定资产盘亏的账务处理

固定资产盘亏时,应及时办理固定资产注销手续,按盘亏固定资产的账面价值,借记“待处理财产损溢——待处理非流动资产损溢”科目,按已提折旧额,借记“累计折旧”科目,按其原价,贷记“固定资产”科目。涉及增值税和递延所得税的,还应按相关规定处理。

对于盘亏的固定资产,应及时查明原因,按管理权限报经批准后,按过失人及保险公司应赔偿额,借记“其他应收款”科目,按盘亏固定资产的原价扣除累计折旧和过失人及保险公司赔偿后的差额,借记“营业外支出”科目,按盘亏固定资产的账面价值,贷记“待处理财产损溢——待处理非流动资产损溢”科目。

【例9-14】 江南公司在财产清查中发现盘亏设备一台,其账面原始价值为120 000元,已提折旧为80 000元,公司已将上述情况报上级有关部门批准,会计分录如下:

借:待处理财产损溢——待处理非流动资产损溢　　40 000
　　累计折旧　　80 000
　贷:固定资产——设备　　120 000

【例9-15】 上述盘亏的设备经批准其损失计入营业外支出处理,会计分录如下:

借:营业外支出　　40 000
　贷:待处理财产损溢——待处理非流动资产损溢　　40 000

(五)结算往来款项盘存的账务处理

1. 无法偿付的应付款项

在财产清查过程中发现的长期未结算的往来款项,应及时清查。对于经查明确实无法支付的应付款项可按规定程序报经批准后,转作营业外收入。

【例9-16】 江南公司在财产清查中发现应付B公司的货款6 000元,由于对方被重组合并后到其他单位,原B公司解散,经多方联系,原应付款确实无法支付,经上级部门批准作为“营业外收入”处理。会计分录如下:

借:应付账款——B公司　　6 000
　贷:营业外收入　　6 000

2. 无法收回的应收款项

对于无法收回的应收款项则作为坏账损失冲减坏账准备。坏账是指企业无法收回或收回的可能性极小的应收款项。由于发生坏账而产生的损失,称为坏账损失。

企业通常应将符合下列条件之一的应收款项确认为坏账:①债务人死亡,以其遗产清偿后仍然无法收回;②债务人破产,以其破产财产清偿后仍然无法收回;③债务人较长时间内未履行其偿债义务,并有足够的证据表明无法收回或者收回的可能性极小。

企业对有确凿证据表明确实无法收回的应收款项,经批准后作为坏账损失。

按会计制度规定,在会计核算中对坏账损失的处理采用备抵法,即按规定的手续审批后,作为坏账损失处理,冲减“坏账准备”账户,借记“坏账准备”账户,贷记“应收账款”等账户。

对于已确认为坏账的应收款项,并不意味着企业放弃了追索权,一旦重新收回,应及时入账。

【例9-17】 江南公司应收账款采用备抵法核算,在12月份的财产清查中查明应收甲公司货款中有10 000元无法收回,经有关部门批准后予以核销,会计分录如下:

借:坏账准备　　10 000
　贷:应收账款——甲公司　　10 000

复习思考题

1. 财产清查有什么意义?

2. 永续盘存制和实地盘存制有什么区别?哪些条件下适宜采用实地盘存制,哪些条件下适宜采用永续盘存制?

3. 为什么要清查库存现金和银行存款？可能会出现什么问题？如何解决？
4. 如遇到数量多、体积庞大、难以盘点的物资时，如何确保其数量、质量的完好？
5. 财产清查结果如有差异，在账务上应如何处理？
6. 往来款项的清查应进行哪些程序？
7. 未达账项的四种情况是什么？如何调整？
8. 审批前、审批后如何处理财产清查结果？

第十章 财务报表

【基本要求】

1. 了解财务报表的概念与分类
2. 熟悉财务报表编制的基本要求
3. 熟悉资产负债表的列示要求与编制方法
4. 熟悉利润表的列示要求与编制方法
5. 掌握资产负债表、利润表的作用

第一节 财务报表概述

一、财务报表的概念与分类

(一)财务报表的概念

财务报表是对企业财务状况、经营成果和现金流量的结构性表述。财务报表作为财务信息的载体,是财务会计的重心和最终结果。它把分散在各账簿上的资料进行分类、计算汇总,形成了一套全面、综合地反映单位财务状况和经营成果的系统文件,通常包括一套完整的结构化的报表体系,以及相关文字说明等。

财务报表至少应当包括下列组成部分。

1. 资产负债表

资产负债表是反映企业在某一特定日期的财务状况的报表。该表能够反映企业资产、负债和所有者权益的金额及其结构情况,帮助会计信息使用者评价企业资产的质量以及短期偿债能力、长期偿债能力、利润分配能力等。

2. 利润表

利润表是反映企业在一定会计期间经营成果的报表。该表能够反映企业实现的收入、发生的费用以及应当计入当期利润的利得和损失等金额及其结构,帮助会计信息使用者分析、评价企业的盈利能力及其构成与质量。

3. 现金流量表

现金流量表是反映企业一定会计期间的现金和现金等价物流入与流出情况的报表。该表能够反映企业各项活动的现金流入、流出情况,帮助会计信息使用者评价企业的现金流量和资金周转情况。

4. 所有者权益变动表

所有者权益变动表是反映企业年末所有者权益(或股东权益)增减变动情况的报表。该表能够反映一定时期所有者权益变动的情况,不仅要包括所有者权益总量的增减变动,还要包括所有者权益增减变动的重要结构性信息,尤其要反映直接计入所有者权益的利得和损失,让报表使用者准确理解所有者权益增减变动的根源。

5. 附注

会计报表附注是财务报表不可或缺的组成部分，它是对资产负债表、利润表、现金流量表和所有者权益变动表等报表中列示项目的文字描述或明细资料，以及对未能在这些报表中列示项目的说明等。

财务报表上述组成部分具有同等的重要程度。

（二）财务报表的分类

1. 按编报时间分类

①月度财务报表是在每月终了时编制，在月份终了后6日内报出的财务报表，至少应包括资产负债表和利润表。会计制度规定需要编制会计报表附注的，从其规定。

②季度财务报表是每季度终了时编制，在季度终了后的15日内报出的财务报表，至少应包括资产负债表和利润表。会计制度规定需要编制会计报表附注的，从其规定。

③半年度财务报表是在每半年度终了时编制，在年度中期结束后60天内报出的财务报表，一般包括资产负债表、利润表、现金流量表和附注。

④年度报表是在每年终了时编制，在年度终了后4个月内对外提供的财务报表，包括资产负债表、利润表、现金流量表、所有者权益变动表和附注等全部内容。

2. 按编报主体分类

按其编报主体不同分为个别财务报表和合并财务报表。

①个别财务报表是指在以母公司和子公司组成的具有控股关系的企业集团中，由母公司和子公司各自为主体分别编制的报表，用以分别反映母公司和子公司本身各自的财务状况和经营成果和现金流量情况。

②合并财务报表是以母公司和子公司组成的集团为一会计主体，以母公司和子公司单独编制的个别财务报表为基础，由母公司编制的综合反映企业集团经营成果、财务状况及其资金变动情况的财务报表。

3. 按反映的资金运动状态分类

（1）静态报表　静态报表也称时点报表，是指反映企业资金处于运动状态的财务报表。一般情况下，反映企业某一特定日期的财务状况的财务报表为静态报表，如资产负债表。

（2）动态报表　动态报表也称时期报表，是指反映企业资金处于运动状态的财务报表。一般情况下，反映企业某一特定时期内的经营成果的利润表和反映企业在一定时期内经营活动、投资活动和筹资活动的现金流量表均为动态报表。

二、财务报表编制的基本要求

（一）以持续经营为基础编制

企业应当以持续经营为基础，根据实际发生的交易和事项，按照《企业会计准则——基本准则》和其他各项会计准则的规定进行确认和计量，在此基础上编制财务报表。以持续经营为基础编制财务报表不再合理，企业应当采用其他基础编制财务报表，并在附注中声明财务报表未以持续经营为基础编制的事实、披露未以持续经营为基础编制的原因和财务报表的编制基础。

（二）按正确的会计基础编制

除现金流量表按照收付实现制原则编制外，企业应当按照权责发生制原则编制财务报表。

（三）至少按年编制财务报表

企业至少应当按年编制财务报表。年度财务报表涵盖的期间短于一年的，应当披露年度财务报表的涵盖期间、短于一年的原因以及报表数据不具可比性的事实。

（四）项目列报遵守重要性原则

重要性，是指在合理预期下，财务报表某项目的省略或错报会影响使用者据此做出经济决策的，该项目具有重要性。

重要性应当根据企业所处的具体环境，从项目的性质和金额两方面予以判断，且对各项目重要性的判断标准一经确定，不得随意变更。判断项目性质的重要性，应当考虑该项目在性质上是否属于企业日常活动、是否显著影响企业的财务状况、经营成果和现金流量等因素；判断项目金额大小的重要性，应当考虑该项目金额占资产总额、负债总额、所有者权益总额、营业收入总额、营业成本总额、净利润、综合收益总额等直接相关项目金额的比重或所属报表单列项目金额的比重。

性质或功能不同的项目，应当在财务报表中单独列报，但不具有重要性的项目除外。

性质或功能类似的项目，其所属类别具有重要性的，应当按其类别在财务报表中单独列报。

某些项目的重要性程度不足以在资产负债表、利润表、现金流量表或所有者权益变动表中单独列示，但对附注却具有重要性，则应当在附注中单独披露。

《企业会计准则第30号——财务报表列报》规定在财务报表中单独列报的项目，应当单独列报。其他会计准则规定单独列报的项目，应当增加单独列报项目。

（五）保持各个会计期间财务报表项目列报的一致性

财务报表项目的列报应当在各个会计期间保持一致，除会计准则要求改变财务报表项目的列报或企业经营业务的性质发生重大变化后，变更财务报表项目的列报能够提供更可靠、更相关的会计信息外，不得随意变更。

（六）各项目之间的金额不得相互抵销

财务报表中的资产项目和负债项目的金额、收入项目和费用项目的金额、直接计入当期利润的利得项目和损失项目的金额不得相互抵销，但其他会计准则另有规定的除外。

一组类似交易形成的利得和损失应当以净额列示，但具有重要性的除外。

资产或负债项目按扣除备抵项目后的净额列示，不属于抵销。

非日常活动产生的利得和损失，以同一交易形成的收益扣减相关费用后的净额列示更能反映交易实质的，不属于抵销。

（七）至少应当提供所有列报项目上一个可比会计期间的比较数据

当期财务报表的列报，至少应当提供所有列报项目上一个可比会计期间的比较数据，以及与理解当期财务报表相关的说明，但其他会计准则另有规定的除外。

财务报表的列报项目发生变更的，应当至少对可比期间的数据按照当期的列报要求进行调整，并在附注中披露调整的原因和性质，以及调整的各项目金额。对可比数据进行调整不切实可行的，应当在附注中披露不能调整的原因。

（八）应当在财务报表的显著位置披露编报企业的名称等重要信息

企业应当在财务报表的显著位置（如表首）至少披露下列各项：

①编报企业的名称；

②资产负债表日或财务报表涵盖的会计期间；

③人民币金额单位；

④财务报表是合并财务报表的，应当予以标明。

三、财务报表编制前的准备工作

在编制财务报表前，需要完成下列工作：

①严格审核会计账簿的记录和有关资料；

②进行全面财产清查、核实债务，并按规定程序报批，进行相应的会计处理；

③按规定的结账日进行结账，结出有关会计账簿的余额和发生额，并核对各会计账簿之间的余额；

④检查相关的会计核算是否按照国家统一的会计制度的规定进行；

⑤检查是否存在因会计差错、会计政策变更等原因需要调整前期或本期相关项目的情况等。

第二节　资产负债表

一、资产负债表的概念与作用

（一）资产负债表的概念

资产负债表是反映企业在某一特定日期的财务状况的财务报表。它是依据“资产＝负债＋所有者权益”这一会计等式之间的相互关系，按照一定的分类标准和一定的顺序，把企业某一特定日期的各资产项目、负债项目、所有者权益项目予以适当的排列，并对日常工作中形成的大量数据进行高度浓缩整理而成的。

（二）资产负债表的作用

①可以提供某一日期资产的总额及其结构，表明企业拥有或控制的资源及其分布情况。这些资产包括货币资金、实物资产及无形资产，它们既是企业开展生产经营活动的物资条件，又能预期为企业带来经济利益。了解和分析这些信息，可以发现企业现在的偿债能力和营运能力，也可以预测企业未来的经济前景。

②可以提供某一日期的负债总额及其结构，表明企业未来需要用多少资产或劳务清偿债务以及清偿时间、从而分析企业的偿债能力，了解企业的财务风险，评价企业的财务状况，为企业的信贷决策提供依据。

③可以反映所有者所拥有的权益，据以判断资本保值、增值的情况以及对负债的保障程度。通过所有者权益在企业资产中所占的比重、留存收益的增减变化情况，从而对企业的举债能力及赢利能力做出判断。

二、资产负债表的列示要求

(一)资产负债表列报总体要求

1. 分类别列报

资产负债表应当按照资产、负债和所有者权益三大类别分类列报。

2. 资产和负债按流动性列报

资产和负债应当按照流动性分别分为流动资产和非流动资产、流动负债和非流动负债列示。

3. 列报相关的合计、总计项目

资产负债表中的资产类至少应当列示流动资产和非流动资产的合计项目;负债类至少应当列示流动负债、非流动负债以及负债的合计项目;所有者权益类应当列示所有者权益的合计项目。

资产负债表应当分别列示资产总计项目和负债与所有者权益之和的总计项目,并且这二者的金额应当相等。

(二)资产的列报

资产负债表中的资产类至少应当单独列示反映下列信息的项目:①货币资金;②以公允价值计量且其变动计入当期损益的金融资产;③应收款项;④预付款项;⑤存货;⑥被划分为持有待售的非流动资产及被划分为持有待售的处置组中的资产;⑦可供出售金融资产;⑧持有至到期投资;⑨长期股权投资;⑩投资性房地产;⑪固定资产;⑫生物资产;⑬无形资产;⑭递延所得税资产。

(三)负债的列报

资产负债表中的负债类至少应当单独列示反映下列信息的项目:①短期借款;②以公允价值计量且其变动计入当期损益的金融负债;③应付款项;④预收款项;⑤应付职工薪酬;⑥应交税费;⑦被划分为持有待售的处置组中的负债;⑧长期借款;⑨应付债券;⑩长期应付款;⑪预计负债;⑫递延所得税负债。

(四)所有者权益的列报

资产负债表中的所有者权益类至少应当单独列示反映下列信息的项目:①实收资本(或股本);②资本公积;③盈余公积;④未分配利润。

三、我国资产负债表的一般格式

资产负债表的格式主要有报告式和账户式两种。

(一)报告式资产负债表

报告式资产负债表是将资产、负债和所有者权益垂直排列的上下结构,上半部分列示资产,下半部分列示负债和所有者权益。基本等式可以表现为“资产 - 负债 = 所有者权益”,或者“资产 = 负债 + 所有者权益”,其简化格式如表 10 - 1 所示。

表 10－1 资产负债表（报告式）

编制单位：×××公司　　2020 年 12 月 31 日　　单位：元

项目	年初数	年末数
一、资产		
流动资产：		
……		
流动资产合计		
非流动资产：		
……		
非流动资产 合计		
资产总计		
二、负债		
流动负债：		
……		
流动负债合计		
非流动负债：		
……		
非流动负债合计		
负债合计		
三、所有者权益		
……		
所有者权益合计		
四、负债和所有者权益总计		

（二）账户式资产负债表

在我国，资产负债表采用账户式的格式，即左边列示资产项目，按资产流动性大小排列；右边列示负债和所有者权益项目，一般按求偿权先后顺序排列。

资产负债表由表头和表体两部分组成。表头部分应列明报表名称、编报单位名称、资产负债表日和人民币金额单位；表体部分反映资产、负债和所有者权益内容。

账户式资产负债表的格式一般如表 10－2 所示。

表10-2　资产负债表(账户式)

编制单位:　　　　　　　　　　　　年　　月　　日　　　　　　　　　　单位:元

资产	期末余额	年初余额	负债和所有者权益(或股东权益)	期末余额	年初余额
流动资产:			流动负债:		
货币资金			短期借款		
交易性金融资产			交易性金融负债		
衍生金融资产			衍生金融负债		
应收票据			应付票据		
应收账款			应付账款		
应收款项融资			预收款项		
预付款项			合同负债		
其他应收款			应付职工薪酬		
存货			应交税费		
合同资产			其他应付款		
持有待售资产			持有待售负债		
一年内到期的非流动资产			一年内到期的非流动负债		
其他流动资产			其他流动负债		
流动资产合计			流动负债合计		
非流动资产:			非流动负债:		
债权投资			长期借款		
其他债权投资			应付债券		
长期应收款			其中:优先股		
长期股权投资			永续股		
其他权益工具投资			租赁负债		
其他非流动金融资产			长期应付款		
投资性房地产			专项应付款		
固定资产			预计负债		
在建工程			递延收益		
生产性生物资产			递延所得税负债		
固定资产清理			其他非流动负债		
油气资产			非流动负债合计		
使用权资产			负债合计		
无形资产			所有者权益(或股东权益)		
开发支出			实收资本(或股本)		
商誉			其他权益工具		
长期待摊费用			其中:优先股		
递延所得税资产			永续股		
其他非流动资产			资本公积		
非流动资产合计			减:库存股		
			其他综合收益		
			专项设备		
			盈余公积		
			未分配利润		
			所有者权益(或股东权益)合计		
资产总计			负债和所有者权益(或股东权益)总计		

四、资产负债表编制的基本方法

（一）“期末余额”栏的填列方法

资产负债表“期末余额”栏内各项数字，一般应根据资产、负债和所有者权益类科目的期末余额填列，具体方法如下。

1. 根据一个或几个总账科目的余额填列

（1）根据总账账户的余额直接填列。资产负债表中的一些项目可以根据总账账户的余额直接填列，如“交易性金融资产”“短期借款”“工程物资”“固定资产清理”“递延所得税资产”“交易性金融负债”“应付票据”“应付职工薪酬”“应交税费”“应付利息”“应付股利”“其他应付款”“专项应付款”“预计负债”“递延所得税负债”“实收资本（或股本）”“资本公积”“库存股”和“盈余公积”等项目。

【例10－1】 某企业2020年12月31日结账后的“交易性金融资产”科目余额为180 000元。该企业2020年12月31日资产负债表中的“交易性金融资产”项目金额应为180 000元。本例中，由于企业是以公允价值计量交易性金融资产，每期交易性金融资产价值的变动，无论上升还是下降，均已直接调整“交易性金融资产”科目金额，因此，企业应直接以“交易性金融资产”总账科目余额填列在资产负债表中。

【例10－2】 某企业2020年3月1日向银行借入一年期借款300 000元，向其他金融机构借款200 000元，无其他短期借款业务发生。企业2020年12月31日资产负债表中的“短期借款”项目金额为300 000＋200 000＝500 000（元）。本例中，企业直接以“短期借款”总账科目余额填列在资产负债表中。

【例10－3】 某企业2020年12月31日应付A企业商业票据30 000元，应付B企业商业票据70 000元，应付C企业商业票据600 000元，尚未支付。该企业在2020年12月31日资产负债表中“应付票据”项目金额为30 000＋70 000＋600 000＝700 000（元）。本例中，企业直接以“应付票据”总账科目余额填列在资产负债表中。

【例10－4】 某企业2020年12月31日应付管理人员工资300 000元，应计提福利费42 000元，应付车间工作人员工资57 000元，无其他应付职工薪酬项目。企业2020年12月31日资产负债表中“应付职工薪酬”项目金额为300 000＋42 000＋57 000＝399 000（元）。本例中，管理人员工资、车间工作人员工资和福利费都属于职工薪酬的范围，应当以各种应付未付职工薪酬加总后的金额，即“应付职工薪酬”总账科目余额填列在资产负债表中。

（2）根据总账账户的余额计算填列。资产负债表中的有些项目需要根据总账账户的余额计算填列，如“货币资金”项目根据“库存现金”“银行存款”和“其他货币资金”三个总账账户期末余额的合计算填列。

【例10－5】 某企业2020年12月31日结账后的“库存现金”科目余额为10 000元，“银行存款”科目余额为3 000 000元，“其他货币资金”科目余额为1 090 000元。该企业2020年12月31日资产负债表中的“货币资金”项目金额为10 000＋3 000 000＋1 090 000＝4 100 000（元）。本例中，企业应当按照“库存现金”“银行存款”和“其他货币资金”三个总账科目余额加总后的金额，作为资产负债表中“货币资金”项目的金额。

2. 根据明细账科目的余额计算填列

有些项目不能直接根据某个总账及其所属的明细账期末余额填列，而是要对相关总账所属明细账的期末余额进行分析后计算填列。如“应收账款”项目，应根据“应收账款”和

“预收账款”总分类账户所属明细分类账户的期末借方余额之和扣除相应“坏账准备”后的金额填列;如“应收账款”账户所属明细科目期末有贷方余额的,应在“预收账款”中填列。“应付账款”项目,应根据“应付账款”和“预付账款”总分类账户所属各明细分类账户的期末贷方余额填列。

【例10-6】 某企业2020年12月31日结账后有关科目所属明细科目借贷方余额如表10-3所示。

表10-3 往来款项账户余额表

单位:元

科目名称	明细科目借方余额合计	明细科目贷方合计
应收账款	1 400 000	400 000
预付账款	400 000	600 000
应付账款	1 600 000	1 400 000
预收账款	600 000	1 600 000

该企业2020年12月31日资产负债表中相关项目的金额为

“应收账款”项目金额=1 400 000+600 000=2 000 000(元)

“预付账款”项目金额=400 000+1 600 000=2 000 000(元)

“应付账款”项目金额=1 400 000+600 000=2 000 000(元)

“预收账款”项目金额=1 600 000+400 000=2 000 000(元)

应收账款项目,应当根据“应收账款”科目所属明细科目借方余额1 400 000元和“预收账款”科目所属明细科目借方余额600 000元加总,作为资产负债表中“应收账款”的项目金额,即2 000 000元。

预付款项项目,应当根据“预付账款”科目所属明细科目借方余额400 000元和“应付账款”科目所属明细科目借方余额1 600 000元加总,作为资产负债表中“预付款项”的项目金额,即2 000 000元。

应付账款项目,应当根据“应付账款”科目所属明细科目贷方余额1 400 000元和“预付账款”科目所属明细科目贷方余额600 000元加总,作为资产负债表中“应付账款”的项目金额,即2 000 000元。

预收款项项目,应当根据“预收账款”科目所属明细科目贷方余额1 600 000元和“应收账款”科目所属明细科目贷方余额400 000元加总,作为资产负债表中“预收款项”的项目金额,即2 000 000元。

3. 根据总账科目和明细账科目的余额分析计算填列

资产负债表中某些项目不能根据有关总账的期末余额直接填列或计算填列,也不能根据有关账户所属相关明细账户的期末余额填列,而需要根据总账和明细账的期末余额分析计算填列。如“长期借款”“应付债券”和“长期应付款”等项目,应根据各总账期末余额扣除各总账所属明细账中一年内到期的长期负债部分后分析计算填列。

【例10-7】 某企业2020年12月31日长期借款情况如表10-4所示。

表 10－4 长期借款情况表

借款起始日期	借款期限(年)	金额(元)
2020 年 1 月 1 日	3	2 000 000
2019 年 1 月 1 日	5	1 000 000
2017 年 6 月 1 日	4	1 500 000

该企业 2020 年 12 月 31 日资产负债表中“长期借款”项目金额为 2 000 000 + 1 000 000 = 3 000 000(元)。

企业应当根据“长期借款”总账科目余额 4 500 000 元(1 000 000 元 + 2 000 000 元 + 1 500 000 元),减去一年内到期的长期借款 1 500 000 元,作为资产负债表中“长期借款”项目的金额,即 3 000 000 元。将在一年内到期的长期借款 1 500 000 元,应当填列在流动负债下“一年内到期的非流动负债”项目中。

4. 根据有关科目余额减去其备抵科目余额后的净额填列

根据有关科目余额减去其备抵科目余额后的净额填列。如资产负债表中的“应收账款”“长期股权投资”“在建工程”等项目,应当根据“应收账款”“长期股权投资”“在建工程”等科目的期末余额减去“坏账准备”“长期股权投资减值准备”“在建工程减值准备”等科目余额后的净额填列。“固定资产”项目,应当根据“固定资产”科目的期末余额减去“累计折旧”“固定资产减值准备”备抵科目余额后的净额填列;“无形资产”项目,应当根据“无形资产”科目的期末余额,减去“累计摊销”“无形资产减值准备”备抵科目余额后的净额填列。

【例 10－8】 某企业 2020 年 12 月 31 日因出售商品应收甲公司票据金额为 100 000 元,因提供劳务应收乙公司票据 300 000 元,12 月 31 日将所持丙公司金额为 100 000 元的未到期商业汇票向银行贴现,实际收到金额为 95 000 元。该企业 2020 年 12 月 31 日资产负债表中的“应收票据”项目金额为 100 000 + 300 000 − 100 000 = 400 000(元)。该公司直接以“应收票据”总账科目余额填列,对于已贴现的票据,应扣减。

【例 10－9】 某公司 2020 年 12 月 31 日结账后“应收账款”科目所属各明细科目的期末借方余额合计 500 000 元,贷方余额合计 200 000 元,对应收账款计提的坏账准备为 50 000 元,假定“预收账款”科目所属明细科目无借方余额。该企业 2020 年 12 月 31 日资产负债表中的“应收账款”项目金额为 500 000 − 50 000 = 450 000(元)。该公司应当以“应收账款”科目所属明细科目借方余额 500 000 元,减去对应收账款计提的坏账准备 50 000 元后的净额,作为资产负债表“应收账款”项目的金额,即 450 000 元。应收账款科目所属明细科目贷方余额,应与“预收账款”科目所属明细科目贷方余额加总,填列为“预收款项”项目。

【例 10－10】 某企业 2020 年 12 月 31 日结账后的“其他应收款”科目余额为 63 000 元,“坏账准备”科目中有关其他应收款计提的坏账准备为 3 000 元。该企业 2020 年 12 月 31 日资产负债表中的“其他应收款”项目金额为 63 000 − 3 000 = 60 000(元)该公司应当以“其他应收款”总账科目余额,减去“坏账准备”科目中为其他应收款计提的坏账准备金额后的净额,作为资产负债表中“其他应收款”的项目金额。

【例 10－11】 某企业 2020 年 12 月 31 日结账后的“长期股权投资”科目余额为 100 000 元,“长期股权投资减值准备”科目余额为 20 000 元。则该企业 2020 年 12 月 31 日资产负债表中的“长期股权投资”项目金额为100 000 - 20 000 = 80 000(元)。该公司应以“长期股权投资”总账科目余额100 000元,减去其备抵科目“长期股权投资减值准备”科目余额后的净额,作为资产负债表中“长期股权投资”的项目金额。

【例10-12】 某企业2020年12月31日结账后的“固定资产”科目余额为1 000 000元,“累计折旧”科目余额为90 000元,“固定资产减值准备”科目余额为200 000元。该企业2020年12月31日资产负债表中的“固定资产”项目金额为1 000 000 - 90 000 - 200 000 = 710 000(元)。该公司应当以“固定资产”总账科目余额,减去“累计折旧”和“固定资产减值准备”两个备抵类总账科目余额后的净额,作为资产负债表中“固定资产”的项目金额。

【例10-13】 某公司2020年交付安装的设备价值为305 000元,未完建筑安装工程已经耗用的材料64 000元,工资费用支出70 200元,“在建工程减值准备”科目余额为20 000元,安装工作尚未完成。该公司2020年12月31日资产负债表中的“在建工程”项目金额为305 000 + 64 000 + 70 200 - 20 000 = 419 200(元)。该公司应以“在建工程”总账科目余额(即待安装设备价值305 000元 + 工程用材料64 000元 + 工程用人员工资费用70 200元),减去为该项工程已计提的减值准备总账科目余额20 000元后的净额,作为资产负债表中“在建工程”的项目金额。

【例10-14】 某企业2020年12月31日结账后的“无形资产”科目余额为488 000元,“累计摊销”科目余额为48 800元,“无形资产减值准备”科目余额为93 000元。该公司2020年12月31日资产负债表中的“无形资产”项目金额为488 000 - 48 800 - 93 000 = 346 200(元)。该公司应当以“无形资产”总账科目余额,减去“累计摊销”和“无形资产减值准备”两个备抵类总账科目余额后的净额,作为资产负债表中“无形资产”的项目金额。

5. 综合运用上述填列方法分析填列

如资产负债表中的“存货”项目,应根据“原材料”“委托加工物资”“周转材料”“材料采购”“在途物资”“发出商品”和“生产成本”等总账科目期末余额的分析汇总数,减去“存货跌价准备”等科目期末余额后的金额填列。材料采用计划成本核算以及库存商品采用计划成本核算或售价核算的企业,还应按加减“材料成本差异”“商品进销差价”后的金额填列。

【例10-15】 某企业采用计划成本核算材料,2020年12月31日结账后有关科目余额包括:“材料采购”科目余额为140 000元(借方),“原材料”科目余额为2 400 000元(借方),“周转材料”科目余额为1 800 000元(借方),“库存商品”科目余额为1 600 000元(借方),“生产成本”科目余额为600 000元(借方),“材料成本差异”科目余额为120 000元(贷方),“存货跌价准备”科目余额为210 000元。该企业2020年12月31日资产负债表中的“存货”项目金额为140 000 + 2 400 000 + 1 800 000 + 1 600 000 + 600 000 - 120 000 - 210 000 = 6 210 000(元),该公司应当以“材料采购”(表示在途材料采购成本)“原材料”“周转材料”(比如包装物和低值易耗品等)“库存商品”“生产成本”(表示期末在产品金额)各总账科目余额加总后,加上或减去“材料成本差异”总账科目的余额(若为贷方余额,应减去;若为借方余额,应加上),再减去“存货跌价准备”总账科目余额后的净额,作为资产负债表中“存货”项目的金额。

(二)“年初余额”栏的填列方法

本表的“年初余额”栏通常根据上年末有关项目的期末余额填列,且与上年末资产负债表“期末余额”栏一致。如果企业上年度资产负债表规定的项目名称和内容与本年度不一致,应当对上年年末资产负债表相关项目的名称和数字按照本年度的规定进行调整,填入

“年初余额”栏。

（三）资产负债表中各项目的填列方法说明

①“货币资金”项目，反映企业库存现金、银行结算户存款、外埠存款、银行汇票存款、银行本票存款、信用卡存款，以及信用证保证金存款等的合计数。本项目应根据“库存现金”“银行存款”“其他货币资金”科目的期末余额合计数填列。

②“交易性金融资产”项目，反映企业为交易目的所持有的债券投资、股票投资和基金投资等交易性金融资产的公允价值。本项目应根据“交易性金融资产”科目的期末余额填列。

③“应收票据”项目，反映企业收到的未到期收款也未向银行贴现的应收票据，包括商业承兑汇票和银行承兑汇票。本项目应根据“应收票据”科目的期末余额填列。已向银行贴现和已背书转让的应收票据不包括在本项目内，其中已贴现的商业承兑汇票应在会计报表附注中单独披露。

④“应收账款”项目，反映企业因销售商品、产品和提供劳务等而应向购买单位收取的各种款项，减去已计提的坏账准备后的净额。本项目应根据“应收账款”科目所属各明细科目的期末借方余额合计数，减去“坏账准备”科目中有关应收账款计提的坏账准备期末余额后的金额填列。如“应收账款”科目所属明细科目期末有贷方余额，应在本表“预收账款”项目内填列。

⑤“应收款项融资”项目，反映资产负债表日以公允价值计量且其变动计入其他综合收益的应收票据和应收账款等。

⑥“其他应收款”项目，反映企业对其他单位与个人的应收和暂付的款项，减去已计提的坏账准备后的净额。本项目应根据“其他应收款”科目的期末余额，减去“坏账准备”科目中有关其他应收款计提的坏账准备期末余额后的金额填列。

⑦“预付款项”项目，反映企业预付给供应单位的款项。本项目应根据“预付账款”科目所属各明细科目的期末借方余额合计填列。如“预付账款”科目所属有关明细科目期末有贷方余额的，应在本表“应付账款”项目内填列。如“应付账款”科目所属明细科目有借方余额的，也应包括在本项目内。

⑧“存货”项目，反映企业期末在库、在途和在加工中的各项存货的可变现净值，包括各种材料、商品、在产品、半成品、包装物、低值易耗品、分期收款发出商品、委托代销商品和受托代销商品等。本项目应根据“材料采购”“原材料”“低值易耗品”“自制半成品”“库存商品”“包装物”“分期收款发出商品”“委托加工物资”“委托代销商品”“受托代销商品”和“生产成本”等科目的期末余额合计减去“代销商品款”“存货跌价准备”科目期末余额后的金额填列。材料采用计划成本核算，以及库存商品采用计划成本或售价核算的企业，还应按加或减材料成本差异、商品进销差价后的金额填列。

⑨“合同资产”项目，反映企业按照《企业会计准则第 14 号——收入》(2018)的相关规定，根据本企业履行义务与客户付款之间的关系在资产负债表中列示的合同资产。“合同资产”项目应根据“合同资产”科目的相关明细科目期末余额分析填列，同一合同下的合同资产和合同负债应当以净额列示，其中净额为借方余额的，应当根据其流动性在“合同资产”或“其他非流动资产”项目中填列，已计提减值准备的，还应以减去“合同资产减值准备”科目中相关的期末余额后的金额填列；其中净额为贷方余额的，应当根据其流动性在“合同负债”或“其他非流动负债”项目中填列。

⑩“持有待售资产”项目,反映资产负债表日划分为持有待售类别的非流动资产及划分为持有待售类别的处置组中的流动资产和非流动资产的期末账面价值。该项目应根据“持有待售资产”科目的期末余额,减去“持有待售资产减值准备”科目的期末余额后金额填列。

⑪“一年内到期的非流动资产”项目,反映企业将于一年内到期的非流动资产。本项目应根据有关科目的期末余额分析计算填列。

⑫“债权投资”项目,反映资产负债表日企业以摊余成本计量的长期债权投资的期末账面价值。该项目应根据“债权投资”科目的相关明细科目期末余额,减去“债权投资减值准备”科目中相关减值准备的期末余额后的金额分析填列。自资产负债表日起一年内到期的长期债权投资的期末账面价值,在“一年内到期的非流动资产”项目反映。企业购入的以摊余成本计量的一年内到期的债权投资的期末账面价值,在“其他流动资产”项目反映。

⑬“其他债权投资”项目,反映资产负债表日企业分类为以公允价值计量且其变动计入其他综合收益的长期债权投资的期末账面价值。该项目应根据“其他债权投资”科目的相关明细科目期末余额分析填列。自资产负债表日起一年内到期的长期债权投资的期末账面价值,在“一年内到期的非流动资产”项目反映。企业购入的以公允价值计量且其变动计入其他综合收益的一年内到期的债权投资的期末账面价值,在“其他流动资产”项目反映。

⑭“长期应收款”项目,反映企业持有的长期应收款的可收回金额。本项目应根据“长期应收款”科目的期末余额,减去“坏账准备”科目所属相关明细科目期末余额,再减去“未确认融资收益”科目期末余额后的金额分析计算填列。

⑮“长期股权投资”项目,反映企业不准备在1年内(含1年)变现的各种股权性质的投资的可收回金额。本项目应根据“长期股权投资”科目的期末余额,减去“长期投资减值准备”科目中有关股权投资减值准备期末余额后的金额填列。

⑯“其他权益工具投资”项目,反映资产负债表日企业指定为以公允价值计量且其变动计入其他综合收益的非交易性权益工具投资的期末账面价值。该项目应根据“其他权益工具投资”科目的期末余额填列。

⑰“固定资产”项目,反映企业的固定资产可收回金额。本项目应根据“固定资产”科目的期末余额,减去“累计折旧”“固定资产减值准备”科目期末余额后的金额填列。

⑱“在建工程”项目,反映企业期末各项未完工程的实际支出,包括交付安装的设备价值,未完建筑安装工程已经耗用的材料、工资和费用支出、预付出包工程的价款、已经建筑安装完毕但尚未交付使用的工程等的可收回金额。本项目应根据“在建工程”科目的期末余额,减去“在建工程减值准备”科目期末余额后的金额填列。

⑲“使用权资产”项目,反映资产负债表日承租人企业持有的使用权资产的期末账面价值,该项目应根据“使用权资产”科目的期末余额,减去“使用权资产累计折旧”和“使用权资产减值准备”科目的期末余额后的金额填列。

⑳“无形资产”项目,反映企业各项无形资产的期末可收回金额。本项目应根据“无形资产”科目的期末余额,减去“累计摊销”“无形资产减值准备”科目期末余额后的金额填列。

㉑“开发支出”项目,反映企业开发无形资产过程中能够资本化形成无形资产成本的支出部分。本项目应根据“研发支出”科目中所属的“资本化支出”明细科目期末余额填列。

㉒“递延所得税资产”项目,反映企业确认的递延所得税资产。本项目应根据“递延所得税资产”科目期末余额分析填列。

㉓“长期待摊费用”项目,反映企业已经发生但应由本期和以后各期负担的分摊期限在

一年以上的各项费用。长期待摊费用中在一年内(含一年)摊销的部分,在资产负债表"一年内到期的非流动资产"项目填列。本项目应根据"长期待摊费用"科目的期末余额,减去将于一年内(含一年)摊销的数额后的金额分析填列。

㉔"递延所得税资产"项目,反映企业根据所得税准则确认的可抵扣暂时性差异产生的所得税资产。本项目应根据"递延所得税资产"科目的期末余额填列。

㉕"其他非流动资产"项目,反映企业除以上述资产以外的其他长期资产。本项目应根据有关科目的期末余额填列。如其他长期资产价值较大的,应在会计报表附注中披露其内容和金额。

负债项目填制说明:

①"短期借款"项目,反映企业借入尚未归还的1年期以下(含1年)的借款。本项目应根据"短期借款"科目的期末余额填列。

②"交易性金融负债"项目,反映企业为交易而发生的金融负债,包括以公允价值计量且其变动计入当期损益的金融负债。本项目应根据"交易性金融负债"等科目的期末余额分析填列。

③"应付票据"项目,反映企业为了抵付货款等而开出、承兑的尚未到期付款的应付票据,包括银行承兑汇票和商业承兑汇票。本项目应根据"应付票据"科目的期末余额填列。

④"应付账款"项目,反映企业购买原材料、商品和接受劳务供应等而应付给供应单位的款项。本项目应根据"应付账款"科目所属各有关明细科目的期末贷方余额合计填列;如"应付账款"科目所属各明细科目期末有借方余额,应在本表"预付账款"项目内填列。如果"预付账款"明细科目有贷方余额也应合并填入本账户中。

⑤"预收款项"项目,反映企业预收购买单位的账款。本项目应根据"预收账款"科目所属各有关明细科目的期末贷方余额合计填列。如"预收账款"科目所属有关明细科目有借方余额的,应在本表"应收账款"项目内填列;如"应收账款"科目所属明细科目有贷方余额的,也应包括在本项目内。

⑥"合同负债"项目,反映企业按照《企业会计准则第14号——收入》(2018)的相关规定,根据本企业履行履约义务与客户付款之间的关系在资产负债表中列示的合同负债。"合同负债"项目应根据"合同负债"的相关明细科目期末余额分析填列。

⑦"应付职工薪酬"项目,反映企业应付未付的职工薪酬。本项目应根据"应付职工薪酬"科目期末贷方余额填列。如"应付职工薪酬"科目期末为借方余额,以"-"号填列。

⑧"应交税费"项目,反映企业期末未交、多交或未抵扣的各种税费。本项目应根据"应交税费"科目的期末贷方余额填列;如"应交税费"科目期末为借方余额,以"-"号填列。

⑨"其他应付款"项目,反映企业所有应付和暂收其他单位和个人的款项。本项目应根据"其他应付款"科目的期末余额填列。

⑩"持有待售负债"项目,反映资产负债表日处置组中与划分为持有待售类别的资产直接相关的负债的期末账面价值。本项目应根据"持有待售负债"科目的期末余额填列。

⑪"一年内到期的非流动负债"项目,反映企业承担的将于1年内到期的非流动负债。本项目应根据有关非流动负债科目的期末余额分析计算填列。

⑫"长期借款"项目,反映企业借入尚未归还的1年期以上(不含1年)的借款本息。本项目应根据"长期借款"科目的期末余额填列。

⑬"应付债券"项目,反映企业发行的尚未偿还的各种长期债券的本息。本项目应根据"应付债券"科目的期末余额填列。

⑭"租赁负债"项目,反映资产负债表日承租人企业尚未支付的租赁付款额的期末账面价值。该项目应根据"租赁负债"科目期末余额填列。自资产负债表日起一年内到期应予以清偿的租赁负债的期末账面价值,在"一年内到期的非流动负债"项目反映

⑮"长期应付款"项目,反映企业除长期借款和应付债券以外的其他各种长期应付款。本项目应根据"长期应付款"科目的期末余额,减去"未确认融资费用"科目期末余额后的金额填列。

⑯"预计负债"项目,反映企业预计负债的期末余额。本项目应根据"预计负债"科目的期末余额填列。

⑰"递延收益"项目,反映尚待确认的收入或收益。本项目核算包括企业根据政府补助准则确认的应在以后期间计入当期损益的政府补助金额,售后租回形成融资租赁的售价与资产账面价值差额等其他递延性收入。本项目应根据"递延收益"科目的期末余额填列。本项目中摊销期限只剩一年或不足一年的,或预计在一年内(含一年)进行摊销的部分,不得归类为流动负债,仍在本项目中填列,不转入"一年内到期的非流动负债"项目。

⑱"递延所得税负债"项目,反映企业确认的递延所得税负债。本项目应根据"递延所得税负债"科目期末余额分析填列。

⑲"其他非流动负债"项目,反映企业除以上非流动负债项目以外的其他非流动负债。本项目应根据有关科目的期末余额填列。

所有者权益项目的填列说明:

①"实收资本(或股本)"项目,反映企业各投资者实际投入的资本(或股本)总额。本项目应根据"实收资本"(或"股本")科目的期末余额填列。

②"其他权益工具"项目,反映资产负债表日企业发行在外的除普通股以外分类为权益工具的金融工具的期末账面价值,并下设"优先股"和"永续债"两个项目,分别反映企业发行的分类为权益工具的优先股和永续债的账面价值。

③"资本公积"项目,反映企业资本公积的期末余额。本项目应根据"资本公积"科目的期末余额填列。

④"其他综合收益"项目,反映企业其他综合收益的期末余额。本项目应根据"其他综合收益"科目的期末余额填列。

⑤"专项储备"项目,反映高危行业按国家规定提取的安全生产费的期末账面价值。本项目应根据"专项储备"科目的期末余额填列。

⑥"盈余公积"项目,反映企业盈余公积的期末余额。本项目应根据"盈余公积"科目的期末余额填列。

⑦"未分配利润"项目,反映企业尚未分配的利润。本项目应根据"本年利润"科目和"利润分配"科目的余额计算填列。未弥补的亏损,在本项目内以"-"填列。

(四)资产负债表编制方法举例

【例10-16】 江南公司2020年1月末有关账户余额,如表10-5所示。

表 10－5 账户余额

单位:元

账户	期末余额	
	借方	贷方
库存现金	1 800	
银行存款	58 000	
其他货币资金	30 000	
原材料	160 000	
库存商品	180 000	
应收账款	24 000	
甲公司	36 000	
乙公司		12 000
其他应收款	6 000	
坏账准备		4 500
应收账款		3 000
其他应收款		1 500
预付账款	3 000	
丙公司		9 000
丁公司	12 000	
固定资产	147 000	
累计折旧		3 500
固定资产减值准备		15 000
应付账款		17 500
A 公司		25 000
B 公司	7 500	
预收账款		3 000
C 公司	6 000	
D 公司		9 000
应交税费		2 100
其他应付款		1 200
短期借款		100 000
长期借款		300 000(其中 100 000 元将于 7 月到期)
实收资本		153 000
盈余公积		5 500
合计	265 800	265 800

根据上述资料填制资产负债表如表 10－6 所示。

表10-6 资产负债表(简表)

编制单位: 2020年1月31日 单位:元

资产	期末余额	负债和所有者权益	期末余额
货币资金	89 800	短期借款	100 000
交易性金融资产		应付账款	34 000
应收票据		应付票据	
应收账款	39 000	预收账款	21 000
预付账款	19 500	应付职工薪酬	
存货	340 000	应交税费	2 100
其他应收款	4 500	应付利息	
		其他应付款	1 200
一年内到期的非流动资产		一年内到期的非流动负债	100 000
固定资产	128 500	长期借款	200 000
在建工程		实收资本	153 000
无形资产		盈余公积	5 500
长期待摊费用		未分配利润	
资产总计	616 800	负债和所有者权益合计	616 800

【例10-17】 江南公司2020年12月31日全部总账和有关明细账余额如表10-7所示。根据表10-7的资料,编制江南公司2020年12月份的资产负债表,如表10-8所示。

表10-7 总账和有关明细账余额表

江南公司 2020年12月31日 单位:元

科目名称	借方余额	贷方余额	科目名称	借方余额	贷方余额
库存现金	20 000		短期借款		1 200 000
银行存款	300 000		应付账款		200 000
交易性金融资产	280 000		F公司		140 000
应收账款	460 000		H公司	100 000	
A公司	200 000		W公司		160 000
B公司		40 000	预收账款		20 000
C公司	300 000		U公司		80 000
预付账款	94 000		V公司	60 000	
D公司	100 000		其他应付款		180 000
E公司		6 000	应付职工薪酬		694 000
其他应收款	160 000		应交税费		1 200 000
原材料	540 000		一年内到期的流动负债		
生产成本	160 000		持有待售负债		

10－7(续)

科目名称	借方余额	贷方余额	科目名称	借方余额	贷方余额
库存商品	400 000		长期借款		1 280 000
长期股权投资	4 540 000		长期应付款		460 000
固定资产	14 000 000		实收资本		5 600 000
累计折旧		1 200 000	盈余公积		1 480 585
无形资产	1 630 730		利润分配		
长期待摊费用	120 000		未分配利润		9 190 145

表 10－8　资产负债表(简表)

编制单位:江南公司　　　　2020 年 12 月 31　　　　单位:元

资产	年末数	负债及所有者权益	年末数
流动资产		流动负债	
货币资金	320 000	短期借款	1 200 000
交易性金融资产	280 000	应付票据	
应收票据		应付账款	306 000
应收账款	560 000	预收账款	120 000
预付款项	200 000	其他应付款	180 000
其他应收款	160 000	应付职工薪酬	694 000
存货	1 100 000	应交税费	1 200 000
其他流动资产		一年内到期的流动负债	
流动资产合计	2 620 000	持有待售负债	
非流动资产		其他流动负债	
长期股权投资	4 540 000	流动负债合计	3 700 000
固定资产	12 800 000	非流动负债	
固定资产清理		长期借款	1 280 000
在建工程		应付债券	
无形资产	1 630 730	长期应付款	460 000
长期待摊费用	120 000	非流动负债合计	1 740 000
其他非流动资产		负债合计	5 440 000
非流动资产合计	19 090 730	所有者权益	
		实收资本	5 600 000
		资本公积	
		盈余公积	1 480 585
		未分配利润	9 190 145
		所有者权益合计	16 270 730
资产总计	21 710 730	负债及所有者权益合计	21 710 730

第三节 利 润 表

一、利润表的概念与作用

利润表是反映企业在一定会计期间的经营成果的财务报表。

利润表的作用主要有:①反映一定会计期间收入的实现情况;②反映一定会计期间的费用耗费情况;③反映企业经济活动成果的实现情况,据以判断资本保值增值等情况。

二、利润表的列报要求

利润表列示的基本要求如下:

①企业在利润表中应当对费用按照功能分类,分为从事经营业务发生的成本、管理费用、销售费用和财务费用等。

②利润表至少应当单独列示反映下列信息的项目,但其他会计准则另有规定的除外:a. 营业收入;b. 营业成本;c. 税金及附加;d. 管理费用;e. 销售费用;f. 财务费用;g. 投资收益;h. 公允价值变动损益;i. 资产减值损失;j. 非流动资产处置损益;k. 所得税费用;l. 净利润;m. 其他综合收益各项目分别扣除所得税影响后的净额;n. 综合收益总额。金融企业可以根据其特殊性列示利润表项目。

③其他综合收益项目应当根据其他相关会计准则的规定分为以后会计期间不能重分类进损益的其他综合收益项目和以后会计期间在满足规定条件时将重分类进损益的其他综合收益项目两类列报。

④在合并利润表中,企业应当在净利润项目之下单独列示归属于母公司所有者的损益和归属于少数股东的损益,在综合收益总额项目之下单独列示归属于母公司所有者的综合收益总额和归属于少数股东的综合收益总额。

三、我国企业利润表的一般格式

利润表的格式主要有单步式利润表(表10-9)和多步式利润表(表10-10)两种。

在我国,企业应当采用多步式利润表,将不同性质的收入和费用分别进行对比,以便得出一些中间性的利润数据,帮助使用者理解企业经营成果的不同来源。

利润表通常包括表头和表体两部分。表头应列明报表名称、编表单位名称、财务报表涵盖的会计期间和人民币金额单位等内容;利润表的表体,反映形成经营成果的各个项目和计算过程。

单步式利润表如表10-9所示。

表10-9 利润表(单步式)

编制单位: 年 月 单位:元

项目	金额
一、收入	
营业收入	

表 10－9(续)

项目	金额
……	
……	
……	
收入小计	
二、费用、支出	
营业成本	
……	
……	
……	
费用、支出小计	
三、净利润	

多步式利润表的格式如表 10－10 所示。

表 10－10　利润表(多步式)

编制单位:　　　　　　　　　　　　　年　　月　　　　　　　　　　　　　单位:元

项目	本期金额	上期金额
一、营业收入		
减:营业成本		
税金及附加		
销售费用		
管理费用		
研发费用		
财务费用		
其中:利息费用		
利息收入		
加:其他收益		
投资收益(损失以"－"填列)		
其中:对联营企业和合营企业的投资收益		
以摊余成本计量的金融资产终止确认收益(损失以"－"填列)		
净敞口套期收益(损失以"－"填列)		
加:公允价值变动收益(损失以"－"填列)		
信用减值损失(损失以"－"填列)		
资产减值损失(损失以"－"填列)		

表 10-10(续)

项目	本期金额	上期金额
资产处置收益(损失以"-"填列)		
二、营业利润(损失以"-"填列)		
加:营业外收入		
减:营业外支出		
三、利润总额(损失以"-"填列)		
减:所得税费用		
四、净利润(净亏损以"-"填列)		
(一)持续经营净利润(净亏损以"-"填列)		
(二)终止经营净利润((净亏损以"-"填列)		
五、其他综合收益的税后净额		
(一)不能重分类进损益的其他综合收益		
1. 重新计量设定受益计划变动额		
2. 权益法下不能转损益的其他综合收益		
3. 其他权益工具投资公允价值变动		
4. 企业自身信用风险公允价值变动		
……		
(二)将重分类进损益的其他综合收益		
1. 权益法下可转损益的其他综合收益		
2. 其他债权投资公允价值变动		
3. 金融资产重分类计入其他综合收益的金额		
4. 其他股权投资信用减值准备		
5. 现金流量套期		
6. 外币财务报表折算差额		
……		
六、综合收益总额		
七、每股收益		
(一)基本每股收益		
(二)稀释每股收益		

四、利润表编制的基本方法

(一)"上期金额"栏的填列方法

"上期金额"栏应根据上年该期利润表"本期金额"栏内所列数字填列。如果上年该期利润表规定的各个项目的名称和内容同本期不一致,应对上年该期利润表各项目的名称和数字按本期的规定进行调整,填入利润表"上期金额"栏内。

(二)“本期金额”栏的填列方法

利润表中的“本期金额”栏数据来源于各损益类账户,会计期末根据损益类账户中所记录的本期发生额分析填列。

应根据“主营业务收入”“主营业务成本”“税金及附加”“销售费用”“管理费用”“财务费用”“资产减值损失”“公允价值变动损益”“投资收益”“营业外收入”“营业外支出”和“所得税费用”等科目的发生额分析填列。其中,“营业利润”“利润总额”“净利润”等项目根据该表中相关项目计算填列。

1. 营业利润的计算

以营业收入为基础,减去营业成本、税金及附加、销售费用、管理费用、财务费用、资产减值损失,再加上公允价值变动损益(减去公允价值变动损失)和投资收益(减去投资损失),计算出营业利润。

①“营业收入”项目,反映企业经营活动所取得的收入总额。本项目应根据“主营业务收入”“其他业务收入”等账户的发生额分析填列。

②“营业成本”项目,反映企业经营活动发生的实际成本。本项目应根据“主营业务成本”“其他业务成本”等账户的发生额分析填列。

③“税金及附加”项目,反映企业经营活动应负担的消费税、城市维护建设税、资源税、土地增值税和教育费附加、土地增值税、房产税、车船税、城镇土地使用税、印花税等。本项目应根据“税金及附加”账户的发生额分析填列。

④“销售费用”项目,反映企业在销售商品和商品流通企业在购入商品等过程中发生的费用。本项目应根据“销售费用”账户的发生额分析填列。

⑤“管理费用”项目,反映企业发生的管理费用。本项目应根据“管理费用”账户的发生额分析填列。

⑥“研发费用”项目 ,反映企业进行研究与开发过程中发生的费用化支出以及计入管理费用的自行开发无形资产的摊销。本项目应根据“管理费用”科目下的“研发费用”明细科目的发生额以及“管理费用”科目下“无形资产摊销”明细科目的发生额分析填列。

⑦“财务费用”项目,反映企业发生的财务费用。本项目应根据“财务费用”账户的发生额分析填列。

⑧“其他收益”项目,反映计入其他收益的政府补助,以及其他与日常活动相关且计入其他收益的项目。本项目应根据“其他收益”科目的发生额分析填列。企业作为个人所得税的扣缴义务人,根据《中华人民共和国个人所得税法》收到的扣缴税款手续费,应作为其他与日常活动相关的收益在本项目中填列。

⑨“投资收益”项目,反映企业以各种方式对外投资所取得的收益。本项目应根据“投资收益”账户的发生额分析填列;如为投资损失,以“ - ”号填列。

⑩“净敞口套期收益”项目,反映净敞口套期下被套期项目累计公允价值变动转入当期损益的金额或现金流量套期储备转入当期损益的金额。本项目应根据“净敞口套期损益”科目的发生额分析填列;如为套期损失,本项目以“ - ”填列。

⑪“公允价值变动损益”项目,反映企业确认的交易性金融资产或交易性金融负债的公允价值变动额。本项目应根据“公允价值变动损益”账户的发生额分析填列。

⑫“信用减值损失”项目,反映企业按照《企业会计准则第22号——金融工具确认和计量》(2018)的要求计提的各种金融工具信用减值准备所确认的信用损失。本项目应根据

"信用减值损失"科目发生额填列。

⑬"资产减值损失"项目,反映企业确认的资产减值损失。本项目应根据"资产减值损失"账户的发生额分析填列。

⑭"资产处置收益"项目,反映企业出售划分为持有待售的非流动资产(金融工具,长期股权投资和投资性房地产除外)或处置组(子公司和业务除外)时确认的处置利得或损失,以及处置未划分为持有待售的固定资产、在建工程、生产性生物资产及无形资产而产生的处置利得或损失。债务重组中因处置非流动资产(金融工具、长期股权投资和投资性房地产除外)产生的利得或损失和非货币性资产交换中换出非流动资产(金融工具、长期股权投资和投资性房地产除外)产生的利得或损失也包括在本项目内。本项目应根据"资产处置损益"科目的发生额分析填列;如为处置损失,本科目以"-"号填列。

⑮"营业利润"项目,反映企业实现的营业利润。如为亏损,本项目以"-"填列。

2. 利润总额的计算

①"营业外收入"项目,反映企业发生的与其生产经营无直接关系的各项收入。该项目根据"营业外收入"账户的发生额分析填列。

②"营业外支出"项目,反映企业发生的与经营业务无直接关系的各项支出。本项目应根据"营业外支出"账户的发生额分析填列。

③"利润总额"项目,反映企业实现的利润总额。该项目根据"营业利润""营业外收入""营业外支出"项目的金额计算填列。如为亏损总额,以"-"号填列。

3. 净利润的计算

以利润总额为基础,减去所得税费用,计算出净利润。

①"所得税费用"项目,反映企业按规定从当期利润总额中减去的所得税费用。本项目应根据"所得税费用"账户的发生额分析填列。

②"净利润"项目,反映企业实现的净利润。如为净亏损,以"-"号填列。

从上述具体项目的填列方法分析,利润表的填列方法可归纳为以下两种:

a. 根据账户的发生额分析填列。利润表中的大部分项目都可以根据账户的发生额分析填列,如销售费用、税金及附加、管理费用、财务费用、营业外收入、营业外支出、所得税费用等。

b. 根据报表项目之间的关系计算填列。利润表中的某些项目需要根据项目之间的关系计算填列,如营业利润、利润总额、净利润等。

4. "其他综合收益的税后净额"项目

"其他综合收益的税后净额"项目,反映企业根据企业会计准则规定未在损益中确认的各项利得和损失扣除所得税影响后的净额。

5. "综合收益总额"项目

"综合收益总额"项目,反映企业净利润与其他综合收益(税后净额)的合计金额。

6. "每股收益"项目

"每股收益"项目,包括基本每股收益和稀释每股收益两项指标,反映普通股或潜在普通股已经公开交易的企业,以及正在处在公开发行普通股或潜在普通股过程中的企业的每股收益信息。

五、利润表编制方法举例

【例10－18】 江南公司2020年12月份各损益类账户发生额如表10－11所示。

表10－11 12月份各损益类账户的发生额

单位:元

账户名称	借方发生额	贷方发生额	账户名称	借方发生额	贷方发生额
主营业务收入		210 000	税金及附加	528	
主营业务成本	160 000		销售费用	3 800	
其他业务收入		6 000	管理费用	7 100	
其他业务成本	1 200		财务费用	1 285	
营业外收入		1 950	资产减值损失	480	
营业外支出	1 000		公允价值变动损失	450	
投资收益		420			

根据上述资料填制利润表(表10－12,所得税率25%,无其他纳税调整事项)。

表10－12 利润表

编制单位: 年 月 单位:元

项目	本期金额	上期金额
一、营业收入	216 000	
减:营业成本	161 200	
税金及附加	528	
销售费用	3 800	
管理费用	7 100	
研发费用		
财务费用	1 285	
其中:利息费用		
利息收入		
加:其他收益		
投资收益(损失以“－”填列)	420	
其中:对联营企业和合营企业的投资收益		
以摊余成本计量的金融资产终止确认收益(损失以“－”填列)		
净敞口套期收益(损失以“－”填列)		
加:公允价值变动收益(损失以“－”填列)	－450	
信用减值损失(损失以“－”填列)		
资产减值损失(损失以“－”填列)	480	

表10－12(续)

项目	本期金额	上期金额
资产处置收益(损失以“－”填列)		
二、营业利润(损失以“－”填列)	41 577	
加:营业外收入	1 950	
减:营业外支出	1 000	
三、利润总额(损失以“－”填列)	42 527	
减:所得税费用	10 631.75	
四、净利润(净亏损以“－”填列)	31 895.25	
(一)持续经营净利润(净亏损以“－”填列)		
(二)终止经营净利润(净亏损以“－”填列)		
五、其他综合收益的税后净额	(略)	
(一)不能重分类进损益的其他综合收益		
1.重新计量设定受益计划变动额		
2.权益法下不能转损益的其他综合收益		
3.其他权益工具投资公允价值变动		
4.企业自身信用风险公允价值变动		
……		
(二)将重分类进损益的其他综合收益		
1.权益法下可转损益的其他综合收益		
2.其他债权投资公允价值变动		
3.金融资产重分类计入其他综合收益的金额		
4.其他股权投资信用减值准备		
5.现金流量套期		
6.外币财务报表折算差额		
……		
六、综合收益总额	(略)	
七、每股收益	(略)	
(一)基本每股收益		
(二)稀释每股收益		

【例10－19】 江南公司2020年的有关收入、费用类账户的发生额资料如表10－13所示。

表 10－13 收入、费用发生额

单位:元

账户名称	本期发生额
主营业务收入	2 400 000(贷)
主营业务成本	1 360 000(借)
税金及附加	80 000(借)
管理费用	190 000(借)
财务费用	48 000(借)
销售费用	120 000(借)
投资收益	160 000(贷)
营业外收入	30 000(贷)
营业外支出	19 000(借)
其他业务收入	180 000(贷)
其他业务成本	100 000(借)
所得税费用	280 830(借)

2019 年的利润表中的有关数据如表 10－14 所示。

表 10－14 2019 年利润表

编制单位:江南公司　　　　年　　月　　　　单位:元

项目	本期金额	上期金额
一、营业收入	2 150 000	
减:营业成本	940 000	
税金及附加	150 000	
销售费用	130 000	
管理费用	154 000	
研发费用		
财务费用	86 000	
其中:利息费用		
利息收入		
加:其他收益		
投资收益(损失以"－"填列)	120 000	
其中:对联营企业和合营企业的投资收益		
以摊余成本计量的金融资产终止确认收益(损失以"－"填列)		
净敞口套期收益(损失以"－"填列)		
加:公允价值变动收益(损失以"－"填列)		

表10－14(续)

项目	本期金额	上期金额
信用减值损失(损失以“－”填列)		
资产减值损失(损失以“－”填列)		
资产处置收益(损失以“－”填列)		
二、营业利润(损失以“－”填列)	810 000	
加:营业外收入	45 000	
减:营业外支出	14 500	
三、利润总额(损失以“－”填列)	840 500	
减:所得税费用	277 365	
四、净利润(净亏损以“－”填列)	563 135	
(一)持续经营净利润(净亏损以“－”填列)		
(二)终止经营净利润(净亏损以“－”填列)		
五、其他综合收益的税后净额	(略)	
(一)不能重分类进损益的其他综合收益		
1. 重新计量设定受益计划变动额		
2. 权益法下不能转损益的其他综合收益		
3. 其他权益工具投资公允价值变动		
4. 企业自身信用风险公允价值变动		
……		
(二)将重分类进损益的其他综合收益		
1. 权益法下可转损益的其他综合收益		
2. 其他债权投资公允价值变动		
3. 金融资产重分类计入其他综合收益的金额		
4. 其他股权投资信用减值准备		
5. 现金流量套期		
6. 外币财务报表折算差额		
……		
六、综合收益总额	(略)	
七、每股收益	(略)	
(一)基本每股收益		
(二)稀释每股收益		

根据上述资料,编制江南公司2020年的利润表,如表10－15所示。

表 10－15　2020 年利润表

编制单位:江南公司　　　　年　　月　　　　单位:元

项目	本期金额	上期金额
一、营业收入	2 580 000	2 150 000
减:营业成本	1 460 000	940 000
税金及附加	80 000	150 000
销售费用	120 000	130 000
管理费用	190 000	154 000
研发费用		
财务费用	48 000	86 000
其中:利息费用		
利息收入		
加:其他收益		
投资收益(损失以“－”填列)	160 000	120 000
其中:对联营企业和合营企业的投资收益		
以摊余成本计量的金融资产终止确认收益(损失以“－”填列)		
净敞口套期收益(损失以“－”填列)		
加:公允价值变动收益(损失以“－”填列)		
信用减值损失(损失以“－”填列)		
资产减值损失(损失以“－”填列)		
资产处置收益(损失以“－”填列)		
二、营业利润(损失以“－”填列)	842 000	810 000
加:营业外收入	30 000	45 000
减:营业外支出	19 000	14 500
三、利润总额(损失以“－”填列)	853 000	840 500
减:所得税费用	280 830	277 365
四、净利润(净亏损以“－”填列)	572 170	563 135
(一)持续经营净利润(净亏损以“－”填列)		
(二)终止经营净利润(净亏损以“－”填列)		
五、其他综合收益的税后净额	(略)	(略)
(一)不能重分类进损益的其他综合收益		
1. 重新计量设定受益计划变动额		
2. 权益法下不能转损益的其他综合收益		
3. 其他权益工具投资公允价值变动		
4. 企业自身信用风险公允价值变动		
……		

表10－15(续)

项目	本期金额	上期金额
(二)将重分类进损益的其他综合收益		
1. 权益法下可转损益的其他综合收益		
2. 其他债权投资公允价值变动		
3. 金融资产重分类计入其他综合收益的金额		
4. 其他股权投资信用减值准备		
5. 现金流量套期		
6. 外币财务报表折算差额		
……		
六、综合收益总额	(略)	
七、每股收益	(略)	
(一)基本每股收益		
(二)稀释每股收益		

复习思考题

1. 财务会计报告有什么作用？编制财务报表的基本要求是什么？

2. 财务报表有哪些种类？它们的作用和基本内容是什么？

3. 财务会计报告应如何报送和审核？

4. 资产负债表的概念是什么？我国资产负债表的格式是什么？资产负债表的填列方法有哪些？

5. 利润表的概念是什么？利润表的计算填列包括哪几层次？

参 考 文 献

[1] 财政部会计资格评价中心. 初级会计实务[M]. 北京:经济科学出版社,2020.

[2] 李占国. 基础会计[M]. 4 版. 北京:高等教育出版社,2017.

[3] 许仁忠,陈红,杨洋. 会计基础[M]. 南京:南京大学出版社,2013.

[4] 王德礼. 基础会计实训[M]. 北京:经济管理出版社,2014.

[5] 全国会计专业技术资格考试课证融通教材编委会. 初级会计实务[M]. 北京:高等教育出版社,2020.

[6] 刘建胜,任高飞. 会计学原理[M]. 北京:中国商业出版社,2014.

[7] 童其慧. 基础会计[M]. 北京:北京出版社,2014.

[8] 魏芳,刘永强. 基础会计学[M]. 北京:高等教育出版社,2018.

[9] 关八一. 财务会计——理论与方法[M]. 北京:中国商业出版社,2016.

[10] 孔丽. 基础会计[M]. 天津:天津大学出版社,2018.